मीराबाई

मीराबाई

अनीता भगत

रुद्र

First published in India in 2020 by
Rudra Publishers & Distributors

ISBN: 978-93-86829-10-8

Rudra Publishers & Distributors
S-1, 5/587, Sector-5, Vaishali
Ghaziabad- 201002
Email: rudrapubdis@gmail.com

Printed and Bound in
Delhi

₹ 599/-

1

मीराबाई का जीवन-वृत्त

कृष्णभक्ति शाखा की हिंदी की महान कवियत्री मीराबाई का जन्म संवत् 1573 में जोधपुर में चोकड़ी नामक गाँव में हुआ था। इनका विवाह उदयपुर के महाराणा कुमार भोजराज जी के साथ हुआ था। ये बचपन से ही कृष्णभक्ति में रुचि लेने लगी थीं। विवाह के थोड़े ही दिन के बाद आपके पति का स्वर्गवास हो गया था। पति के परलोकवास के बाद इनकी भक्ति दिन- प्रति- दिन बढ़ती गई। ये मंदिरों में जाकर वहाँ मौजूद कृष्णभक्तों के सामने कृष्णजी की मूर्ति के आगे नाचती रहती थीं।

मीराबाई अथवा मीराबाई हिन्दू आध्यात्मिक कवियत्री थीं, जिनके भगवान श्रीकृष्ण के प्रति समर्पित भजन उत्तर भारत में बहुत लोकप्रिय हैं। भजन और स्तुति की रचनाएँ कर आमजन को भगवान के और समीप पहुँचाने वाले संतों और महात्माओं में मीराबाई का स्थान सबसे ऊपर माना जाता है। मीरा का सम्बन्ध एक राजपूत परिवार से था। वे राजपूत राजकुमारी थीं, जो मेड़ता महाराज के छोटे भाई रतन सिंह की एकमात्र संतान थीं। उनकी शाही शिक्षा में संगीत और धर्म के साथ-साथ राजनीति व प्रशासन भी शामिल थे। एक साधु द्वारा बचपन में उन्हें कृष्ण की मूर्ति दिए जाने के साथ ही उनकी आजन्म कृष्ण भक्ति की शुरुआत हुई, जिनकी वह दिव्य प्रेमी के रूप में आराधना करती थीं।

जन्म तथा शिक्षा

प्रसिद्ध कृष्ण भक्त कवियत्री मीराबाई जोधपुर, राजस्थान के मेड़ता राजकुल की राजकुमारी थीं। विद्वानों में इनकी जन्म-तिथि के संबंध में मतैक्य नहीं है। कुछ विद्वान इनका जन्म 1430 ई. मानते हैं और कुछ 1498 ई.। मीराबाई मेड़ता महाराज

के छोटे भाई रतन सिंह की एकमात्र संतान थीं। उनका जीवन बड़े दुख और कष्ट में व्यतीत हुआ था। मीरा जब केवल दो वर्ष की थीं, उनकी माता की मृत्यु हो गई। इसलिए इनके दादा राव दूदा उन्हें मेड़ता ले आए और अपनी देख-रेख में उनका पालन-पोषण किया। राव दूदा एक योद्धा होने के साथ-साथ भक्त-हृदय व्यक्ति भी थे और साधु-संतों का आना-जाना इनके यहाँ लगा ही रहता था। इसलिए मीरा बचपन से ही धार्मिक लोगों के सम्पर्क में आती रहीं। इसके साथ ही उन्होंने तीर-तलवार, जैसे–शस्त्र-चालन, घुड़सवारी, रथ-चालन आदि के साथ-साथ संगीत तथा आध्यात्मिक शिक्षा भी पाई।

जन्म सम्बंधी तथ्य

मीराबाई के जन्म काल तथा जीवन-वृत्त के विषय में बहुत मतभेद हैं। श्यामचंद्र कपूर ने अपनी पुस्तक हिंदी साहित्य का इतिहास में उल्लेखित किया है–

1. प्रियादास ने संवत् 1769 वि. में भक्तमाल की टीकाभक्तिरस बोधिनी में लिखा है कि मीरा की जन्म भूमि मेड़ता थी।
2. नागरीदास ने लिखा है कि मेड़ता की मीराबाई का विवाह राणा के अनुज से हुआ था।
3. कर्नल टॉड नेएनलस एण्ड एंटिक्वटीज ऑफ राजस्थान में मीरा का विवाह राणा कुम्भा से लिखा है।
4. पंडित गौरीशंकर हीराचंद ओझा ने अपने उदयपुर राज्य के इतिहास में लिखा है कि महाराणा साँगा के ज्येष्ठ पुत्र भोजराज का विवाह मेड़ता के राव वीरमदेव के छोटे भाई रतनसिंह की पुत्री मीराबाई के साथ संवत् 1573 वि. में हुआ था।
5. स्मरण रहे कि कर्नल टॉड अथवा उन्हीं के आधार पर जिन विद्वानों ने मीरा को कुम्भा की स्त्री माना है, वे दन्त कथाओं के आधार पर गलती कर गए हैं। सर्वप्रथम विलियम क्रुक ने बताया कि वास्तव में मीराबाई राणा कुम्भा की पत्नी नहीं थीं, वरन् साँगा के पुत्र भोजराज की पत्नी थीं।
6. पण्डित रामचन्द्र शुक्ल ने अपने इतिहास में लिखा है कि-इनका जन्म संवत् 1573 वि. में चौकड़ी नाम के एक गाँव में हुआ था और विवाह उदयपुर के महाराणा कुमार भोजराज जी के साथ हुआ था।
7. डॉक्टर गणपतिचन्द्र गुप्त ने इनका जन्म सन् 1498 ई. (संवत् 1555 वि.) के लगभग माना है।

कृष्ण से लगाव

मीराबाई के बालमन में कृष्ण की ऐसी छवि बसी थी कि यौवन काल से लेकर मृत्यु तक उन्होंने कृष्ण को ही अपना सब कुछ माना। जोधपुर के राठौड़ रतन सिंह की इकलौती पुत्री मीराबाई का मन बचपन से ही कृष्ण-भक्ति में रम गया था। उनका कृष्ण प्रेम बचपन की एक घटना की वजह से अपने चरम पर पहुँचा था। बाल्यकाल में एक दिन उनके पड़ोस में किसी धनवान व्यक्ति के यहाँ बारात आई थी। सभी स्त्रियाँ छत से खड़ी होकर बारात देख रही थीं। मीराबाई भी बारात देखने के लिए छत पर आ गईं। बारात को देख मीरा ने अपनी माता से पूछा कि मेरा दूल्हा कौन है? इस पर मीराबाई की माता ने उपहास में ही भगवान श्रीकृष्ण की मूर्ति की तरफ इशारा करते हुए कह दिया कि यही तुम्हारे दूल्हा हैं। यह बात मीराबाई के बालमन में एक गाँठ की तरह समा गई और अब वे कृष्ण को ही अपना पति समझने लगीं।

विवाह

मीराबाई के अद्वितीय गुणों को देख कर ही मेवाड़ नरेश राणा संग्राम सिंह ने मीराबाई के घर अपने बड़े बेटे भोजराज के लिए विवाह का प्रस्ताव भेजा। यह प्रस्ताव स्वीकार कर लिया गया और भोजराज के साथ मीरा का विवाह हो गया। इस विवाह के लिए पहले तो मीराबाई ने मना कर दिया था, लेकिन परिवार वालों के अत्यधिक बल देने पर वह तैयार हो गईं। वह फूट-फूट कर रोने लगीं और विदाई के समय श्रीकृष्ण की वही मूर्ति अपने साथ ले गईं, जिसे उनकी माता ने उनका दूल्हा बताया था। मीराबाई ने लज्जा और परंपरा को त्याग कर अनूठे प्रेम और भक्ति का परिचय दिया।

पति की मृत्यु

विवाह के दस वर्ष बाद ही मीराबाई के पति भोजराज का निधन हो गया। सम्भवतः उनके पति की युद्धोपरांत घावों के कारण मृत्यु हो गई थी। पति की मृत्यु के बाद ससुराल में मीराबाई पर कई अत्याचार किए गए। सन् 1527 ई. में बाबर और सांगा के युद्ध में मीरा के पिता रतनसिंह मारे गए और लगभग तभी श्वसुर की मृत्यु हुई। सांगा की मृत्यु के पश्चात भोजराज के छोटे भाई रतनसिंह सिंहासनासीन हुए, अतएव निश्चित है कि अपने श्वसुर के जीवनकाल में ही मीरा विधवा हो गई थीं। सन् 1531 ई. में राणा रतनसिंह की मृत्यु हुई और उनके सौतेले भाई विक्रमादित्य राणा बने।

लौकिक प्रेम की अल्प समय में ही इतिश्री होने पर मीरा ने परलौकिक प्रेम को अपनाया और कृष्ण भक्त हो गई। वे सत्संग, साधु-संत-दर्शन और कृष्ण-कीर्तन के आध्यात्मिक प्रवाह में पड़कर संसार को निस्सार समझने लगीं। उन्हें राणा विक्रमादित्य और मंत्री विजयवर्गीय ने अत्यधिक कष्ट दिए। राणा ने अपनी बहन ऊधाबाई को भी मीरा को समझाने के लिए भेजा, पर कोई सफल न हुआ। वे कुल मर्यादा को छोड़कर भक्त जीवन अपनाए रहीं। मीरा को स्त्री होने के कारण, चित्तौड़ के राजवंश की कुलवधू होने के कारण तथा अकाल में विधवा हो जाने के कारण अपने समाज तथा वातावरण से जितना विरोध सहना पड़ा, उतना कदाचित ही किसी अन्य भक्त को सहना पड़ा हो। उन्होंने अपने काव्य में इस पारिवारिक संघर्ष के आत्मचरित-मूलक उल्लेख कई स्थानों पर किए हैं।

सन् 1533 ई. के आसपास मीरा को राव बीरमदेव ने मेड़ता बुला लिया। मीरा के चित्तौड़ त्याग के पश्चात सन् 1534 ई. में गुजरात के सुल्तान बहादुरशाह ने चित्तौड़ पर अधिकार कर लिया। विक्रमादित्य मारे गए तथा तेरह सहस्र महिलाओं ने जौहर किया। सन् 1538 ई. में जोधपुर के राव मालदेव ने बीरमदेव से मेड़ता छीन लिया। वे भागकर अजमेर चले गए और मीरा ब्रज की तीर्थ यात्रा पर चल पड़ीं। सन् 1539 ई. में मीरा वृंदावन में रूप गोस्वामी से मिलीं। वे कुछ काल तक वहां रहकर सन् 1546 ई. के पूर्व ही कभी द्वारिका चली गईं। उन्हें निर्गुण पंथी संतों और योगियों के सत्संग से ईश्वर भक्ति, संसार की अनित्यता तथा विरक्ति का अनुभव हुआ था। तत्कालीन समाज में मीराबाई को एक विद्रोहिणी माना गया। उनके धार्मिक क्रिया-कलाप राजपूत राजकुमारी और विधवा के लिए स्थापित नियमों के अनुकूल नहीं थे। वह अपना अधिकांश समय कृष्ण को समर्पित मंदिर में और भारत भर से आये साधुओं व तीर्थ यात्रियों से मिलने तथा भक्ति पदों की रचना करने में व्यतीत करती थीं।

हत्या के प्रयास

पति की मृत्यु के बाद मीराबाई की भक्ति दिन-प्रतिदिन और भी बढ़ती गई। वे मंदिरों में जाकर वहाँ मौजूद कृष्ण भक्तों के सामने कृष्णजी की मूर्ति के आगे नाचती रहती थीं। मीरा के लिए आनन्द का माहौल तो तब बना, जब उनके कहने पर राजा महल में ही कृष्ण का एक मंदिर बनवा देते हैं। महल में मंदिर बन जाने से भक्ति का ऐसा वातावरण बनता है कि वहाँ साधु-संतों का आना-जाना शुरू हो

जाता है। मीराबाई के देवर राणा विक्रमजीत सिंह को यह सब बुरा लगता है। ऊधा जी भी मीराबाई को समझाती हैं, लेकिन मीरा दीन-दुनिया भूल कर भगवान श्रीकृष्ण में रमती जाती हैं और वैराग्य धारण कर जोगिया बन जाती हैं। भोजराज के निधन के बाद सिंहासन पर बैठने वाले विक्रमजीत सिंह को मीराबाई का साधु-संतों के साथ उठना-बैठना पसन्द नहीं था। मीराबाई को मारने के कम से कम दो प्रयासों का चित्रण उनकी कविताओं में हुआ है। एक बार फूलों की टोकरी में एक विषेला साँप भेजा गया, लेकिन टोकरी खोलने पर उन्हें कृष्ण की मूर्ति मिली। एक अन्य अवसर पर उन्हें विष का प्याला दिया गया, लेकिन उसे पीकर भी मीराबाई को कोई हानि नहीं पहुँची।

मीराबाई का घर से निकाला जाना

मीराबाई का कृष्णभक्ति में नाचना और गाना राज परिवार को अच्छा नहीं लगा। उन्होंने कई बार मीराबाई को विष देकर मारने की कोशिश की। घर वालों के इस प्रकार के व्यवहार से परेशान होकर वह द्वारका और वृंदावन गईं। वह जहाँ जाती थीं, वहाँ लोगों का सम्मान मिलता था। लोग आपको देवियों के जैसा प्यार और सम्मान देते थे। इसी दौरान उन्होंने तुलसीदास को पत्र लिखा था–

स्वस्ति श्री तुलसी कुलभूषण दूषन-हरन गोसाई।
बारहिं बार प्रनाम करहूँ अब हरहूँ सोक- समुदाई।।
घर के स्वजन हमारे जेते सबन्ह उपाधि बढ़ाई।
साधु- संग अरु भजन करत माहिं देत कलेस महाई।।
मेरे माता- पिता के समहौ, हरिभक्तन्ह सुखदाई।
हमको कहा उचित करिबो है, सो लिखिए समझाई।।

मीराबाई के पत्र का जबाव तुलसी दास ने इस प्रकार दिया–

जाके प्रिय न राम बैदेही।
सो नर तजिए कोटि बैरी राम जद्यपि परग सनेही।।
नाते सबै राम के मनियत सुह्मद सुसंब्य जहाँ लौ।
अंजन कहा आँखि जो फूटे, बहुतक कहो कहां लौ।।

द्वारिका में वास

इन सब कुचक्रों से पीड़ित होकर मीराबाई अंततः मेवाड़ छोड़कर मेड़ता आ गईं, लेकिन यहाँ भी उनका स्वछंद व्यवहार स्वीकार नहीं किया गया। अब वे

तीर्थयात्रा पर निकल पड़ीं और अंततः द्वारिका में बस गईं। वे मंदिरों में जाकर वहाँ मौजूद कृष्ण भक्तों के सामने कृष्ण की मूर्ति के आगे नाचती रहती थीं। सन् 1543 ई. के पश्चात मीरा द्वारिका में रणछोड़ की मूर्ति के सन्मुख नृत्य-कीर्तन करने लगीं। सन् 1546 ई. में चित्तौड़ से कतिपय ब्राह्मण उन्हें बुलाने के लिए द्वारिका भेजे गए। कहते हैं कि मीरा रणछोड़ से आज्ञा लेने गईं और उन्हीं में अंतर्धान हो गईं। जान पड़ता है कि ब्राह्मणों ने अपनी मर्यादा बचाने के लिए यह कथा गढ़ी थी। सन् 1554 ई. में मीरा के नाम से चित्तौड़ के मंदिर में गिरिधरलाल की मूर्ति स्थापित हुई। यह मीरा का स्मारक और उनके इष्टदेव का मंदिर दोनों था। गुजरात में मीरा की पर्याप्त प्रसिद्धि हुई। हित हरिवंश तथा हरिराम व्यास जैसे वैष्णव भी उनके प्रति श्रद्धा भाव व्यक्त करने लगे।

मान्यताएँ

एक ऐसी मान्यता है कि मीराबाई के मन में श्रीकृष्ण के प्रति जो प्रेम की भावना थी, वह जन्म-जन्मांतर का प्रेम था। मान्यतानुसार, मीरा पूर्व जन्म में वृंदावन (मथुरा) की एक गोपिका थीं। उन दिनों वह राधा की प्रमुख सहेलियों में से एक हुआ करती थीं और मन ही मन भगवान कृष्ण को प्रेम करती थीं। इनका विवाह एक गोप से कर दिया गया था। विवाह के बाद भी गोपिका का कृष्ण प्रेम समाप्त नहीं हुआ। सास को जब इस बात का पता चला तो उन्हें घर में बंद कर दिया। कृष्ण से मिलने की तड़प में गोपिका ने अपने प्राण त्याग दिए। बाद के समय में जोधपुर के पास मेड़ता गाँव में 1504 ई. में राठौर रतन सिंह के घर गोपिका ने मीरा के रूप में जन्म लिया। मीराबाई ने अपने एक अन्य दोहे में जन्म-जन्मांतर के प्रेम का भी उल्लेख किया है–

आकुल व्याकुल फिरूं रैन दिन, विरह कलेजा खाय,
दिवस न भूख नींद नहिं रैना, मुख के कथन न आवे बैना।
कहा करूं कुछ कहत न आवै, मिल कर तपत बुझाय।
क्यों तरसाओ अतंरजामी, आय मिलो किरपा कर स्वामी।
मीरा दासी जनम जनम की, परी तुम्हारे पाय।

मीराबाई के मन में श्रीकृष्ण के प्रति प्रेम की उत्पत्ति से संबंधित एक अन्य कथा भी मिलती है। इस कथानुसार, एक बार एक साधु मीरा के घर पधारे। उस समय मीरा की उम्र लगभग 5-6 साल थी। साधु को मीरा की माँ ने भोजन परोसा। साधु ने अपनी झोली से श्रीकृष्ण की मूर्ति निकाली और पहले उसे भोग लगाया।

मीरा माँ के साथ खड़ी होकर इस दृश्य को देख रही थीं। जब मीरा की नजर श्रीकृष्ण की मूर्ति पर गयी तो उन्हें अपने पूर्व जन्म की सभी बातें याद आ गयीं। इसके बाद से ही मीरा कृष्ण के प्रेम में मग्न हो गयीं।

जीव गोस्वामी से भेंट

एक प्रचलित कथा के अनुसार मीराबाई वृंदावन में भक्त शिरोमणी जीव गोस्वामी के दर्शन के लिये गईं। गोस्वामी जी सच्चे साधु होने के कारण स्त्रियों को देखना भी अनुचित समझते थे। उन्होंने मीराबाई से मिलने से मना कर दिया और अन्दर से ही कहला भेजा कि—हम स्त्रियों से नहीं मिलते। इस पर मीराबाई का उत्तर बड़ा मार्मिक था। उन्होंने कहा कि वृंदावन में श्रीकृष्ण ही एक पुरुष हैं, यहाँ आकर जाना कि उनका एक और प्रतिद्वन्द्वी पैदा हो गया है। मीराबाई का ऐसा मधुर और मार्मिक उत्तर सुन कर जीव गोस्वामी नंगे पैर बाहर निकल आए और बडे प्रेम से उनसे मिले। इस कथा का उल्लेख सर्वप्रथम प्रियादास के कवित्तों में मिलता है—

वृन्दावन आई जीव गुसाई जू सो मिल झिली,
तिया मुख देखबे का पन लै छुटायौ।

गुरु

मीराबाई संत रविदास की महान शिष्या तथा संत कवियत्री थीं। अधिकतर विद्वानों ने मीराबाई को गुरु रविदास जी की शिष्या स्वीकार किया है। काशीनाथ उपाध्याय ने भी लिखा है-इस विषय पर कोई सन्देह नहीं किया जा सकता कि मीराबाई गुरु रविदास जी की शिष्या थीं, क्योंकि मीराबाई ने स्वयं अपने पदों में बार-बार गुरु रविदास जी को अपना गुरु बताया है।

खोज फिरूं खोज वा घर को, कोई न करत बखानी।
सतगुरु संत मिले रैदासा, दीन्ही सुरत सहदानी।।
वन पर्वत तीरथ देवालय, ढूंढा चहूं दिशि दौर।
मीरा श्री रैदास शरण बिन, भगवान और न ठौर।।
मीरा महाने संत है, मैं सन्ता री दास।
चेतन सता सेन ये, दासत गुरु रैदास।।
मीरा सतगुरु देव की, कर बंदना आस।
जिन चेतन आतम कह्या, धन भगवान रैदास।।

गुरु रैदास मिले मोहि पूरे, धुर से कलम भिड़ी।
सतगुरु सैन दई जब आके, ज्याति से ज्योत मिलि।।
मेरे तो गिरीधर गोपाल दूसरा न कोय।
गुरु हमारे रैदास जी सरनन चित सोय।।

इस प्रकार मीराबाई की वाणी से स्पष्ट है कि वह गुरु रविदास के समकालीन संत श्रेणी में आती थीं और गुरु रविदास को ही उन्होंने गुरु की उपाधि प्रदान की थी। अतः मीराबाई गुरु रविदास की विधिवत शिष्या बनीं और साथ ही नाम सबद, संगीत व तंबूरा, जिसे मीराबाई बजाती थीं, गुरु रविदास से ही पाया था। इसीलिए सम्भवतः यह लगता है कि गुरु दक्षिणा के रूप में उन्होंने राजस्थान के चित्तौड़गढ़ में रविदास छत्तरी का निर्माण करवाया था। मीराबाई ने भी अपनी वाणी को रागों में ही उच्चारित किया है, जिसमें अधिकतर शब्दों में भैरवी राग को देखा जा सकता है।

मीरा द्वारा रचित ग्रंथ

मीराबाई ने चार ग्रंथों की रचना की--

1. बरसी का मायरा
2. गीत गोविंद टीका
4. राग गोविंद
5. राग सोरठ के पद

इसके अलावा मीराबाई के गीतों का संकलन मीराबाई की पदावली नामक ग्रन्थ में किया गया है।

मीराबाई की भक्ति

मीरा की भक्ति में माधुर्य—भाव काफी हद तक पाया जाता था। वह अपने इष्टदेव कृष्ण की भावना प्रियतम या पति के रुप में करती थी। उनका मानना था कि इस संसार में कृष्ण के अलावा कोई पुरुष है ही नहीं। कृष्ण के रुप की दीवानी थी--

बसो मेरे नैनन में नंदलाल।
मोहनी मूरति, साँवरि, सुरति नैना बने विसाल।।
अधर सुधारस मुरली बाजति, उर बैजंती माल।
क्षुद्र घंटिका कटि- तट सोभित, नूपुर शब्द रसाल।
मीरा प्रभु संतन सुखदाई, भक्त बछल गोपाल।।

मीराबाई रैदास को अपना गुरु मानते हुए कहती हैं–

गुरु मिलिया रैदास दीन्ही ज्ञान की गुटकी।

इन्होंने अपने बहुत से पदों की रचना राजस्थानी मिश्रित भाषा में ही है। इसके अलावा कुछ विशुद्ध साहित्यिक ब्रजभाषा में भी लिखा है। इन्होंने जन्मजात कवियत्री न होने के बावजूद भक्ति की भावना में कवियत्री के रुप में प्रसिद्धि प्राप्त की। मीरा के विरह गीतों में समकालीन कवियों की अपेक्षा अधिक स्वाभाविकता पाई जाती है। इन्होंने अपने पदों में शृंगार और शांत रस का प्रयोग विशेष रुप से किया है–

इनके एक पद–

मन रे पासि हरि के चरन।
सुभग सीतल कमल- कोमल त्रिविध - ज्वाला- हरन।
जो चरन प्रह्मलाद परसे इंद्र- पद्वी- हान।।
जिन चरन ध्रुव अटल कींन्हों राखि अपनी सरन।
जिन चरन ब्राह्मांड मेंथ्यों नखसिखौ श्री भरन।।
जिन चरन प्रभु परस लनिहों तरी गौतम धरनि।
जिन चरन धरथो गोबरधन गरब- मधवा- हरन।।
दास मीरा लाल गिरधर आजम तारन तरन।।

पद

मीराबाई की महानता और उनकी लोकप्रियता उनके पदों और रचनाओं की वजह से भी है। ये पद और रचनाएँ राजस्थानी, ब्रज और गुजराती भाषाओं में मिलते हैं। हृदय की गहरी पीड़ा, विरहानुभूति और प्रेम की तन्मयता से भरे हुए मीराबाई के पद अनमोल संपत्ति हैं। आँसुओं से भरे ये पद गीतिकाव्य के उत्तम नमूने हैं। मीराबाई ने अपने पदों में शृंगार रस और शांत रस का प्रयोग विशेष रूप से किया है। भावों की सुकुमारता और निराडंबरी सहज शैली की सरसता के कारण मीराबाई की व्यथासिक्त पदावली बरबस ही सबको आकर्षित कर लेती है। मीराबाई ने भक्ति को एक नया आयाम दिया है। एक ऐसा स्थान जहाँ भगवान ही इंसान का सब कुछ होता है। संसार के सभी लोभ उसे मोह से विचलित नहीं कर सकते। एक अच्छा-खासा राजपाट होने के बाद भी मीराबाई वैरागी बनी रहीं। उनकी कृष्ण भक्ति एक अनूठी मिसाल रही है।

पायो जी म्हें तो राम रतन धन पायो।
मेरे तो गिरिधर गोपाल दूसरो न कोई।।

मीराबाई की साधु-संतों से संगत

डॉ. ओमप्रकाश त्रिपाठी की पुस्तक भक्तिकाल के प्रमुख कवियों का पुनर्मूल्याँकन में लिखा है कि मीराबाई की भक्ति मात्र एकांगिक नहीं थी। अनेक विद्वानों का मत है कि वह एक सामाजिक चुनौती के रूप में प्रकट हुई थीं। मीरा ने अनुभव किया कि राणा अत्याचारी है और दुर्भावनाग्रस्त भी है। इसकी प्रतिक्रियावश उनके मन में विद्रोह भाव जागा। इसीलिए उन्होंने राज-मर्यादा को त्याग कर सन्तों का सानिध्य ग्रहण किया। मीरा सन्तों के साथ वन-वन भटकने और नाचने-गाने लगी थीं, जिससे राज परिवार में उनकी स्थिति विवादास्पद हो गई। तत्कालीन सामन्ती मर्यादा तथा राजकीय व्यवस्था के अनुसार जितनी वर्जनाएँ की गयीं, मीरा का विद्रोह उतना ही बिगड़ता गया। उन्होंने अनेक पदों में यह घोषणा की है कि वे किसी भी स्थिति में सन्तों का साथ नहीं छोड़ेगी, जैसे–

मीरा की प्रीति लगी संतन सूं साधु हमारी आत्मा
संतन पर तन मन वारूं, संतन संगि बैठि-बैठि लोक लाज खोई
साथ संग भटकी, सब संतन के मन भायी
रमरया साधा री साथा, साधु हमारे सिर थड़ी
साधु मायर नाथ, साधु थारे संग सुख पाहयो
साथा करस्यां साथ की, साथा मण्डल साथ की
साथा संग रहूंगी, साधु ही पीहर सासुरो
म्हारे साथा से इक्त्यार, मीरा के हरिजन मिल्या
सन्ता हाथ बिकानी, सन्ता री संगति नहीं छोडूं

मीराबाई पर की गयी सख्ती का मूल कारण था, उनका साधु-सन्तों के साथ उठना-बैठना। लगभग सभी संत शूद्र वर्ण से सम्बन्ध रखने वाले थे। इसी बात की पुष्टि में मीरा आगे कहती हैं-

मैं तो नाहीं रहूँ, राणा जी थारा देश में।

भाषा

भाषा को लेकर भी विभिन्न विद्वानों के भिन्न-भिन्न मत हैं। मारवाड़ी भाषा में स्थान की अन्य भाषा-छवियाँ भी विद्यामान हैं। फिर मीराबाई की भाषा में गुजराती, ब्रज और पंजाबी भाषा के प्रयोग भी मिलते भी हैं। मीराबाई अन्य संतों नामदेव, कबीर, रैदास आदि की भाँति मिली-जुली भाषा में अपने भावों को व्यक्त करती हैं।

उनके पदों की संख्या भी अभी तक सुनिश्चित नहीं की जा सकी है। खोज एवं शोध अभी तक जारी है। कुछ समय पूर्व लूर का मीराँ विशेषांक प्रकाशित हुआ था। इसमें मीराबाई द्वारा गाए गए 41 पद दिए गए हैं। इन्हें हरजस नाम दिया गया है, जिन्हें लोक द्वारा विभिन्न अवसरों पर गाया जाता है। कुछ शब्दों के अर्थ भी स्पष्ट किए गए हैं। अतः कहना होगा कि इस दिशा में शोध कार्य अभी जारी है। कोई सर्वमान्य, स्वीकार्य निर्णय अभी शेष है।

मीराबाई द्वारा प्रयुक्त सांगितिक पद्धति

संगीत की दृष्टि से मीराबाई मध्य काल में प्रचलित संगीत की राग-रागिनी पद्धति से भली प्रकार से परिचत थीं तथा वाणी का उच्चारण रागों में करना इसका सबसे बड़ा प्रमाण है, जो कि वर्तमान में शोध का विषय बन कर सामने आया है। गुरु प्यारी साधु संगत जी, ऐसा सर्वविदित है कि समस्त जगत नाद के अधीन है तथा संगीत नाद का सबसे बड़ा रूप है, जिसे मीराबाई ने 45 रागों के रूप में अपनाते हुए अपनी वाणी को रागों में बद्धित किया और ईश्वर की प्राप्ति में दोनों नादों का प्रयोग किया। नाद दो प्रकार के माने गए हैं–

अनाहत नाद–इसे संतो ने अनहत सबद बजावणया की संज्ञा दी। यह योगियों द्वारा ध्यान से मन मस्तिष्क में सुनी जाती है, जिसे मध्य काल के संतों ने खोजा है।

आहत नाद–यह नाद आघात द्वारा पैदा होती है। संगीत इसी का एक रूप है। इसीलिए मीराबाई ने नाम शब्दों से ध्यान लगाया तथा अपनी वाणी को संगीत (रागों) के रूप में उच्चारित किया।

संगीत को ऐतिहासिक दृष्टि से देखा जाए तो यह मोहनजोदड़ो, हड़प्पा संस्कृति तथा देवी-देवताओं के काल से चला आ रहा अध्यात्म और मनोरंजन का आलौकिक साधन है, जिसे अति प्राचीन काल और प्राचीन काल से लेकर जन-साधारण और विद्वानों द्वारा प्रर्युक्त कई विधाओं को जन्म मिला तथा आते-आते मध्य काल में यह राग-रागिनी पद्धति बनकर सामने आया, जोकि तत्कालीन समय के प्रत्येक संगीत विद्वान द्वारा अपनाई गई पद्धति थी। इसी प्रकार मध्य काल के संत-महात्माओं ने भी गायन के लिए इसी पद्धति का प्रयोग कर अपनी वाणी रचनाओं को उद्धृत किया। यह पद्धति मुख्यतः सांगीतिक ग्रन्थों में शिव-मत, भरत, कल्लिनाथ, हनुमत, नारद मुनि, पुण्डरीक विट्ठल आदि द्वारा अपनाई गई थी। अतः संगीत को अपनाना मीराबाई की संगीत जगत के लिए सराहनीय योगदान है। इस

काल में कई महान संत, जैसे- संत रविदास, संत कबीर, संत सदना, संत सैन, संत नामदेव, संत धन्ना, संत बैणी, संत भीखा, संत पीपा, संत त्रिलोचन तथा संत जयदेव आदि हुए, जो कि अधिकतर निम्न संप्रदाय से संबंध रखने वाले थे। इन सभी संतों ने सामाजिक कुरीतियों का खण्डन कर भेदभावों का भी विरोध किया जो कि समाज को दीमक के समान खोखला करने पर तुले हुए थे। इन सभी संतों ने अपनी वाणी को रागों में उच्चारा है। मीराबाई की वाणी लगभग 45 रागों में उपलब्ध होती है–

मीराबाई द्वारा प्रयुक्त राग

क्र.स.	राग	क्र.स.	राग
1.	राग झिंझोटी	2.	राग काहन्ड़ा
3.	राग केदार	4.	राग कल्याण
5.	राग खट	6.	राग गुजरी
7.	राग गोंड	8.	राग छायानट
9.	राग ललित	10.	राग त्रिबेणी
11.	राग सूहा	12.	राग सारंग
13.	राग तोड़ी	14.	राग धनासरी
15.	राग आसा	16.	राग बसंत
17.	राग बिलाबल	18.	राग बिहागड़ो
19.	राग भैरों	20.	राग मल्हार
21.	राग मारु	22.	राग रामकली
23.	राग पीलु	24.	राग सिरी
25.	राग कामोद	26.	राग सोरठि
27.	राग प्रभाती	28.	राग भैरवी
29.	राग जोगिया	30.	राग देष
31.	राग कलिंगडा	32.	राग देव गंधार
33.	राग पट मंजरी	34.	राग काफी
35.	राग मालकौंस	36.	राग जौनपुरी
37.	राग पीलु	38.	राग श्याम कल्याण
39.	राग परज	40.	राग असावरी
41.	राग बागेश्री	42.	राग भीमपलासी
43.	राग पूरिया कल्याण	44.	राग हमीर
45.	राग सोहनी		

अतः इस प्रकार वाणी का अध्ययन करने से यह ज्ञात होता है कि मीराबाई ने अपनी वाणी में छन्द, अलंकार, रस और संगीत का पूर्णतया प्रयोग किया और इसे आध्यात्म का मार्ग बनाया, जो कि वर्तमान के लिए प्रेरणा है। मीराबाई ने भारतीय शास्त्रीय संगीत को संजोए रखने में एक अनोखी कड़ी जोड़ दी, जिसका प्रमाण तथा पुष्टि विभिन्न ग्रन्थों के अवलोकन करने पर स्पष्ट होती है। अतः इस पद्धति को मीराबाई ने अपनाया और अपनी वाणी को संगीत के साथ जोड़कर आध्यात्म के साथ-साथ संगीत का भी प्रचार-प्रसार किया, साथ ही संगीत को जीवित रखने में भी अपनी सहमति तथा हिस्सेदारी पाई।

मृत्यु

मीराबाई अपने युग से लेकर आज तक लोकप्रियता के शिखर पर आरूढ हैं। उनके गीत या भजन आज भी हिन्दी-अहिन्दी भाषी भारतवासियों के होठों पर विराजमान हैं। मीरा के कई पद हिन्दी फिल्मी गीतों का हिस्सा भी बने। वे बहुत दिनों तक वृन्दावन (मथुरा, उत्तर प्रदेश) में रहीं और फिर द्वारिका चली गईं। जहाँ संवत 1560 ई. में वे भगवान श्रीकृष्ण कि मूर्ति मे समा गईं। जब उदयसिंह राजा बने तो उन्हें यह जानकर बहुत निराशा हुई कि उनके परिवार मे एक महान भक्त के साथ कैसा दुर्व्यवहार हुआ। तब उन्होंने अपने राज्य के कुछ ब्राह्मणों को मीराबाई को वापस लाने के लिए द्वारका भेजा। जब मीराबाई आने को राजी नहीं हुईं तो ब्राह्मण जिद करने लगे कि वे भी वापस नहीं जायेंगे। उस समय द्वारका में कृष्ण जन्माष्टमी आयोजन की तैयारी चल रही थी। मीराबाई ने कहा कि वे आयोजन में भाग लेकर चलेंगी। उस दिन उत्सव चल रहा था। भक्त गण भजन मे मग्न थे। मीरा नाचते-नाचते श्री रणछोड़राय जी के मन्दिर के गर्भगृह में प्रवेश कर गईं और मन्दिर के कपाट बन्द हो गये। जब द्वार खोले गये तो देखा कि मीरा वहाँ नहीं थी। उनका चीर मूर्ति के चारों ओर लिपट गया था और मूर्ति अत्यन्त प्रकाशित हो रही थी। मीरा मूर्ति में ही समा गयी थीं। मीराबाई का शरीर भी कहीं नहीं मिला। उनका उनके प्रियतम प्यारे से मिलन हो गया था।

जिन चरन धरथो गोबरधन गरब- मधवा- हरन।।
दास मीरा लाल गिरधर आजम तारन तरन।।

आध्यात्म स्तम्भ

संत कवियत्री मीराबाई ने अपने हृदय-मन्दिर में इष्ट श्रीकृष्ण की मूरत स्थापित कर बचपन से ही उनकी पूजा-अराधना और अर्चना आरंभ कर दी थी। यहीं

से उनके भाव-विह्वल भक्ति के गीत फूटे और बहे, जिसमें युग-युग की मानवता अपनी आत्मिक प्यास बुझाती रही है। कृष्ण के प्रति प्रेम-भक्ति उनके नारी-सुलभ स्वभाव एवं वृत्तियों के अति अनुकूल भी थी और दैव-योग से मीरा इसी दिशा में प्रवृत्त होती गईं। भौतिक जीवन और घटनाक्रमों ने इस वेग को और भी बढ़ाया तथा दिशा को साधा। वह पारिवारिक संबन्धों से मुक्त होकर उन्मुक्त हुई महाभाव-हिलोरों पर उन्मत्त हो झूलती रहीं। मीराबाई ने स्वयं मुक्त होकर अपने समय और युग की नारी को भी और देश-समाज के मानव एवं मानवता को भी मुक्त किया। मध्य युग में ही आधुनिक मानव की मुक्ति का बिगुल बजाने वाली स्त्री संत, आधुनिकता के नारी-विमर्श का बीज-रोपन करने वाली मीराबाई अपने जीवन में तथा मृत्यु में भी मुक्त रहीं। वास्तव, में मीरा वर्तमान भौतिक अंधकार के विरुद्ध भारतीय महाभाव-प्रेम एवं अध्यात्म का दीप स्तंभ हैं। भौतिक वैश्वीकरण एवं बाजारीकरण के विपरीत मानव की मुक्ति, समानता, गरिमा के आग्रहों को भावनात्मक सार्वभौमिकता देने वाली मीराबाई आध्यात्मिक वैश्वीकरण एवं विश्वमानवता का अलख जगाने वाली महान मानवी हैं।

2

मीराबाई के युग की सामाजिक-धार्मिक स्थितियाँ

मीरा का काल सन् 1498-1545 माना जाता है। ग्यारहवीं शताब्दी से पश्चिमोत्तर से भारत में लूटपाट करने के लिए बार-बार आने वाले इस्लाम धर्मावलम्बी आक्रांताओं के पैर जम चुके थे। मीरा के समय दिल्ली में लोदी सल्तनत थी, पर 1526 ई0 में जब बाबर ने इब्राहिम लोदी को पराजित कर दिया तो मुगल शासन की नींव पड़ गई। राजनैतिक प्रश्रय पाकर इस्लाम धर्म की जड़ें सुदृढ़ होती गईं और धार्मिक कट्टरता बढ़ती गयी। हिन्दुओं में अस्पृश्य समझी जाने वाली जातियों में बड़ी तेजी से धर्मान्तरण आरंभ हो गया। सवर्ण कही जाने वाली जातियों में भी असुरक्षा की भावना बढ़ गयी और उन्होंने अपनी जाति, अपना धर्म अपने वंश और रक्त की शुद्धता, अपनी कुलीनता की रक्षा करने के लिए कुछ ऐसे उपाय अपनाये, जिनसे हिन्दू समाज में अनेक विकृतियाँ- बाल-विवाह, विधवा पर अनेक अमानवीय पांबदियां, सती-प्रथा, जौहर, पर्दा-प्रथा, नारी की स्वतंत्रता का अपहरण आदि आ गयी। हिन्दू धर्म की रक्षा के लिए जातिभेद अधिक कठोर हो गया, छुआछूत की भावना बढ़ी, अनेक विधि-निषेधों को लागू किया जाने लगा। आये दिन युद्ध होते रहते थे। राजस्थान युद्धों की दुहरी मार से पीड़ित था। एक ओर मुसलमान शासक, सुल्तान हिन्दू रजवाड़ों पर आक्रमण करते रहते थे। महाराजा सांगा को दिल्ली और मालवा के सुल्तानों से युद्ध करना पड़ा था। अठारह युद्धों को विजय करने के बाद बयाना के युद्ध में बाबर को हराया पर खानवा के युद्ध में वह बाबर के हाथों पराजित हुए, युद्ध में वह इतना घायल हो गए कि कुछ दिन बाद ही उनका देहांत हो गया। राजस्थान के क्षत्रिय राजवंशों में एकता नहीं थी। वे छोटी-छोटी बातों को लेकर परस्पर वैमनस्य, झूठी मर्यादा, ऊँच- नीच की भावना या विवाह-संबंधों को लेकर आपस में

झगड़ते रहते थे। वे युद्ध को, युद्ध में पराक्रम, शौर्य और वीरगति को प्राप्त होने को अपना धर्म समझते थे। उनका सारा जीवन युद्धों में, युद्ध की तैयारियों में, एक-दूसरे को नीचा दिखाने के लिए षड्यंत्रों में बीतता था। अन्य बातों के लिए इनके पास न समय था और न रुचि। राजमहल या तो भोग-विलास के केन्द्र, इन्द्र-लोक के अखाड़े बने थे या फिर आंतरिक कलह और षड्यंत्र के शिकार। शासन व्यवस्था में शिथिलता, राजनीतिक अस्थिरता, युद्धों, भयंकर अकालों, सेना तथा न्याय का संरक्षण प्राप्त सांमती शोषण, भोग -विलास में अनाप-शनाप खर्च आदि के कारण सामान्य जनता की आर्थिक स्थिति बड़ी दयनीय थी। सबसे अधिक पीड़ित थे किसान, शिल्पी, दस्तकार तथा कारीगर। उत्पादन का बोझ निचली जातियों के कंधों पर था तथा सांमत, सुल्तान शासक, धनवान व्यापारी, पुरोहित उस उत्पाद के उपभोगकर्त्ता थे। इस प्रकार सांमती व्यवस्था में अमीर-गरीब, शोषक-शोषित, शासक-शासित के बीच की खाई बढ़ती गयी। कुल मिलाकर राजनीतिक एवं आर्थिक कारणों से राजस्थान का ही नहीं सम्पूर्ण भारत का वातावरण कलहपूर्ण और अशांत था।

धार्मिक क्षेत्र में घोर शुचितावाद, बाह्याचार, पुरोहितों और ब्राह्मणों के वर्चस्व के कारण वर्ण-व्यवस्था जटिल होती जा रही थी, नारी की पराधीनता की बेड़ियां कठोर होती जा रही थीं। अतः नारी और निचली जातियों के लोगों का जीवन नारकीय बन गया था। धर्म, शास्त्र, पुराण, ब्राह्मण, धर्माचार्य, पुरोहित आदि एक ओर फतवा दे रहे थे कि निम्न वर्णो के लोगों का धर्म हैं, कर्त्तव्य है कि वे सवर्णों की सेवा करें, उनका जन्म ही सेवा करने के लिए हुआ है। वर्णाश्रम धर्म सनातन काल से दुहाई देता रहा है कि शूद्रों का धर्म अन्य तीन वर्णों-ब्राह्मणों, क्षत्रियों तथा वैश्यों की सेवा करना है। ये मनुवादी लोग, समाज के नियन्ता मनु, भृर्तहरि, रामायण, महाभारत, कबीर, तुलसी आदिकी उक्तियों का सहारा लेकर उद्घोष कर रहे थे कि नारी को स्वतंत्रता नहीं देनी चाहिए। वह माया है, पुरुष के पतन के लिए गहरी खाई है, उसका कार्य है सद्गृहिणी बनकर गृहस्थ के सदस्यों की सेवा करना और धर्म है पति को परमेश्वर मानकर उसकी पूजा करना। वे कर्म, भाग्य, पुनर्जन्म की बात कहकर भोली-भाली, अज्ञान से घिरी, अनपढ़ जनता को ठग रहे थे, उसका शोषण कर रहे थे। जादू-टोना, यंत्र-मंत्र में उनके विश्वास ने भी उनको अधोगति में डाल दिया था।

सामंती व्यवस्था एवं पुरोहितवाद की छाया में जीवन बिताने वाले राजघरानों के लोगों पर इन विचारों का गहरा प्रभाव था। ये विचार उनकी सत्ता एवं वर्चस्व बनाये रखने में भी सहायक थे, अतः मीरा जो स्वंय राजस्थान के दो प्रतिष्ठित राजवंशों से सम्बद्ध थीं। राठौर (पितृगृह) तथा मेवाड़ के राणा वंश (ससुराल)- भी इन पुरातनपंथी

रूढ़ियों, सामाजिक-पारिवारिक विकृतियों और अत्याचारों से मुक्त न रह सकीं। निर्भय, साहसी, सुदृढ़ चरित्र वाली, भक्ति की साकार प्रतिमा, साध्वी मीरा को भी समाज के हाथों अनेक यातनाएं सहनी पड़ी। पति की अकाल मृत्यु के बाद उन्हें अपने देवर विक्रमजीत सिंह राणा-कुल के सदस्यों-सास, ननद आदि, अन्य कुलीन स्त्रियों, परिवार और समाज में व्याप्त दमनकारी विधि-निषेधों से संघर्ष करना पड़ा।

सासा लड़ै मेरी नन्द खिजावै, राणा रहया रिसाय।

पहरो भी राख्यो चौकी बिठार्‌यो, ताला दियौ जड़ाय।।

पति की मृत्यु के बाद राजकुल की रीति के अनुरूप उनसे अपेक्षा की गयी कि वह पति के शव के साथ चिता में बैठकर सती हो जाएं, परंतु उन्होंने यह नहीं किया। उनसे अपेक्षा की गयी कि वह हिन्दू विधवा की तरह महल की चारदीवारी में बंद रहें, घर से न निकलें, व्रत-उपवास रखें, दान-दक्षिणा दें, पूजा-पाठ करें, कठोर जीवन बितायें। मीरा के स्वच्छन्द, स्वतंत्र, आत्मगौरव एवं स्वाभिमानी व्यक्तित्व को यह सब स्वीकार्य न हुआ। वह अपना सारा समय भगवद्‌भवितत्व, साधु-संगति, भजन-कीर्तन आदि में बिताने लगीं। अंतःपुर से निकल कर मन्दिरों में जाने लगीं। मीरा का यह आचरण राणा-कुल को सांमती, पारिवारिक व कुल मर्यादा की नैतिकता के विरुद्ध लगा। अतः पहले समझाया-बुझाया गया और जब उसका कोई असर न पड़ा तो अत्याचार बढ़ते गये, कभी सांप का पिटारा भेजा गया, कभी विष का प्याला, क्योंकि पुरुषसत्तात्मक रूढ़िवादी समाज को न तो मीरा की स्वतंत्रता, सत्संगति अच्छी लगी और न कुल-मर्यादा का उल्लंघन। पर मीरा की भक्ति अडिग, अविचलित थी, आस्था सुदृढ़ थी और विकृतियों को पहचानने की दृष्टि सूक्ष्म तथा गहरी। उनमें इन संकीर्णताओं पर चोट करने का अदम्य साहस भी था–

सीसोद्यो रूठ्‌यो म्हारो कोई करलेसी।

म्हे तो गुण गोविन्द गास्यां हो, माई।।

राणो जी रूठ्‌यां बारों देख रखासी।

हरि रूठ्‌यां कुम्हलास्यां हो भाई।।

उन्होंने राणा, राणा-कुल, पुरुषसत्तात्मक समाज, नारी-विरोधी सामंती समाज, छद्‌म कुल-मर्यादा और उसके कारण होने वाले अत्याचारों को मौन होकर नहीं सहा, उनका साहसपूर्वक सामना किया, संघर्ष किया और अंततः उन पर विजय पाई। अपने गीतों से, अपने आचरण से, अपने विचारों से इन अनीतियों, दमन व अत्याचारों का विरोध किया।

मध्यकालीन सामंती, पुरुषसत्तात्मक समाजव्यवस्था में राजप्रासाद के अंतःपुर में रहने वाली सरल, भोली-भाली, सात्विक विचारों वाली तथा कृष्णभक्ति में आकंठ डूबी मीरा का यह संघर्ष आश्चर्यचकित करने वाला है। जिस राजस्थान में अलाउद्दीन को पद्मिनी का दर्पण-बिम्ब दिखाना भी पाप समझा जाता था, उसी राजस्थान की एक सुन्दरी विधवा साधु-संगति का प्रण कर, राजपरिवार तथा समाज-व्यवस्था, कुलमर्यादा का उल्लंघन कर अंतःपुर से बाहर निकलकर साधु-संतो के बीच रहती हुई, विद्रोहिणी नारी कैसे बन गयी? प्रश्न उठता है कि एक विरही, राजकुल में विधवा होने के कारण अभिशप्त एक कुलीन नारी नरक की खान, माया, ठगिनी, पुरुष को अपने रूप-यौवन से लुभाकर उसे पतन के गड़े में डालने वाली कहा था, वहाँ मीरा ने नारी का पक्ष लेकर, पुरुषवर्ग के साथ संघर्ष करने का मन कैसे बनाया? इसका उत्तर हमें उनके आरंभिक जीवन में मिलता है। चार-पाँच वर्ष की आयु में माता का देहांत होने तथा पिता के निरंतर युद्धों के व्यस्त रहने के कारण मीरा के पितामह राव उन्हें कुड़की से अपने गाँव मेड़ता ले गये। वह धार्मिक प्रवृत्ति के उदार, सहृदय व्यक्ति थे। उन्होंने मीरा का पालन-पोषण बड़े स्नेह से किया, उनकी शिक्षा-दीक्षा का प्रबंध किया। उन्होंने अपने बड़े बेटे वीरभदेव जी के पुत्र जयमल के साथ मीरा की शिक्षा की व्यवस्था की। पितामह का स्नेह, जयमल का भ्रातृप्रेम, घर का सात्विक एवं कलाओं को प्रोत्साहन देनेवाला रूढ़िवादी वर्जनाओं से मुक्त वातावरण, स्नेह और सुरक्षा की शीतल छाया ही उनके प्रखर, निर्भय, साहसी विद्रोही व्यक्तित्व के विकास में सहायक हुए। इसी सुदृढ़, आत्मविश्वासपूर्ण, आत्मगौरव के प्रति सजग व्यक्तित्व ने उन्हें अन्याय, अत्याचार, रूढ़िवाद, निरर्थक वर्जनाओं, संकीर्णताओं से संघर्ष करने और उन पर विजय पाने की सामर्थ्य प्रदान की। इस संघर्ष में भगवान की अटूट भक्ति, निष्ठा और आस्था ही उनका सबसे बड़े सम्बल थे। सामंती समाज की स्त्री को पराजित करने का सबसे सम्बल थे। सामंती समाज का स्त्री को पराजित करने का सबसे सशक्त हथियार है, उसका चरित्र-हनन समाज में उसकी बदनामी करना, उसके कुलटा होने की बात का प्रचार करना। मीरा ने इस हथियार की धार को भी कुंठित कर दिया-

राणा जी म्हाने या बदनामी लगे मीठी
कोई निन्दो कोई बिन्दो मैं चलूंगी चाल अनूठी

और निर्भय होकर घोषणा कर दी कि उनका पति गिरिधर गोपाल है–

मेरो तो गिरधर गोपाल और नहिं कोई
जाके सिर मोर मुकुट मेरो पति सोई

और पैरों में घुंघरू बांधकर अपने प्रिय को रिझाने के लिए उसकी प्रतिमा के सामने नाचने लगीं–

पग घुंघरू बांध मीरा नाची री

मैं तो मेरे नारायण की, आपहि हो गई दासी रे

लोग कहै मीरा भई बावरी, न्यास कहैं कुल नासी रे

विष का प्याला राणा जी भेज्या, पीवत मीरां हांसी रे।

मीरा का विद्रोह किसी एक व्यक्ति, एक व्यवस्था या एक सत्ता से नहीं था। उनका विरोध था संकीर्णता, दमन, अनाचार, ढोंग, पाखंड और अनैतिकता से , अतः उनके विरोध का शिकार वे लम्पट्, धूर्त, स्वार्थी साधु भी बने, जो साधु के वेश में असाधु थे, कपटी और कामी थे। अपने पुरोहित रामदास के विरोध का कारण उनका दर्पपूर्ण, अंहकारी एवं मिथ्याचारी आचरण ही था। सारांश यह कि मीरा ने सांमती, पुरुषसत्तात्मक समाज-व्यवस्था की संकीर्णताओं, दमनकारी, नीतियों, उनके क्षुद्र स्वार्थो, झूठी कुल-मर्यादा की भावना को पहचाना और उन पर करारी चोट भी की और इस प्रकार स्त्री-स्वातंत्र्य का पांचजन्य फूंका। समाज में नारी की शोचनीय स्थिति के प्रति चिंता तथा उसे उस यातना से मुक्त करने की व्याकुलता इस बात से भी प्रकट होती है कि उन्होंने जिस आराध्य-उपास्य देवता को, अपनी प्रेम-भक्ति का पात्र बनाया है। वह अन्याय-पीड़ियों का उद्धार करने वाला है, नारी की लाज बचाने वाला है। उनका उपास्य गिरिधर गोपाल है, जिसने इन्द्र के कोप से, मूसलाधार वर्षा करने वाले मेघों से गोकुल और गोकुल निवासियों की रक्षा की थी। उनका उपास्य महाभारत के वह कृष्ण हैं, जिन्होंने दुष्ट दुःशासन द्वारा द्रोपदी का चीर- हरण कर भरी सभा में लज्जित करने का प्रयास को चीर बढ़ाकर विफल कर दिया। उनका उपास्य गोपीवल्लभ है।

कबीर के प्रसंग में आप जानते हैं कि बाह्याडम्बर, बाह्याचार, ढोंग, पांखड, छद्‌म व्यवहार पर आघात करने का, प्रतिपक्षी को धूल चटाने का, मीठी छुरी से वार करने का सबसे प्रबल माध्यम है व्यंग्य। व्यंग्य की चोट बड़ी करारी, कठोर व पैनी होती है। उसके एक ही आघात से विरोधी मुंह के बल औंधा गिर कर जमीन चाटता दिखाई देता है। मीरा ने भी कहीं-कहीं व्यंग्य का प्रयोग किया है। राणा का मज़ाक उड़ाते हुए वह लिखती हैं–

विध निधणा री न्यारा।

दीरध नेण मिरघ कूं देखां कणलण फिरता मारा।

उजलो बरण बागलां पावां कोयल वरणां कारा।
नदयां नदयां निरमल धारां समुंद करयां जल खारां।
मूरल जण सिंघासण राजा पण्डित फिरतां द्वारा।
मीरा रे प्रभु गिरधर नागर राणा भगत संपारा।

मीरा ने अपने पदों में उन अनेक अत्याचारों, यातनाओं और विघ्नों का वर्णन किया है जो उनके स्वच्छंद जीवन में अवरोध उत्पन्न करने के लिए अपनाये गये। मीरा ने उन सब विघ्न-बाधाओं, संकटों, दमन के उपायों का धैर्य, साहस और अडिग आस्था से सामना किया और उन पर विजय प्राप्त की। यह उनकी विद्रोह-शक्ति का परिचायक है। अपने पदों में उन्होंने राणा की प्रत्येक चाल का, प्रत्येक छल-कपट का घिनौने हथकंडों का भेद खोलकर रख दिया, उनको चुनौती दी, उनके साथ संघर्ष कर उन पर विजय पायी और राणा को उनकी सत्ता को, उनके अहंकार को बौना बना कर रख दिया। भक्ति-युग को लोक-जागरण का युग कहा जाता है, भक्ति-आंदोलन केवल भक्ति-आंदोलन ही नहीं था, वह समाज की नई चेतना-प्रगतिशील विचारधारा एवं क्रांति का आंदोलन भी था। उसने निम्न, दलित, अस्पृश्य, दीन-हीन लोगों को ही नहीं जगाया, उनमें नई चेतना और नई शक्ति का संचार नहीं किया, समाज में सबसे अधिक पीड़ित, उत्पड़ित व दलित वर्ग नारी जाति के प्रति भी अपनी संवेदना प्रकट की। मीरा अन्य भक्त कवियों से इसी बात में भिन्न हैं। जहाँ कबीर जैसे क्रांतिकारी, सूर और तुलसी जैसे मानववादी कवियों की दृष्टि में नारी पुरुष को पतन के गड्डे में गिराने वाली माया है, ठगिनी है, सर्पिणी है, वहाँ मीरा ने नारी को पूर्ण सहानुभूति प्रदान की है, उसके प्रति करुणा भाव जगाया है। उनके पद केवल वैयक्तिक यातना और उनसे मुक्त होने के प्रयासों का संकेत नहीं करते, वे सामान्य जन और नारी की विषमतापूर्ण ज़िदंगी और दयनीय स्थिति के प्रति करुणा उत्पन्न करते हैं, उससे मुक्ति का उद्घोष करते हैं, यह उनकी लोकोन्मुखता तथा भविष्यद्रष्टा होने का परिचायक है। उन्होंने एक ओर राजसत्ता का विरोध किया तथा दूसरी ओर पुरुषसत्तात्मक व्यवस्था का।

विदेशी आक्रमणकारियों तथा भारत में इस्लाम के प्रचार के कारण हिन्दू धर्मावलम्बियों की दशा में निरन्तर हास्र हो रहा था। हिन्दू समाज के साथ दुर्व्यवहार किया जाता था। मुस्लिम अत्याचारों के अलावा भी हिन्दू समाज में अनेक कुरीतियां व्याप्त थी। समाज व्याप्त आडम्बर, अंधविश्वासों एवं सामाजिक जटिलताओं को दूर करने के लिए तथा समाज का समकालीन, धार्मिक परिस्थितयों, शासकीय निरकुंशता से बचाने, लोगों की आन्तरिक प्रेरणा को जाग्रत करने हेतु सन्तों और सूफियों के प्रयास से भक्ति की जिस निर्मल धारा का विकास हुआ उसे भक्ति आन्दोलन कहा

जाता है। भक्ति आन्दोलन के परिणामों में प्रोफेसर रानाडे की भूमिका प्रमुख थी, भक्ति के प्रति आस्था का विकास, लोकभाषाओं में साहित्य-रचना का आरंभ, इस्लाम के साथ सहयोग के परिणामस्वरूप सहिष्णुता की भावना का विकास, जिसकी वजह से जाति-व्यवस्था के बंधनों में शिथिलता आई और विचार तथा कर्म दोनों स्तरों पर समाज का उन्नयन। जहाँ तक सूफ़ीवाद का संबंध है, प्रो. गिब का मत है कि इसने उन तत्वों (सृजनात्मक, सामाजिक और बौद्धिक शक्तियों) को अपनी ओर आकृष्ट किया जो सामाजिक और सांस्कृतिक क्रांति के वाहक के रूप में उभकर सामने आए। तुर्की आधिपत्य के काल में जब देश का जनजीवन घुटन का अनुभव कर रहा था, तब सूफ़ी ख़ानकाह ने सामाजिक संदेश फैलाने एवं सुधारवादी राजनीति का उन्माद पैदा करने का काम किया।

भक्ति आन्दोलन के उद्भव को ऐतिहासिक दृष्टिकोण से दो सोपानों में बांट सकते हैं।

पहले चरण के अंतर्गत दक्षिण भारत में भक्ति के आरंभिक प्रादुर्भाव से लेकर 13 वीं शताब्दी तक के काल को रखा जा सकता है।

दूसरे चरण में 13 वीं शताब्दी से 16 वीं शताब्दी तक के काल को रख सकते हैं।

उत्तरी भारत में यह आंदोलन इसी समय इस्लाम के संपर्क में आया और इसकी चुनौतियों को स्वीकार करता हुआ इससे प्रभावित, उत्तेजित और आंदोलित हुआ।

भारत भी प्राच्य धार्मिक अवस्था एवं अवधारणा पर विचार करने से यह स्पष्ट होता है कि मध्ययुग से पहले हजारों साल से वेद ग्रन्थों का निर्माण और रीति-रिवाज बहुत ही शक्तिशाली और मान्य रही है कि हमारे आध्यात्मिक और लौकिक कर्म उसी से संचालित होते रहे हैं। चूँकि वेद हमारी विचारधारा के ही नहीं, अपितु हमारी जीवन-पद्धति के स्रोत और समर्थक रहे हैं, अतः भारत में जो चिंतक-विचारक ऋषि और संत हुए उन पर वैदिक चिंतन का गहरा प्रभाव पड़ा है। वेदों को लेकर चिंतन और व्यवहार की एक ऐसी परिपाटी निर्मित हुई, जिसके अंतर्गत ही लोग सोच पाते थे। गौतम बुद्ध जैसे क्रांतिकारी और सजग चिंतक ने मुक्ति के लिए नैतिक आचरण को न केवल अपनाया अपितु उसे व्यावहारिक रूप भी दिया। उन्होंने सामाजिक और धार्मिक स्तर पर जाति-भेद और ब्राह्मणों की सत्ता का विरोध करने के साथ ही नवीन क्रांतिकारी धारा को भी जन्म दिया। अतः बौद्धधर्म अपनी समकालीन परिस्थितियों में वैदिक धर्म का विरोधी था। फिर भी बौद्धधर्म ज्यों-ज्यों प्राचीन होता गया त्यों-त्यों उसमें भी वैदिक कर्मकांड का प्रवेश होता गया तथा रूढ़िवादिता बढ़ती गई।

बौद्धिक स्तर पर बुद्ध के चिंतन की जड़ें हिलाने वालों में शंकराचार्य का स्थान अग्रण्य ठहरता है। दार्शनिक ज्ञानमार्गियों में सबसे अधिक ख्याति शंकराचार्य को ही प्राप्त हुई। बौद्धों का प्रभाव घटाने तथा वेदों-ब्राह्मणों की महत्ता को स्थापित करने के लिए शंकराचार्य ने अपने दार्शनिक चिंतन में अद्वैतवाद के सिद्धांत पर जोर दिया। अद्वैतवाद का आधार है कि ब्रह्म सत्य है जगत् मिथ्या है, आत्मा परमात्मा ही है, वह उससे भिन्न या पृथक नहीं है। सांसारिक माया के कारण मानव आत्मा-परमात्मा की एकता को पहचानने की भूल करता है। ध्यान रखने की बात यह भी है कि शंकर ने ज्ञान के साथ-साथ निर्गुण ब्रह्म की उपासना का भी प्रचार किया। साथ-ही-साथ ईश्वर को शिव का स्वरूप देकर जनसाधरण के लिए शैव-उपासना और पंडितों के लिए ज्ञान-मार्ग के द्वारा एकेश्वरवाद का मार्ग प्रशस्त किया। इस तरह शंकर ने अद्धैतवाद का प्रचार कर सगुणोपासना का अप्रत्यक्ष रूप से विरोध किया। परंतु शंकर का निर्गुण ज्ञानवाद मन में बैठी निराशा से मानव को मुक्ति नहीं दे सका। यही वजह थी कि विचारकों ने मौका देखकर अद्वैतवाद का जमकर विरोध और मुकाबला किया और चार विचारों की स्थापना वैष्णव सन्तों के माध्यम से हुई, जो अग्रलिखित हैं–

काल	संस्थापक	मत
12वीं शताब्दी	रामानुजाचार्य	विशिष्टाद्वैतवाद
13वीं शताब्दी	माध्वाचार्य	द्वैतवाद
13वीं शताब्दी	विष्णुस्वामी	शुद्धाद्वैतवाद
13वीं शताब्दी	निम्बार्काचार्य	द्वैताद्वैतवाद

इन चारों वैष्णव संम्प्रदायों ने शंकर के अद्वैत और ज्ञान-मार्ग का विरोध किया। थोड़े-बहुत अंतर के होते हुए भी इन सबकी प्रवृत्ति सगुण भक्ति की-ओर खिंचती चली गई। इन सभी ने ब्रह्म और जीव की पूर्ण एकता को अस्वीकार किया तथा इस धारणा का प्रचार-प्रसार किया कि सांसारिक जन्म के बाद जीव का ब्रह्म से एकीकरण समाप्त हो जाता है।

साधारण लोगों पर वैष्णव सम्प्रदायों की सगुण-भक्ति का व्यापक असर पड़ा। भारत में धर्म के साथ-साथ दर्शन सदैव चलता रहा है। धर्म की गूढ़ता सामान्य लोगों की समझ से अक्सर बाहर रहती है। ऐसी स्थिति में रहस्य और भक्ति की भावना द्वारा उसका व्यावहारिक रूप सामने आता है और पनपता है। वैष्णवों के प्रयत्नों से भगवद्गीता की महत्त्व-प्रतिष्ठा, अवतारवाद की स्थापना के साथ अवतारों की पूजा और ब्राह्मणों की उच्चता आदि को स्थान मिला। वल्लभ

ने विशेष रूप से भगवान की प्रतिमा-पूजा पर बल दिया। रामानुज ने भक्ति-आंदोलन की इस धारण को आगे बढ़ाने का काम किया तथा उच्च जातियों के अधिकारों को कायम रखते हुए सीमित रूप में निम्न वर्गों की आशा को भी निराशा में नहीं बदलने दिया। इतना होने पर भी वैष्णवों का भक्ति-मार्ग व्यावहारिक रूप में तत्कालीन सामाजिक तथा धार्मिक असमानताओं को दूर नहीं कर सका। भले ही भक्ति को लोकप्रिय बनाने में वैष्णव संत सफल रहे हों, किन्तु वे मुरझाए मनों को वांछित शक्ति से नहीं भर सके।

13वीं सदी के पश्चात मध्यकाल भारतीय इतिहास में भक्ति आन्दोलन को जो आकार या रूप निश्चित हुआ उसका प्रवाह तुरन्त राजनैतिक-सामाजिक और सांस्कृतिक दशाओं से संबंध अत्यधिक गहरा था। इन सभी स्थितियों के बीच एक महत्त्वपूर्ण तथ्य इस्लाम की राजसत्ता तथा उसके प्रति भारतीय प्रतिक्रिया भी थी।

इस्लाम के सामाजिक-धार्मिक मतवाद के साथ भारतीय सिद्धांत और चिंतन का संघर्ष नए ढंग से आरंभ हुआ। यह भी ध्यान रखना होगा कि इस्लाम ने अपने को एक सामाजिक-धार्मिक मतवाद तथा राजनीतिक सत्ता के रूप में (दोनों को ही शक्तिशाली सैन्य बल का सहारा प्राप्त था) स्थापित करना 12वीं सदी के अंत में तथा 13वीं सदी के आरंभ में आकर ही शुरू किया था। भारत की तात्कालिक प्रतिक्रिया को संभवतः निष्क्रियता का नाम दिया जा सकता है। कारण यह नहीं था कि समकालीन शासन वर्ग में कोई सुनिश्चित प्रतिरोध प्रस्तुत करने की शक्ति नहीं थी, बल्कि ऐसा प्रतीत होता है कि समाज ने इसकी ओर कोई खास ध्यान नहीं दिया था, क्योंकि भारतीय जीवन धर्मतांत्रिक ढंग से श्रेणीबद्ध तथा सामंतवादी व्यवस्था पर आधारित ग्रामीण कृषक-समाज के ढर्रे पर चलता चला आ रहा था।

परन्तु भारतीय समाज और प्रशासन समूह व वर्ग के भीतर परिस्थिति के साथ-साथ प्रतिक्रियाओं के अनुभूतियों का विकास हुआ, और यहाँ के शासक तथा जनसामान्य ने इस्लाम की नीतियों के स्वरूप को जानने-पहचानने का प्रयत्न शुरू कर दिया। उसने यह भी महसूस किया कि इस्लामी धाार्मिक और सामाजिक पद्धतियाँ और कार्यकलाप भारतीय जातिवाद पर आधारित रूढ़िवादी समाज के ढाँचे में किस प्रकार धीमी परंतु मजबूत गति से दरारें बना रहे हैं। स्वनिर्मित सीमाओं से घिरा उच्च वर्ग, जिसके अगुआ ब्राह्मण थे तथा जिसके हित काफी विस्तृत थे, इन विरोधी शक्तियों का प्रतिरोध अपने सामाजिक-धार्मिक द्रष्टिकोण के माध्यम से प्रस्तुत करने लगा। ऐसी स्थिति में निश्चित रूप से कहा जा सकता है कि भारतीय उच्च वर्ग की यह एक नकारात्मक ढंग की प्रतिक्रिया थी।

14वीं तथा 15वीं शताब्दियों में जनता के अन्दर भक्ति विश्वास और आस्था की जो लहर उत्पन्न हुई, उसने एक जन आन्दोलन का रूप ग्रहण कर लिया जो सिंध महाराष्ट्र और गुजरात से लेकर असम, उड़ीसा तथा बंगाल तक फैल गया। भारतीय इतिहास और सांस्कृतिक जीवन में यही आंदोलन भक्ति-आंदोलन के नाम से जाना जाता है। इस आंदोलन ने संतों के एक नए वर्ग को जन्म दिया जिसके अगुआ कबीरदास कहे जा सकते हैं। इन संत भक्तों ने एक ओर तो भक्ति के आधारभूत तत्वों के बीच सामंजस्य तथा सद्भाव स्थापित किया और दूसरी ओर भारतीय रहस्यवादी धारणाओं और सूफ़ी साधना की रहस्यवादी धारणाओं के बीच सामंजस्य की सृष्टि की। इनमें रामानंद, नामदेव, कबीर, नानक, दादू, रविदास, तुलसीदास, चैतन्य महाप्रभु के नाम प्रमुख हैं। इन संत भक्तों में से अधिकांश समाज की छोटी जातियों से आए थे। इन्होंने मुस्लिम सूफ़ियों के सिद्धांतों को अपने बहुत निकट पाया। परिणाम यह हुआ कि इन संतों और सूफ़ियाँ के बीच मेलजोल काफी बढ़ता गया और भेदभाव की दीवार को ढहना पड़ा।

मध्ययुग में भक्ति के संघर्ष ने विराट जन-संघर्ष का रूप ले लिया जिससे भक्ति और सूफी सम्प्रदाय का उद्भव हुआ। भारत में रहने वाला हिन्दू समाज विभिन्न तरह की जातियों और वर्ग समूहों में बंटा हुआ था। यह आध्यात्मिक क्षेत्र में भी एक प्रकार के अंधकार का समय या और देश अनेक प्रकार के कुसंस्कारों से पीड़ित था। बौद्धिक रूप में अद्धैतवाद में विश्वास रखने वाले व्यावहारिक क्षेत्र में ऊँच-नीच, छुआछूत को सहसा ही स्वीकार कर लेते थे। आध्यात्मिक रूप में एक शक्ति को मानने वाले व्यावहारिक रूप में सैकड़ों देवताओं और मूर्तियों के पुजारी बन बैठे। ऐसी स्थिति में बाहरी आडंबरों तथा अर्थहीन संस्कारों में उलझे-भटके लोग अपना उद्देश्य खो बैठे थे। इसी बीच विदेश से एक ऐसी शक्तिशाली धार्मिक संस्कृति का आक्रमण हुआ जो भारतीय संस्कृति को हर क्षेत्र में चुनौती दे रही थी। हिंदुओं के आपसी मतभेद भी पहले से ही जटिल सामाजिक व्यवस्था की ओर अधिक उलझते जा रहे थे। गुरु नानक ने समकालीन सामाजिक तथा धार्मिक परिस्थितियों, तत्कालीन शासकीय निरंकुशता तथा सामान्य प्रजा-जनों की असहाय अवस्था का अपनी 'बानियों' में चित्रण किया है। इन बानियों से वह स्पष्ट हो जाता है कि यह सांस्कृतिक-धार्मिक संकट का काल था।

इस परिस्थिति में मध्यकाल के भक्तों व सन्तों ने भक्ति के मार्ग को अपनाते हुए विषमता ग्रस्त समाज में लोगों की आन्तरिक शक्तियों को जागृत करने में बड़ा योगदान अथवा कार्य किया। समाज की कुरीतियों और अंधविश्वासों को दूर करने

के लिए उन्होंने व्यर्थ के नुस्खे नहीं बताए, अपितु निर्मल भक्ति तथा पाक जीवन की बात की। उनकी वाणी में शक्ति थी, पांडित्य का बोझ नहीं था। आश्चर्य की बात यह है कि फिर भी उन्होंने पंडितों का आंदोलन नहीं किया। इतिहास साक्षी है कि उनके उद्देश्यों तथा प्रयत्नों से धार्मिक एवं सामाजिक क्रांति के द्वार खुल गए। उन्होंने समाज को न केवल ईश्वर से परिचित कराया, अपितु धार्मिक आडंबरों और सामाजिक-राजनीतिक अत्याचारों से पीड़ित जनता को नवचेतना भी प्रदान की।

सन्त स्वामी रामानन्द, आचार्य रामानुज की पीढ़ी में प्रथम सन्त थे जिन्होंने हर व्यक्ति व जन-जन को भक्ति के माध्यम से एक नवीन रास्ता व मार्ग दिखाया। उन्होंने एकेश्वरवाद पर जोर देकर हिंदू-मुसलमानों में प्रेम-भक्ति संबंध के साथ सामाजिक समाधान प्रस्तुत किया। उन्होंने अन्य आचार्यों की भाँति कोरी दार्शनिकता का साथ नहीं दिया, बल्कि भक्ति की सुगमता व व्यापकता पर उनका बल सर्वाधिक रहा है। उन्होंने न किसी देवता विशेष पर ध्यान केंद्रित किया और न किसी उपासना पद्धति पर जोर दिया। जगह जगह प्रयत्नपूर्वक इन निष्ठावान विचारकों ने पंडिताऊ भाषा का निषेध किया। उन्होंने ब्राह्मणों और क्षत्रियों की उच्चता का खंडन करते हुए भक्ति के द्वार सबके लिए खोल दिए। परिणामतः रामानंद की विचारधारा से एक नवीन आंदोलन का आरंभ हुआ। उनके बाद कबीर, नानक, दादू आदि संतों का एकमात्र ध्येय सामाजिक-धार्मिक भ्रष्टाचार से मानव को मुक्त करना था।

मध्यकाल के सन्तों ने कबीर के पश्चात समाज को प्रभावित करने वाले सन्तों में नानक का नाम लिया जाता है। वैसे निर्गुणमार्गी संतों में नानक का व्यक्तित्व अत्यंत भद्र और शांत है। यह बड़े आश्चर्य की बात है कि विचारों और सामाजिक आचारों की दुनिया में परिवर्तन लाने वाले गुरु नानक किसी का दिल दुखाए बिना तथा किसी पर आघात किए बिना कुसंस्कारों को नष्ट करने की शक्ति रखते हैं। उनका उपचार, प्रेम, मैत्री, सहानुभूति और सर्वहितचिंतन था। नानक की 'वाणी' में अद्भुत पवित्र निष्ठा, प्रभु के लिए पुकार एवं आत्मसमर्पण का तीव्र आवेश है। जहां एक ओर उन्होंने मानव के सामाजिक दुःखों का अनुभव किया वहाँ दूसरी ओर अंधविश्वासों और गलत मान्यताओं को दूर करने का प्रयास भी किया। भेदभाव से ऊपर उठकर वे हिंदू-मुसलमानों को समान-दृष्टि से देखते थे। उनके विचार कबीर तथा अन्य निर्गुण संतों से मिलते है, परंतु नानक में अक्खड़पन तथा खंडन-मंडन की प्रवृत्ति कम रही है। सामाजिक तथा धार्मिक क्षेत्र में एकेश्वरवाद, मूर्ति-पूजा का विरोध, हिंदू-मुसलिम एकता और सच्ची पवित्र भक्ति उनका ध्येय रहा है। विषम परिस्थितियों में उन्होंने मनुष्य की अंतर्निहित शक्ति को जगाया तथा एक सर्वोच्च

शक्ति के अस्तित्व में विश्वास द्वारा भक्ति-भावना को विशाल पृष्ठभूमि में स्थापित कर दिया। साथ ही उन्होंने सीधी बातों को सीधी भाषा में कहा। यह आवश्यक नहीं था कि वे परंपराओं के मुहताज हों। उनके विचारों में कहीं भी संकीर्णता या क्षुद्रता न थी। ऐसी स्थिति में शताब्दियों से पददलित निम्न जातियों को बंधनों से मुक्त होने की अपार प्रेरणा नानक से मिली। क्योंकि कबीर की तरह ही नानक ने भी जाति-प्रथा के विविध पहलुओं पर कसकर प्रहार किया।

नानक के सम्मुख भारतीय धर्म के अलावा मुस्लिम धर्म भी उपस्थित था। उन्होंने मुस्लिम अनुयायियों व सन्तों का सत्संग भी किया था। काफी सोच-समझकर ही उन्होंने समन्वय का मार्ग अपनाया। उन्होंने शक्तिशाली इस्लाम के उत्तम सिद्धांतों को सहज भाव से अपनाया। नानक के मत में सच्चा समन्वय वही है जो ईश्वर की मौलिक एकता को पहचाने और उसके असर से मानव की एकता को पहचानने में सहायता दे। विशाल मानवतावादी दृष्टि को ग्रहण कर जो समस्त मनुष्य-जाति को सामूहिक रूप से नाना प्रकार के कुसंस्कारों के बंधनों से मुक्त कर जीवन की उच्च भूमि पर ले जाने की प्रेरणा दे, वही सच्चा समन्वय है।

प्रायः मध्ययुग के अन्य संतों का संदेश धार्मिक और सामाजिक जीवन तक ही सीमित रहा, परंतु नानक इस दृष्टि की व्यापकता में भी आगे रहे और परवर्ती काल में प्रभावशाली सिख-संप्रदाय के प्रर्वतक बने। कनिंघम के शब्दों में "नानक के सुधार के सच्चे सिद्धांतों का बड़ी सूक्ष्मता के साथ साक्षात्कार किया और ऐसे व्यापक आधार पर धर्म की नींव रखी, जिसके द्वारा गुरु गोविंद सिंह ने अपने देशवासियों में एक नवीन राष्ट्रीयता की भावना को जन्म दिया। उत्तम सिद्धांतों को ऐसा व्यावहारिक रूप दिया कि उनके धर्म में छोटी-बड़ी जातियों को जीवन के सभी क्षेत्रों में समान मर्यादा प्राप्त हुई।"

नानक के प्रभाव से पंजाब की जनता के साथ-साथ देश को भी नई दिशा मिली तथा समानता, बंधुता, ईमानदारी तथा सृजनात्मक शारीरिक श्रम के द्वारा **जीविकोपार्जन** पर आधारित नई समाज-व्यवस्था स्थापित हुई। उन्होंने पारंपरिक समाज और धर्म की भर्त्सना या विरोध का मार्ग ही नहीं अपनाया, वरन आध्यात्मिक साधना वाली भक्ति और सूफ़ी परंपरा की मध्यकालीन भारतीय जीवन तथा सामाजिक-राजनीतिक परिवर्तनों के संदर्भ में व्याख्या भी की। उनका यह प्रयास अत्यधिक महत्त्वपूर्ण और ध्यान देने योग्य है। वस्तुतः गुरु नानक में हमें विचारपरक जनतांत्रिक सिद्धांतों के महत्त्वपूर्ण सूत्र मिलते हैं जो समाजवादी समाज का पूर्वाभास देते हैं। यहाँ सम्प्रदायवाद और जातिवाद की निंदा के संकेतों के साथ उनकी सामाजिक दायित्व की भावना का

उदार रूप मिलता है। दूसरे शब्दों में कहा जा सकता है कि पंजाब में भक्ति-आंदोलन के अग्रदूत गुरु नानक राजनीतिक और सामाजिक समस्याओं के प्रति अत्यधिक जागरूक थे और उन्होंने उनके लिए उपचारात्मक उपाय भी सुझाए हैं। उनकी सिद्धांत-दृष्टि का केंद्र भी लोक-मंगल की भावना ही रही है।

नानक का विचार व सन्देश कबीर, चैतन्य, दादू तथा और मध्ययुगीन सन्तों के सम होने पर भी अपनी सूक्ष्म दृष्टि से पृथक था और उनके अनुयायियों ने एक विशिष्ट सामाजिक-राजनीतिक वर्ग बना लिया था, जो रूढ़ हिंदू सामाजिक ढाँचे की मान्यताओं का उतना ही विरोधी था जितना कि उत्तरकालीन मुग़लों की नीतियों का। यहाँ कहा जा सकता है कि उनके संदेश की सामाजिक और राजनीतिक तीव्रता और प्रगाढ़ता ने ही आगे वाले समय में गुरु गोविंद सिंह के नेतृत्व में सिक्ख मत का व्यापक आधार निर्मित किया।

नानक ने जिस धार्मिक आंदोलन का आरंभ किया था, उसे उनके अनुयायियों ने आगे बढ़ाया। कबीर ने समाजे की बुराइयों की ओर ध्यान आकृष्ट कराया किंतु गुरु नानक के उपदेशों में एक सुनिश्चित धर्म के बीज मौजूद थे। यही कारण है कि समय बीतने पर सिक्ख मत ने एक पूर्ण धर्म का रूप धारण कर लिया। सिक्खों की न झुकने की भावना में शहादत की संभावनाएँ मौजूद थीं। इधर उत्तर मुग़लकालीन अनिर्धारित राजनीतिक परिस्थितियों के दौरान गुरुओं को निरपवाद रूप से राजनीति में लाया जाता था और वे गुरु धार्मिक संस्था का सैन्य-समाज का रूप देने के लिए बाध्य हो जाते थे। पंजाब में भक्ति-आंदोलन के सामाजिक-राजनीतिक आयाम के अध्ययन से पता चलता है कि किस प्रकार एक विरोधपरक आंदोलन नए सामाजिक-राजनीतिक संगठन एवं उसके विकास का कारण बन सकता है।

मध्यकालीन सन्तों की साहित्य और इतिहास में अत्यधिक देन है। कबीर दास भक्त व सन्त के अलावा एक समाज सेवक और समाज सुधारक भी थे। उन्होंने समाज में व्याप्त कुरीतियों का डटकर विरोध किया। अंधविश्वासों, दकियानूसी अमानवीय मान्यताओं तथा गली-सड़ी रूढ़ियों की कटु आलोचना की। उन्होंने समाज, धर्म तथा दर्शन के क्षेत्र में महत्त्वपूर्ण विचारधारा को प्रोत्साहित भी किया। कबीर ने जहाँ एक ओर बौद्धों, सिद्धों और नाथों की साधना पद्धति तथा सुधार-परंपरा के साथ वैष्णव संम्प्रदायों की भक्ति-भावना को ग्रहण किया वहाँ दूसरी ओर राजनीति, सामाजिक, धार्मिक एवं आर्थिक असमानता के विरुद्ध प्रतिक्रिया भी व्यक्त की। इस प्रकार मध्यकाल में कबीर ने प्रगतिशील तथा क्रांतिकारी विचारधारा को स्थापित किया।

काफी हद तक कबीर तत्कालीन स्थितियों को प्रभावित करने में सफल रहे। उन्होंने जनसाधारण के लिए धर्म की सहजता या भक्ति की सुगमता पर बल दिया। जनसाधारण की ही भाषा में उन्होंने बताया कि निर्गुण प्रभु सबका है, उस पर किसी वर्ग, व्यक्ति तथा धर्म-जाति आदि का अधिकार नहीं है। यह भी बड़ी बात है कि निर्गुण भक्ति-धारा में कबीर पहले संत थे, जो संत होकर भी अंत तक शुद्ध गृहस्थ बने रहे एवं शारीरिक श्रम की प्रतिष्ठा (dignity of labour) को मानव की सफलताओं का आधार बताया।

धर्म के संबंध में कबीर ने अत्यंत महत्त्वपूर्ण विचार उपस्थित किए हैं। उन्होंने किसी धार्मिक विश्वास को इसलिए स्वीकार नहीं किया कि वह धर्म का अंग बन चुका है। अपितु अंधविश्वासों, व्रत, अवतारोपासाना, ब्राह्मणों के कर्मकांड तथा तीर्थ आदि पर कसकर व्यंग किए। उन्होंने पहली बार धर्म को अकर्मणयता की भूमि से हटाकर कर्मयोगी की भूमि पर लाकर खड़ा कर दिया। कबीर ने पौराणिक हिंदू-मत के साथ-साथ मुल्लाओं और क़ाजियों की रूढ़िवादी धार्मिक-परंपराओं का भी डटकर विरोध किया। वे भक्ति और बाहरी आडंबरों का संबंध सूर्य और अंधकार का-सा मानते थे, जो एक साथ नहीं रह सकते।

सारांश यह है कि कबीर धार्मिक क्षेत्र में सच्ची भक्ति का संदेश लेकर प्रकट हुए थे। उन्होंने निर्गुण-निराकर भक्ति का मार्ग अपनाकर मानव धर्म के सम्मुख भक्ति का मौलिक रूप रखा। यह सदैव स्मरण रखना चाहिए कि "कबीर के राम दशरथ पुत्र राजा राम नहीं है, अपितु घट-घट में निवास करने वाली अलौकिक शक्ति है जिसे राम-रहीम, कृष्ण, खुदा कोई भी नाम दिया जाए। उसका रूप एक है। उसकी प्राप्ति के लिए न मंदिर की आवश्यकता है न मस्जिद की। वह सबमें विद्यमान है और सभी उसे भक्ति तथा गुरु की कृपा से प्राप्त कर सकते है।"

कबीर दास जाति प्रथा एवं भेदभाव के खिलाफ थे, परन्तु सन्तों की तरफ से इस जाति प्रथा को चुनौती प्राच्य काल से चली आ रही है। सबसे पहले इन सन्तों में महात्मा बुद्ध का नाम आता है। असल में, कबीर, नानक आदि उसी धारा के संत हैं जो बुद्ध के कमंडल से बही थी। किंतु, कई बार बंधन ढीले होने के बावजूद आज भी जाति-प्रथा कायम है। कबीर ने मध्यकालीन विषय सामाजिक परिस्थितियों में इस प्रथा का डटकर विरोध किया और बिखरे हिंदू समाज को संगठित करने में महत्त्वपूर्ण योगदान दिया। कबीर की दृष्टि मानव की प्रगति-विरोधी समाज व्यवस्था के इस तथ्य पर पहुँच गई थी कि वहाँ विचार के धरातल पर तो समानता का बोलबाला अक्सर किया जाता है पर आचार के धरातल पर उनमें भेदभाव है। अतः जीवन-भर कबीर

हिंदू समाज को समझाते रहे कि जन्म से सभी समान हैं। जिस व्यक्ति ने अपने पवित्र कर्मों से भक्ति को अपनाया उसकी जाति का संबंध पूछना अनुचित है। कबीर ने कर्म की श्रेष्ठता पर अपने जुलाहेपन में भी गर्व समझा, हालाँकि समाज में उस समय इस वंश का निम्न स्थान था।

दैवी एकता (Divine Unity) के तर्क से कबीर ने एक ऐसा रंग दिखाया कि उनकी शिष्य-परंपरा में हिंदू और मुसलमान सभी दीक्षित होने लगे। शुभचिंतक वक्ता होने के कारण दोनों जातियाँ कबीर को, कठोर-कर्कश जानते हुए भी प्यार से अपनाना चाहती थीं। यह उनके मानवतावाद की विजय थी। कबीर ने सामाजिक एवं धार्मिक कुरीतियों के विरुद्ध खड़े होकर संपूर्ण मानव जाति के कल्याण एवं एकता के लिए अपने सुखों को त्याग दिया।

समाज की आर्थिक संरचना पर भी कबीर ने एक करारा व्यंग्य किया। जिसे मार्क्सवादियों और एंगेल्सों ने वर्तमान समय में परख पाया कबीर ने अत्याधिक पहले यह कह चुके थे कि समाज तथा राष्ट्र में अधिकतर विवाद अर्थव्यवस्था की असमानता से उपजते हैं। राजनीतिक परिवर्तनों एवं सामाजिक अत्याचारों के कारण शिल्पकारों, श्रमजीवियों, किसानों तथा वर्गों की आर्थिक दशा चिंतनीय थी। यद्यपि अधिकांश धन जमींदारों तथा अमीरों के पास एकत्रित था तथापि देश का बहुसंख्यक समाज अर्थाभाव से ग्रस्त था।

आर्थिक दृष्टि से कबीर ने जन-समाज के लिए धन को अनिवार्य तत्व माना और उसे शारीरिक परिश्रम द्वारा आवश्यकता के अनुकूल अर्जित करने एवं उपभोग करने का संदेश दिया। वे उतने ही धन को सर्वोपरि समझते थे जो दैनिक आवश्यकता की भली प्रकार पूर्ति करे। एक स्थान पर वे लिखते है : "हे माधव, मुझसे भूखे पेट भक्ति नहीं होगी, लो अपनी माला सँभालो। तुम तो कुछ दोगे नहीं लो मैं ही माँगू लूँ।" परंतु धन-संचय एवं वैभव की उन्होंने निंदा की तथा लोकहितार्थ धनापार्जन को श्रेयस्कर बताया। आज की दार्शनिक शब्दावली में वे साम्यवादी थे। अहंकार को त्याग नश्वर संसार के मायाजाल से विमुख हो भक्ति करने का अभिप्राय कबीर ने अकसर यह बताया कि कोई किसी का आर्थिक शोषण न कर सके। वे मानते थे कि मानव में कर्त्तव्य का विवेक हो तो समाज स्वस्थ हो सकता है। इस प्रकार उन्होंने अपने व्यक्तित्व से कथनी और करनी दोनों के द्वारा युग-युग से पीड़ित समाज के निम्न वर्गों को आत्मसमान दिया। उन्होंने उपेक्षितों में आशा और विश्वास को पैदा करते हुए जीवन की एक नवीन दिशा का संकेत दिया।

सारांश में, कबीर ने जीवन के सभी क्षेत्रों में महत्त्वपूर्ण विचारधारा का बीजारोपण किया। वे विचारों की उच्चता, ताजगी तथा सादगी से परिवर्ती विचारकों को बहुत पीछे छोड़ गए। वैसे, तो उन्होंने मानव समाज को बहुत कुछ दिया परंतु समकालीन समाज व धर्म के क्षेत्र में उनकी तीन बातों का महत्त्वपूर्ण प्रभाव पड़ा था। ये बातें हैं, वर्णव्यवस्था का प्रचलन। उनके विचार किसी व्यक्तिगत स्वार्थ पर नहीं टिके थे। इसीलिए जिस कुरीति पर भी उन्होंने चोट की, पूरी निर्भीकता से की। उनके विचारों ने धर्म, दर्शन और समाज को प्रभावित किया, क्योंकि वे समकालीन वातावरण में उपयुक्त थे। जैसा कि मैकोलिफ ने कहा है, "वे एक निडर अन्वेषी (Path Finder) थे, भारत के हिंदू-मुस्लिम समुदायों की एकता के महान अग्रदूत थे और मानवता की आस्था के समर्थक थे। उनकी अपेक्षा थी कि दैवी शक्ति मानव जाति की समग्रता में प्रकट होती है।" इस प्रकार कबीर उच्च कोटि के निर्गुण भक्त ही नहीं थे, अपितु वे समाज सुधारक, उपदेशक एवं प्रगतिशील विचारक भी थे।

इन दोनों सन्तों अर्थात कबीर और नानक के साथ-साथ दादू का भी निर्गुण-भक्ति एक स्मरणीय स्थान विद्यमान है। यद्यपि उनकी सुधारवादी भावना कबीर और नानक के सामने तुच्छ है तथापि उनकी रचनाओं का अपना ऐतिहासिक महत्त्व है। उनकी रचनाओं में प्रभु के सच्चे चिंतन और इंसान की व्यावहारिक तथा नैतिक शुद्धता का मार्मिक वर्णन है। अन्य निर्गुण संतों की तरह दादू भी बाह्य साधना से ध्यान हटाकर वैयक्तिक साधना पर जोर देते हैं। परमात्मा के उपासक संत संप्रदायों में दादू की यह विशेषता है कि इसमें पुस्तकीय ज्ञान का तिरस्कार न कर लिखित रूप में संत-वाणियों की रक्षा पर विशेष जोर दिया गया है। फलस्वरूप, आज हमें उनके ग्रंथ-संग्रह में न केवल दादू अपितु अनेक संतों की सामाजिक साधना का अमृत प्राप्त होता है। संक्षेप में, दादू ने ईश्वरीय भक्ति को समाज-सेवा एवं मानवतावादी दृष्टि से संबंद्ध किया है।

दादू दयाल ने विनम्रता, अहं से निर्लिप्त रहने और ईश्वर के प्रति समर्पित रहने की शिक्षा दी है। ईश्वर की प्राप्ति न केवल प्रेम और भक्ति के माध्यम से ही संभव है बल्कि मानवता के प्रति सेवा से भी संभव हो सकती है। दादू-ग्रंथावली से उद्भूत संकल्पनाओं में से एक अत्यधिक महत्त्वपूर्ण संकल्पना है—गुरु की संकल्पना।

पश्चिमी उत्तर प्रदेश तथा बंगाल में वल्लभाचार्य और चैतन्य का योगदान भक्ति भावना के विकास में महत्त्वपूर्ण है। उनके लगभग साथ-साथ चलने वाले आंदोलन असाधारण रूप से सुदृढ़ कृष्णभक्ति आंदोलन को शक्ति दे रहे थे। उनकी सगुण भक्ति में प्रेमाभक्ति का स्वर प्रधान था।

बंगाल ने कृष्ण की प्रेम-देवता के रूप में उपासना के साथ-साथ स्वाभाविक रूप में प्रेम के अनेक नवीन आयामों का भी श्रीगणेश किया। परिणामतः विद्यापति तथा चंडीदास जैसे प्रेम के महान कवियों की वाणी को यहीं समृद्ध होने का सौभाग्य प्राप्त हुआ।

मध्यकालीन बंगाल के अधिकांश साहित्य का भक्तिपरक स्वरूप इस तथ्य की बड़े स्पष्ट ढंग से पुष्टि करता है कि मध्यकालीन बंगाली संस्कृति की प्रेरणा का प्रधान स्रोत धर्म था। मुग़ल शासनकाल की पहली अर्धशताब्दी में बंगाल से भक्ति आंदोलन की पूर्ववेला दिखाई दी, जिसे चैतन्य-महाप्रभु के जीवन से अत्यधिक शक्तिवान आवेग प्राप्त हुआ।

सन्त चैतन्य के विचार व उपदेशों का सार दो वाक्यों में व्यक्त कर सकते है, जैसे "अगर कोई मानव या व्यक्ति भगवान विष्णु की पूजा करता है और अपने गुरु की सेवा निरन्तर करता रहता है, तो वह व्यक्ति इन माया रूपी जंजाल से छुटकारा पा जाता है और ईश्वर से जुड़ जाता है अथवा एकीकृत हो जाता है।" चैतन्य ने ब्राह्मणों के धर्म के संपूर्ण कर्मकांड की भर्त्सना की है। चैतन्य में अपने ब्रह्म के प्रति उच्चतम श्रद्धाभाव है, किंतु उनका ब्रह्म समस्त विशिष्ट गुणों से पूर्ण है जो उनके अनुसार भगवान कृष्ण (जिनकी भक्ति के प्रसार का उन्होंने प्रयास किया) के व्यक्तित्व में अपने सर्वोत्तम रूप में अभिव्यक्त हुए हैं। कृष्ण-भक्ति में भाव-विभोर होकर गाने-नाचने के भाव में कुछ-कुछ सूफ़ियों जैसी आनंदातिरेक की व्यवस्था पैदा होती थी जिसमें ब्रह्म की आनंद कला का अनुमान .किया जा सकता था।

चैतन्य महाप्रभु के आधारभूत सिद्धांतों में से एक के भावार्थ के अनुसार भक्ति भावादेश की वह स्थिति है, जिसमें निमग्न होने पर भक्त जाति, धर्म, कुल, गोत्र तथा सांप्रदायिकता की संकुचित भावना से मुक्त होकर जीवन की उदात्त भाव-भूमि पर विचरण करने लगता है।

बंगाल पर चैतन्य के आंदोलन के प्रभाव का मूल्यांकन करते समय हमें यह ध्यान रखना होगा कि यह आंदोलन कभी भी अधिसंख्यक जनता का धर्म नहीं बना। बंगाल से एक भावनात्मक लहर के रूप में आरंभ होकर यह आंदोलन रूढ़ परंपराओं के अनुरूप वर्गीकृत रूप में ढलकर शांत हो गया। चैतन्य-आंदोलन की जिस देन को आज समस्त बंगाल का सम्मिलित दायित्व माना जा सकता है, वह है इस आंदोलन में भाग लेने वालों द्वारा सृजित व्यापक साहित्य। डॉ. तपन राय चौधरी के शब्दों में "चैतन्यवाद को सही परिप्रेक्ष्य में देखने पर ऐसा प्रतीत होता है कि यह शुष्क बुद्धिवादी व्यवस्था और ज्ञान के अतुष्टिकर मार्ग के विरुद्ध भावनात्मकता और सादगी

का विद्रोह था, वह सुधारवादी आंदोलन तंत्रवाद का विरोधी था।" मध्ययुगीन भारत में जब चैतन्यमत ने बंगाली समाज के स्वरूप-निर्माण में सशक्त भूमिका अदा की तो भक्ति-आंदोलन में ऐसे तत्वों का महत्त्व स्पष्ट हो गया।

मध्यकालीन भारत में संत-सुधारक समय-समय पर होते रहे हैं। किंतु रामानंद से चैतन्य तक महान विचारकों की एक ऐसी परंपरा रही जैसी उससे पहले या उसके बाद में नहीं दिखाई देती। यह कहा जा सकता है कि 15वीं तथा 16वीं शताब्दी में भक्ति-आंदोलन अपने चरमोत्कर्ष पर था। यह काल सामाजिक-धार्मिक सुधारकों का काल था। कबीर और नानक जैसे अधिकांश श्रेष्ठ निर्गुणपंथी संतों का प्रभाव पूर्वी उत्तरप्रदेश तथा पंजाब पर अधिक था, किंतु इस काल (15वीं-16वीं शताब्दी) में संपूर्ण भारत एक गंभीर धार्मिक उत्तेजना का अनुभव कर रहा था। तुलसीदास, सूरदास, मीराबाई, दादू, चैतन्य आदि संतों से इस आंदोलन को अधिकाधिक बल मिला क्योंकि इन सगुण भक्तों की भक्ति-दृष्टि में अवतारवाद का जादू काम कर रहा था।

3

मीरा की भक्ति का स्वरूप

आचार्य शुक्ल ने 'हिन्दी साहित्य के इतिहास' में पूर्वमध्यकाल या भक्तिकाल का समय संवत् 1375 से संवत् 1700 माना है। इस काल में उनके अनुसार भक्ति की दो प्रमुख शाखाएँ थीं- निर्गुण भक्ति तथा सगुण भक्ति। प्रत्येक शाखा में दो-दो काव्य-धाराएं प्रवाहित हुईं-निर्गुण शाखा की संत काव्यधारा और सूफियों से प्रभावित प्रेममार्गी काव्यधारा तथा सगुण शाखा की कृष्णभक्ति काव्य-धारा तथा रामभक्ति काव्य धारा। मीरा का समय सन् 1498-1545 ई0 माना जाता है। स्पष्ट है कि वह अपनी पूर्ववर्ती भक्ति-पद्धतियों से परिचित भी थी और उनके मन तथा काव्य पर थोड़ा-बहुत इन भक्ति-पद्धतियों का प्रभाव भी पड़ा था।

मीरा के जीवन से परिचित होने तथा उनकी रचनाओं का ध्यानपूर्वक अध्ययन करने के उपरांत स्पष्ट हो जाता है कि मीरा को किसी भक्ति-सम्प्रदाय या दर्शन ने भक्त-कवियत्री नहीं बनाया। जीवन की विषम परिस्थितियों के फलस्वरूप उनके हृदय में सहज रूप में भक्ति-भावना का अजस्र प्रवाह उमड़ता रहा।

उपास्य का स्वरूप- जहाँ तक उनके उपास्य का संबंध है उसके संबंध में विद्वानों में भले ही मतभेद हो, परन्तु उनके प्रारंभिक जीवन का वातावरण और बाद की घटनाएं स्पष्ट संकेत देती हैं कि उनके आराध्य गिरधर गोपाल, नटनागर, कृष्ण थे। जिन पितामह राव दूदाजी की स्नेहछाया और संरक्षण में मातृविहीना मीरा बचपन में पली थीं वह परम वैष्णव भक्त थे, उन्हीं के वैष्णव संस्कारों से मीरा के व्यक्तित्व का निर्माण और विकास हुआ। कहा जाता है कि उसी समय उन्हें कृष्ण की एक मूर्ति मिली जिरा के रूप-सौंदर्य पर वह मुग्ध हो उठीं। यह भी किंवदन्ती है कि माता ने उसी मूर्ति को उनका नाम बताकर उससे प्रेम करने को कहा था। इस प्रकार के प्रसंगों ने मीरा के बाल-हृदय में कृष्णभक्ति का अंकुर रोप दिया और बाद में जीवन

की विषम स्थितियों, पति की अकाल मृत्यु, विधवा का दयनीय जीवन,, राणा और राजकुल के अत्याचार, पुरुषप्रधान सांमती समाज की क्रूरता ने उन्हें कृष्ण-भक्ति के मार्ग पर चलने की प्रेरणा दी। अनाथ, असहाय, बेसहारा, कुटुम्बीजनों द्वारा सतायी जाने वाली मीरा के लिए भक्तवत्सल, दीनबंधु, अशरण को शरण देने वाले भगवान के चरणों में आश्रय खोजने के अतिरिक्त कोई चारा न था। अतः उन्होंने भगवान कृष्ण की शरण ली।

मीरा ने अपने काव्य में अपने आराध्य को कई नामों से पुकारा है, हरि, स्याम, नंदलाल, मोहन, गोपाल, गोविन्द, ब्रजनाथ, गिरधरलाल, मनमोहन, जोगिया या जोगी। पर जो नाम उन्हें सर्वाधिक प्रिय है वह है गिरिधर गोपाल।

म्हारां ही गिरधर गोपाल, दूसरा ना कूया

उनके आराध्य गिरधर में राम, कृष्ण, निर्गुण भक्त कवियों में ब्रह्म सभी के गुण हैं। वह राम की तरह शक्ति, शील और सौदंर्य की त्रिमूर्ति हैं। वह लोकरक्षक दैत्यों का संहार करते हैं, अत्याचारियों से अपने भक्तों की रक्षा करते हैं। वह लोकरंजक होने के नाते विभिन्न लीलाएं-रासलीला, जलक्रीड़ा, चीर हरण, माखन-चोरी, गोपियों के साथ वनविहार, ग्वालों के साथ गोचारण आदि करते हैं। उनकी सांवली सूरत तथा मोहिनी मूरत मे सत्य, शील और कर्म का समन्वय है,

बसौ मोरे नैनन में नंदलाल।
सांवली सूरत मोहिनी मूरत नैना बने विशाल।
अधर सुधारस मुरली राजति, उर बैजंती माल।
शुद्र घंटिका कटि तट सोहत नूपुर सबद रसाल।।

उनके सुन्दर मुख, कमल के समान नेत्र, दीर्घ नेत्रों की बांकी चितवन, मीठी वाणी, सम्मोहित करने वाले वंशी के स्वर ने मीरा को इतना मुग्ध कर दिया है, मन पर ऐसा जादू कर दिया है कि वह उनकी मूर्ति नैनों बसाकर अपने पलकों को अचल कर लेती हैं, वह उनके हृदय में बस जाते हैं।

भक्ति-पद्धति- जैसा कि ऊपर कह आये हैं **डा0 पीताम्बर दत्त बड़वाल** और शबनम जैसे कुछ विद्वान मीरा को निर्गुण-निराकार ब्रह्म की उपासिका मानते हैं। यह सत्य है कि मीरा के समय में संत मत का पर्याप्त प्रचार और प्रभाव था और मीरा पर भी उसका थोड़ा-सा प्रभाव दिखाई देता है। कुछ पदों में उन्होंने अपने उपास्य को सर्वशक्तिमान, अनिर्वचनीय बताया है, गुरु की महिमा भी स्वीकार की है, अपने उपास्य के साथ एक हो जाने की इच्छा व्यक्त की है, उसके रंग में रंग जाने की बात

कही है, कुछ पदों में संत काव्य की शब्दावली-जोगी, जोगिया, निर्गुण का सुरमा, प्रेमहटी का तेल, मनसा की बाती, सुरत-निरत का दिवला, अगम का देस, गगन-मंडल, त्रिकुट, निरंजन, अनहद नाद आदि का भी प्रयोग किया है, परन्तु कृष्णभक्त परिवार में जन्म और पालन-पोषण तथा कृष्णभक्त परिवार में विवाह तथा उनके पदों में कृष्ण-भक्ति का स्वर, कृष्ण के गुणानुवाद, अवतार रूप में उनकी लीलाओं का वर्णन- यह सब सिद्ध करता है कि उन्होंने ईश्वर के सगुण स्वरूप श्रीकृष्ण को ही अपना आराध्य बनाकर उनके प्रति अपना अविचल प्रेम, पूर्ण समर्पण-भाव प्रकट किया था। भक्त के लिए जिस तन्मयता एवं समर्पण भाव आवश्यक होते हैं वे मीरा के काव्य में भरपूर मात्रा में विधमान हैं। उनका कृष्ण की जन्मभूमि एवं लीला-भूमि ब्रज प्रदेश, मथुरा, वृन्दावन, द्वारिका की यात्रा, वहाँ कुछ दिन तक रहना और द्वारिका में रणछोड़ जी की मूर्ति की आराधना करते हुए प्राण-त्याग ये सब उन्हें पूर्णतः कृष्ण-भक्त सिद्ध करते हैं।

नारद भक्ति-सूत्र में कहा गया है कि भक्ति प्रेम रूपा होती है, फल की कामना के बिना जो प्रभु-सेवा की जाती है वही भक्ति है। उसमें अनन्य भाव, पूर्ण समर्पण भावना, आराध्य से एक रूप होने की कामना होती है। मीरा की भक्ति श्रीकृष्ण के सगुण स्वरूप के प्रति माधुर्य भाव, कान्ता भाव की, 'शुद्धा भक्ति' ही है। वह निष्काम भाव की भक्ति है। मीरा न मुक्ति चाहती हैं, न स्वर्ग। वह तो अपने प्रियतम कृष्ण का स्थायी सानिध्य, उनसे चरम एकात्म चाहती है। उनका कृष्ण के प्रति अनन्य भक्ति का भाव निम्नोक्त पंक्तियों में अंकित है-

मेरे तो गिरधर गोपाल दूसरों न कोई।
जाके सिर मोर मुकुट मेरो पति सोई।।
तात मात भ्रात बंधु अपनों नाहिं कोई।
छाँड़ि दई कुल की कानि कहा करि है मोई।।
अँसुवन जल सींचि सींचि प्रेम बेल बोई।

सच्चा भक्त अपने उपास्य के प्रति पूर्णतः समर्पित होता है उसके लिए संसार में सब कुछ प्रभु का है, अतः प्रत्येक पदार्थ को प्रभु का मानकर वह उसे प्रभु के चरणों में अर्पित कर देता है।

त्वदीयं वस्तु गोविन्द

कबीर ने भी यही कहा था—

मेरा मुझ मैं कुछ नहीं जो कुछ है सो तोर, तेरा तुझको सौंपते क्या लागे है मोर।

भक्त भगवान पर पूरी तरह निर्भर है, उसका अनुचर है, मीरा यही मानकर कहती हैं–

जो पहिरावै सो ही पहिरूँ, जो दै सो ही खाऊँ।
जहाँ बैठावे तित ही बैठूं, बेचै तो बिक जाऊँ।।

पतिव्रता नारी का जो भाव पति के प्रति होता है, उसी को अपनाते हुए रात-दिन अपने हृदयस्थ प्रियतम का ध्यान करते हुए, उनकी आराधना में लीन रहते हुए वह मानती हैं कि प्रिय उनमें रसा हुआ है और वह स्वयं प्रिय के रंग में रंगी हुई हैं–

रमैया मैं थारे रंग राती,
औरों के पिया परदेस भजत हैं, लिखि भेजे पाती,
मेरे पिया मेरे हृदय बसत हैं, गूंज करत दिन राती।

सगुण भक्तों की तरह वह ईश्वर के अवतार लेने में विश्वास करती हैं। उनके प्रियतम कृष्ण अविनाशी, अलौकिक परम ब्रह्मा के ही अवतार हैं। अतः वह उनके रूप-सौंदर्य, वेशभूषा पर मुग्ध हैं और वल्लभाचार्य की तरह उनकी लीलाओं का, दिनचर्या का वर्णन करती हैं–

मोर मुकुट पीताम्बरी गल बैजंती माल
गउवन के संग डोलत हो जसुमति को लाल
सितल कदम की छैयां हो मुरली बजाय
जसुमति के दुलरवा हो ग्वालिन सब जाय
बरजहु आपन दुलरवा हो हम सौं अरूझाय
वृन्दावन क्रीड़ा करै गोपिन के साथ।

विरह को प्रेम का तप्त स्वर्ण कहा गया है। सच्चे प्रेम की पहचान प्रिय से बिछुड़ने पर ही होती है। मीरा को पति की मृत्यु के बाद लौकिक विरह झेलना पड़ा और जब उन्होंने अपनी प्रणय-भावना को उदात्त बनाकर लौकिक प्रिय के स्थान पर कृष्ण को अपना सर्वस्व, अपना पति मान लिया तो उनकी विरह भावना अपने चरम उत्कर्ष पर पहुँच गयी। मीरा प्रियतम कृष्ण की प्रेम-पीड़ा रात-दिन झेलती हैं, वह अपना दर्द किसी से कह भी नहीं सकतीं, अतः प्रेम दीवानी हो जाती हैं–

हों, री! मैं तो दरद दिवानी
मेरो दरद न जानै कोय
घायल की गति घायल जानै
की जिन लाई होय।

वे शरीर में बाण बिंधे मृग की तरह, पीड़ा की कसक लिए वन-वन भटकती हैं–

दरद की मारी वन वन डोलूँ
वैद मिल्या नहिं कोय।

वह जानती हैं कि इस पीड़ा का उपचार केवल कृष्ण कर सकते हैं 'वैद सांवलिया होय' पर उसकी सेज तो सूल पर है, उससे मिलना बड़ा कठिन है। अतः जब सारा संसार सोता है तो मीरा की पीड़ा उसकी नींद हर लेती है और वह रात-रात भर जागती है–

मैं विरहिन बैठी जागूँ
जगत सब सोवै री अली
अंसुवन माला पोवै
तारा गिन-गिन रैन बिहानी।

जब यह पीड़ा असह्य हो उठती है तो उनका हृदय चीत्कार कर उठता है–

प्यारे दरसन दीज्यौ आइ
तुम बिन रह्यौ न जाइ
आकुल-व्याकुल फिरुँ रैन दिन
विरह कलेजौ खाइ।

सूर की गोपियों की तरह वह भी अपने प्रिय को उलाहना देती हैं। विशेष रूप से वर्षा ऋतु में जब बादल गरजते है, बिजली चमकती है, पपीहा-मोर बोलते हैं और न कृष्ण आते हैं और न उनका कोई संदेश मिलता है–

मतवारे बादर आये रे
हरि कौ सनेसौ कबहुं न लाए रे
इक कारी अंधियारी बिजरी चमकै
विरहिन अति डर जाए रे।

विरह-वेदना का तीव्र स्वर जितना मीरा के काव्य में मिलता है उतना सूरदास के 'भ्रमरगीत' को छोड़कर अन्यत्र नहीं मिलता। विरह की आग में उनका सम्पूर्ण व्यक्तित्व जल रहा है, विरह का कीट उनके शरीर में घुन की तरह लगा हुआ भीतर-ही भीतर उसे क्षीण कर रहा है। उनकी पीड़ा की मार्मिक करुणोत्पादक स्थिति का चित्र निम्नलिखित पंक्तियों में साकार हो उठा है–

तेरे कारण वन वन डोलूँ
कर जोगण कौ भेस
अवधि बदी पर भजहुँ न आये
पंडर होइ गया केस।

कदाचित् इसी व्याकुलता के कारण कभी-कभी वह दास्य भक्ति वाले कवियों की तरह विनय करती हैं'

क्यौं तरसावौ अंतरजामी
आन मिलौ परिया कर स्वामी
मीरा दासी जनम जनम की
परी तुम्हारे पाय।

संसार को नश्वर, दुःखों का सागर मानकर तथा ईश्वर को शरणागतवत्सल मानकर उसकी शरण में जाती हैं।

मन रे परसि हरि के चरण
सुभग सीतल कंवल कोमल
त्रिविध ज्वाला हरण
दासि मीरा लाल गिरधर
भगय तारण तरण।

परन्तु कुल मिलाकर मीरा की भक्ति कान्ता भाव की या मधुरा भक्ति ही है। उनकी प्रेम भक्ति की विशेषताएं हैं–

1. मीरा का दर्द लौकिक परिस्थितियों से पति की अकाल मृत्यु एवं राणा और राजकुल द्वारा दी गयी यातनाओं से उत्पन्न है। इस पीड़ा को वह कृष्ण के प्रति अलौकिक प्रेम में अभिव्यक्त करती हैं। इस प्रेम में डूब कर उनका हृदय लोक को भूलकर आध्यात्मिक विरह-मिलन के चित्र प्रस्तुत करता है। उनकी भक्ति-भावना सांसारिक दाम्पत्य प्रेम से अलौकिक दाम्पत्य की ऊँचाई तक जाती है।
2. नकी भक्ति निष्काम है, वह स्वर्ग-मोक्ष नहीं चाहती केवल अपने प्रियतम के दर्शन कर उन्हीं में समा जानी चाहती हैं।
3. उनकी भक्ति किसी भी भक्ति-सम्प्रदाय से जुड़ी नहीं है। वह सहज, स्वाभाविक और उनके निर्मल, दुःखी हृदय की आर्त पुकार है।

4. उनके भक्ति- पदों में विनय भी है, प्रिय के रूप-सौंदर्य और लीलाओं का वर्णन भी है, काल्पनिक मिलन के चित्र भी हैं, परन्तु सबसे अधिक तीव्र स्वर है विरह-वेदना का।
5. उनकी माधुर्य भाव की भक्ति-सगुण-निर्गुण भक्ति की समूची परम्परा के सार को आत्मसात करने वाली है।
6. उसमें स्वानुभूति की ऐसी तीव्रता और सचाई है जिसके कारण हिन्दी भक्ति-काव्य में उनका अनूठा स्थान बन गया है।

श्रीकृष्ण चरण की महिमा

मीरा अपने ही मन को संबोधित करते हुए कहती हैं कि हे मन! तू श्री हरि अर्थात् कृष्ण के चरणों का स्पर्श कर, उन्हें प्रणाम कर, उन्हीं में लीन हो जा। कारण, वे चरण सुन्दर, शीतलता देने वाले एवं कमल के समान कोमल हैं। कृष्ण के चरणों का माहात्म्य बखान करते हुए मीरा कहती हैं कि ये चरण जगत् की विभिन्न दैहिक, भौतिक और दैविक त्रिविध पीड़ाओं का हरण करने वाले हैं। अपने बात के समर्थन में उदाहरण देते हुए मीरा कहती हैं कि भक्त प्रह्लाद ने इन चरणों को स्पर्श करके ही इन्द्र के समान उच्च आसन प्राप्त किया था। इन चरणों के कारण ही ध्रुव अडिग-अटल कहलाए तथा ये चरण ही अचरण लोगों को शरण देने वाले हैं। उन्हीं चरणों की महिमा का और अधिक वर्णन करते हुए मीरा कहती हैं कि इन चरणों ने सारा संसार भेंट किया अर्थात् पूरे ब्रह्माण्ड का (निखिल संसार का) सृजन किया है और सर्वत्र शोभा भर दी है। इसी प्रकार, इन्हीं चरणों ने कालिया नाग को वश में किया तथा इन्हीं चरणों ने अनेक रास-लीलाएँ की थीं। इन्हीं चरणों ने गोवर्धन पर्वत धारण किया था और इन्ही चरणों ने इन्द्र के गर्व को चूर किया था। अंत में मीराबाई कहती है कि मैं गोवर्द्धन धारण करने वाले श्रीकृष्ण के उन चरणों की दासी हूँ जो भवसागर को पार करने में सुदृढ़ पोत या नौका का कार्य करते हैं। उनकी सहायता से इस भवसागर को सरलता से पार किया जा सकता है।

मीरा के एकनिष्ठ प्रेम का स्वरूप

मीरा के इस पद में कवयित्री ने कृष्ण के प्रति अपने सच्चे एकनिष्ठ प्रेम का संकेत देते हुए कहा है कि उस प्रेम के लिए उन्होंने सब कुछ लोक-लाज, राजघराने की प्रतिष्ठा, अपयश आदि की चिंता छोड़ दी है।

म्हाँ गिरधर आगाँ, आगाँ नाच्यारी ।। टेक।।

णाच णाच म्हाँ रसिक रिझावाँ प्रीत पुरातन जाँच्या री।
स्याम प्रीत री बाँध घुँघूरयाँ मोहक म्हारो साँच्यारी।
लोक लाज कुलरा मरजादाँ जगमां णेक णा राख्यौरी।
प्रीतम पल छण णा बिरारावाँ मीरा हरि रंग राच्याँरी।।

मैंने तो प्रिय गिरधर नागर गोपाल कृष्ण को रिझाने का दृढ़ सकंल्प कर लिया हैं। मैं केवल उन्हीं से प्रेम करती हूँ। वह मेरे एक मात्र प्रियतम और उपास्य हैं। अतः उन्हें रिझाने के लिए मैंने लोक-मर्यादा और कुल की मर्यादा त्याग कर पैरों में घुंघरू बांधकर उनकी प्रतिमा के सम्मुख नाचना शुरू कर दिया है ताकि वह मेरी नृत्य-कला पर मुग्ध हो मुझे अपनाएं, वे भी मुझे उसी प्रकार प्यार करने लगें, जैसे मैं उन्हें प्यार करती हूँ। मुझे लगता है कि वह मेरी नृत्यकला से प्रभावित होकर मुझ पर प्रसन्न भी हो गये हैं। मेरा जन्म-जन्म का पुराना प्रेम रंग ला रहा है, वह परीक्षा में उत्तीर्ण हो रहा है और मैं शीघ्र ही अपने प्रिय को पा लूंगी। मैंने अपने पैरों में घूंघरू बाँध रखे है और वे उनके प्रेम की रेशमी डोर से बांधे गये हैं। मेरा कृष्ण के प्रति प्रेम सच्चा है, एकनिष्ठ है। मैं अनन्य भाव से उन्हें प्यार करती हूँ, उनके अतिरिक्त मेरा कोई है ही नहीं, सबसे नाता तोड़ लिया है। वे ही मेरे सर्वस्व हैं। मुझे राज-परिवार छोड़कर नगर के बाहर मंदिर में कृष्ण भगवान की मूर्ति के सामने नृत्य करने में न कोई संकोच है, न लज्जा, न भय क्योंकि मैं लोक लाज, कुल-मर्यादा, यश-अपयश की भावना से ऊपर उठ चुकी हूँ। मेरा तो केवल वही साँवरिया है और मैं केवल उसकी ही परवाह करतीं हूँ। मैं उसके ध्यान में इतनी डूबी हुई हूँ, प्रेम में इतनी रंग गयी हूं कि अब किसी अन्य बात का न ध्यान आता है और न किसी अन्य की चिंता ही है। मैं उनके ध्यान में इतनी मग्न हूं कि वह एक पल को भी विस्मृत नहीं होते, सदा मेरे नेत्रों तथा हृदय में बसे रहते हैं।

आराध्य कृष्ण के प्रति अपनी अनन्य निष्ठा और आस्था

मीराबाई द्वारा रचित इस पद में कवियत्री ने अपने आराध्य कृष्ण के प्रति अपनी अनन्य निष्ठा और आस्था व्यक्त करते हुए संसार और उसके सुख-भोगों का तिरस्कार किया है तथा अपने देवर राणा के संदेशों तथा धमकियों की भी परवाह नहीं की है।

म्हाराँ री गिरधर गोपाल दूसराँ णाँ कुयाँ।
दूरा णाँ कूयाँ साधाँ सकल लोक जूयाँ।। टेक।

भाया छांड्याँ बन्धा छाँड्याँ सँगा सूयाँ।
साधाँ देख्याँ राजी ह्ययाँ जगत देख्याँ रूयाँ।
असुवाँ जल सींच प्रेम बेल बूयाँ।
दध मथ धृत काढ़ लयाँ डार दया छूयाँ।
राणा विषरों प्यालों भेज्याँ पीय मगण हूँया।
मीरा री लगण लग्याँ होणा हो जा हूँयाँ।।

मेरे तो एक मात्र संगी, साथी, हितैषी, प्रियतम केवल कृष्ण हैं, गोवर्धन पर्वत को उठाने वाले, इन्द्र के कोप से ब्रजवासियों की रक्षा करने वाले गोपाल हैं। मैंने संसार का, धरती का चप्पा-चप्पा छान मारा, मुझे उनके समान अपना हितैषी कोई नहीं मिला। अब मैंने माया-मोह, लोभ-लालच, सब प्रकार के पारिवारिक बंधनों को, भाई- बंधुओं, परिवारजनों को छोड़ दिया है। मैं हर प्रकार के बंधनों से मुक्त हूं, मैंने साधु-संतों को अपना संगी बना लिया है, उन्हीं के साथ रहती हूं, सत्संगति में सारा समय बीतता है, उनके साथ रहने में अपार सुख, हर्ष, शान्ति, संतोष मिलता है। अतः मैंने कुल-की लाज, राज परिवार की मर्यादा, सब कुछ त्याग दी है। भक्तों का संग मुझे सुख देता हैं, सांसारिक संबंध, सुख, इन्द्रियाशक्ति, भोग-विलास के उपकरणों को देख मुझे कष्ट होता है। जिस प्रकार कोई माली स्वच्छ, शीतल जल से बेल सींचकर बड़ा करता है उसी प्रकार कृष्ण के वियोग में मैंने आँसू बहाकर उनके प्रति अपनी प्रेम की बेल को पल्लवित और पुष्ट किया है। जैसे दही दुहनेवाली दही को मथकर मक्खन निकाल लेती है और छाछ को त्याग देती हैं, उसी प्रकार मैंने तपस्या, भक्ति, साधना कर भगवान के प्रेम रूपी सार को पा लिया है और सांसारिक माया-मोह को छूछा, निरर्थक समझ कर उनका परित्याग कर दिया है।

मेरे देवर राणा जी ने मुझे कुल-मर्यादा तथा परिवार की प्रतिष्ठा का शत्रु समझ कर दंड रूप में विष का प्याला भेजा था। मैंने उसे भी प्रभु का प्रसाद समझकर पी लिया और प्रभु की भक्ति में इतनी तल्लीन रही कि विष का प्रभाव भी न पड़ा, मैं अभी भी जीवित हूं। मेरा एक मात्र प्रिय गोपाल है, नटवर कृष्ण है, गिरधर है; उसी से मेरी लग्न हुई है। मैं उसे त्याग नहीं सकती। इसके लिए जो भी दंड मिले, अपयश, अपकीर्ति, निन्दा, भर्त्सना, यहाँ तक कि मृत्यु भी आये तो मुझे उसकी चिंता नहीं। मैं सब सहने को प्रस्तुत हूं, पर भगवान की भक्ति नहीं त्याग सकती। वह मेरा अन्य प्रेम-पात्र है।

माई सांवरे रंग राची।
साज सिंगार बाँध पग घूंघर, लोकलाज तज नाची।

गयाँ कुमत लयाँ साधाँ सँगत प्रीत जग साँची।
गायां गायाँ हरि गुण निसदिन, काल ब्याल री बाँबी।
स्याम विणा जग खाराँ लागाँ, जगरी बातां काँची।
मीरा सिरि गिरधर नट नागर भगति रसीली जाँची।।

'पदावली' के 'निष्ठा' खण्ड से उद्धृत मीराबाई के प्रस्तुत पद में कृष्ण के प्रति स्वयं कवियत्री की अगाध भक्ति भावना का वर्णन हुआ है। मीरा का दृढ़ विश्वास है कि केवल हरिनाम-स्मरण के कारण ही कालरूपी सर्प के दंश से बच सकी हैं।

कृष्ण के प्रति अपनी कृतज्ञता प्रकट करते हुए मीरा कहती है कि हे माई! मैं तो उस साँवरे अर्थात् श्याम तन वाले कृष्ण के प्रेम-रंग में रंग गई हूँ, अनुरक्त हो गई हूँ। इसलिए अपने उस साँवरे को रिझाने के उद्देश्य से ही मैं साज-शृंगार धारण करके, पाँवों में घुँघरू बाँधकर और लोक-लाज को त्यागकर नाची हूँ। साधुओं की संगति को पाकर मैंने अपनी कुमति को छोड़ दिया है, अर्थात् साधुओं के सत्संग से मेरी अज्ञानता नष्ट हो गई है और श्याम की प्रीत सच्ची जँचने लगी है अर्थात् मैं मानने लगी हूं कि एकमात्र कृष्ण का प्रेम ही जग में सच्चा प्रेम है। इसलिए रात-दिन हरिगुण (कृष्ण-गुण) गा-गाकर के ही मैं तो काल रूपी सर्प से बच सकी हूँ। मुझे तो श्रीकृष्ण के बिना यह संसार सारहीन और इस संसार की बातें असत्य प्रतीत होती हैं। मीरा पद के अंत में कहती हैं मुझे तो अपने गिरधरनटनागर श्रीकृष्ण की भक्ति ही आनन्ददायिनी जँचती है। भावार्थ यह कि केवल कृष्ण-भक्ति एकमात्र सत्य और सर्वसुखदायिनी है, संसार के शेष सब सुख-साधन झूठे हैं।

माई री म्हाँ लिया गोविन्दाँ मोल।
म्हाँ जीवन वाराँ, अमोलक मोल।
प्रभु दरसण दीज्याँ पूरब जणम की कोल।।

'पदावली' के 'समर्पण' खण्ड से उद्धृत और मीराबाई द्वारा रचित प्रस्तुत पद में उसकी समर्पण-भावना के उत्कर्ष को प्रतिपादित करते हुए पिछले जन्म में दिए गए वचन का, इस जन्म में पूरा करने का आग्रह किया गया है।

मीरा कह रहीं हैं कि हे माई! मैंने तो अपने प्रिय अर्थात् गोबिन्द को मोह ले लिया है यानी उन पर अब मेरा पूरा अधिकार हो गया है। तू कहती है कि मैंने अपने इस प्रिय श्रीकृष्ण को छिपकर मोह लिया है। पर मैं कहती हूँ कि नहीं, मैंने सरेआम, सबके सामने ढोल बजाकर अर्थात् उन्मुक्त घोषणा करके उसे लिया है। यदि तू यह कहती है कि मेरा यह सौदा महँगा हैं तो मैं कहती हूँ कि नहीं, मैंने बड़े ही सस्ते में और तराजू में तौलकर अर्थात् खूब समझ-बूझकर, सोच-विचार करके ही उसे लिया

है। मीरा कहती हैं कि अपने इस प्रियतम अर्थात् श्रीकृष्ण पर मैंने अपना तन ही नहीं अपितु सम्पूर्ण जीवन और मन की समस्त अनमोल वस्तुएं न्यौछावर कर दी हैं। हे मीरा के प्रभु! तुम अब अपने पिछले जीवन में किए हुए वचन का पालन इस जन्म में करते हुए, मुझे दर्शन दो।

राणाजी म्हाने या बदनामी लगे मीठी।
कोई निन्दी कोई बिन्दी मैं चलूँगी चाल- अनूठी।
साँकडली सेर्‌या जन मिलिया क्यूं कर फिरूं अपूठी।
सत संगति मा म्यान सुणै छी, दुरजन लोगाँ न दीठी।
मीरा रो प्रभु गिरधर नागर , दुरजन जलो जा अंगीठी।।

मीराबाई ने इस पद में मध्यकालीन सामंती मान्यताओं, राजपरिवार के रीति-नियमों का विरोध करते हुए अपनी साधु-संगति, घर से बाहर निकल कर मंदिरों में जाकर कृष्ण की आराधना-उपासना को उचित बताते हुए राजकुल के प्रति उपेक्षा भाव दर्शाया है।

राणा जी! यह सच है कि मुझे राजमहल छोड़कर नगर के बाहर मंदिरों में साधु-संगति करने, भगवान की मूर्ति के आगे नृत्य करते सुन कर राजकुल के सदस्य, परिवार-जन, मित्र, कुटुम्बी मेरी निन्दा कर रहे हैं, तरह-तरह के अपशब्द कह कर मेरी बदनामी कर रहे हैं, परन्तु मुझे इन सबकी चिंता नहीं। भगवद् भक्ति में यह निंदा भी कानों को प्रिय लगती हैं। मुझे इन लोगों की निन्दा, कटु आलोचना, उल्टी-सीधी बातों की चिंता नहीं है, भय भी नहीं हैं। मैंने तो जो निश्चय कर लिया है, भक्ति का मार्ग चुन लिया है वह भले ही राजकुल की प्रतिष्ठा के प्रतिकूल हो, अनूठा हो, अमर्यादित कहा जाये, पर मैं तो दृढ़तापूर्वक उसी भक्ति-मार्ग और साधु-संगति के रास्ते पर चलती रहूंगी। भक्ति, सच्चे प्रेम की गली अति संकरी होती हैं, मन में एक ही बार आती हैं, मेरे हृदय में भी अकेले मेरे आराध्य बसे हैं और मैंने उन्हें प्रेम-भक्ति की संकरी, काँटों से भरी गली में चलकर प्राप्त किया है। मैं उन्हें पाकर, उनसे प्रेम का नाता जोड़कर पूर्णतः संतुष्ट हूँ, प्रसन्न हूँ। अतः अब मैं उनसे नाता तोड़कर किसी अन्य मार्ग पर नहीं चलूंगी, कोई अन्य जीवन-पद्धति नहीं अपनाऊँगी। साधुओं की संगति, में मैंने अनूठा ज्ञान प्राप्त किया है, उसका आनन्द अलौकिक है, अनिर्वचनीय है। दुष्ट, दुर्जन, निन्दक जन उसे बुरा कहें, उसमें दोष निकालें और उनके कारण मेरी बदनामी करें, पर मैं तो उसी में आनन्द पाती हूँ। अतः भले ही दुर्जन लोग ईर्ष्या-द्वेष, भर्त्सना तथा रोष की आग में जलते रहें, मैं अपने मार्ग से विचलित नहीं होगी। एक बार मैंने अपने गिरधर को अपना प्रियतम बना

लिया है, अब वही मेरे पति है, मेरे सर्वस्व हैं। यह मेरा दृढ़ निश्चय है, इसे कान खोलकर सुन लीजिए और मुझे अपने पथ से डिगाने का प्रयत्न मत कीजिए।

पग बाँध घूँघर्‌या नाच्याँरी।। टेक
लोग कह्‌याँ मीरा बावरी सासु कह्‌याँ कुलनासाँ री।
विख रो प्यालो राणा भेज्याँ पीवाँ मीरा हाँसाँ री।
तण मण वार्‌याँ हरि चरणामां दरसण अमरित प्यास्याँरी।
मीरा रे प्रभु गिरधर नागर, धारी सरणाँ आस्याँ री।।

मीराबाई ने इस पद में राजकुल, समाज, जाति-बिरादरी द्वारा अपनी कृष्णभक्ति के विरुद्ध विरोध का उल्लेख करते हुए अपनी अन्य निष्ठा का वर्णन किया है।

राजकुल, परिवार के सदस्यों, कुटुम्बजनों की आलोचना, निन्दा, भर्त्सना की चिन्ता न करते हुए मैंने कृष्ण की भक्ति का व्रत ले लिया है और मैं प्रभु को रिझाने के लिए उनकी मूर्ति के सम्मुख अपने पैरों में घुंघरू बांध नृत्य करती रहती हूँ। मेरे इस नृत्य को कुलमर्यादा विहीन समझ कर, राजकुल की वधू के विपरीत आचरण मानकर नगर के लोग कहते हैं कि मीरा पगला गयी हैं, वह पागल हो गई है, उसका विवेक नष्ट हो गया हैं। मेरे ससुराल वाले कहते हैं कि मैंने कुल को कलंकित कर दिया, राजघराने की प्रतिष्ठा-मर्यादा धूल में मिला दी है। मेरे देवर-श्री राणा ने मुझे कुल-कलंकिनी मानकर दण्ड रूप में विष का प्याला भेजा था कि मैं उसे पीकर संसार से विदा हो जाऊँ और कुल की हंसी न हो। मैंने उस ज़हर को खुशी-खुशी भगवान का स्मरण करते हुए पी लिया और मन ही मन मुस्कराती रही। मैं तो तन-मन-धन से प्रभु की चेरी हो गई हूँ, उनको अपना सर्वस्व समर्पित कर दिया है और अब प्रतीक्षा कर रही हूँ कि प्रभु कब दया करते हैं, दर्शन देकर मेरी प्यास अमृत से बुझाते हैं। राणा का प्याला विषभरा था, भगवान का दर्शन अमृत के समान अमर करने वाला है। मेरे तो एकमात्र स्वामी गोवर्धन पर्वत को उठाने वाले गिरधर हैं, मैं उनकी दासी हूँ। मुझे उनके चरणों में स्थान पाने की आशा है और इसी आशा के दीपक को संजोये मैं उस घड़ी की प्रतीक्षा कर रही हूँ जब भगवान मुझे अपना दर्शन देकर मुझे कृतार्थ करेंगें, मेरा प्रेम, मेरी भक्ति सफल होगी।

राणाजी थे जहर दियो म्हे जाणी।।
जैसे कंचन दहत अग्नि में, निकारात वारायाणी।
लोकलाज कुल काण जगत की, दइ बहाय जस पाणी।
अपणे घर का परदा करले, मैं अबला बौराणी। तरकस तीर लग्यो मेरे हियरे, गरक गयो सनकाणी।

सब संतन पर तन मन वारों चरण कंवल लपटाणी।
मीरा को प्रभु राणि लई हैं, दासी अपनी जाणी।।

इस पद में मीरा ने राजकुल और अपने देवर राणा के साथ संघर्ष का उल्लेख करते हुए अपना दृढ़ संकल्प बताया है। मैं जानती हूँ कि मेरे देवर सिसौदिया वंश के शासक-राणा जी ने यह विष का प्याला मेरे पास किस लिए भेजा है। उन्हें मेरा राजमहल से बाहर नगर के बाहर मंदिरों में भगवान कृष्ण की आराधना-पूजा करना, उनकी मूर्ति के आगे घुंघरू बांधकर नाचना, साधुओं की संगति करना कुल-मर्यादा, राज-परिवार की प्रतिष्ठा के विरुद्ध लगता है और वह समझते है कि ऐसी कुलक्षिणी का मरना ही राज-परिवार के लिए शुभ होगा। परन्तु मैं प्रभु की भक्ति के लिए यह अग्निपरीक्षा देने के लिए प्रस्तुत हूँ। जैसे आग में तपकर कुंदन सूर्य की किरणों से भी अधिक तेजवान और चमकीला बनकर निकलता है उसी प्रकार मैं भी इस अग्निपरीक्षा में तपकर पहले से भी अधिक भक्ति कर अपने चरित्र को प्रभावान और तेजस्वी बनाकर दिखा दूंगी। मुझे इस जहर से कोई भय नहीं, यदि मृत्यु भी आये तो मैं उसका स्वागत करूंगी, उससे मेरी भक्ति की प्रगाढ़ता और प्रभु प्रेम की निष्ठा ही सिद्ध होगी। मुझे राजकुल की मर्यादा, परिवार की प्रतिष्ठा की तनिक भी चिंता नहीं। वह नाले के पानी की तरह बहा ले जाए तो भी मुझे कोई चिंता नहीं। मैं उसे नाले के पानी की तरह ही तुच्छ समझती हूँ। राजा को यदि कुल की मर्यादा का बहुत ध्यान है। चिंता है तो वह राजपरिवार की अन्य स्त्रियों को परदे में रखें, उन्हें घर से न निकलने दें, मुझे दुर्बल और पागल, बौराई अबला समझ कर मेरे भाग्य पर छोड़ दें, मेरे भक्ति-मार्ग में बाधा न डालें। मेरे हृदय में तो गिरधर गोपाल के प्रेम का बाण भीतर तक घुस गया है, उसने मेरे मर्म को छेद कर मुझे पागल- सा बना दिया है। मैंने अपना तन, मन, सब कुछ साधुओं की संगति में लगा दिया है, और मैंने प्रभु के चरण-कमलों की शरण लेकर उन्हीं सेवा में स्वयं को अर्पित कर दिया है। उन चरणों से कोई अलग नहीं कर सकता। भगवान ने भी मुझे अपना लिया है। मुझे दासी की तरह अपनी सेवा करते देख उन्होंने मेरा उद्धार कर दिया है, अपनी इस दासी को अपने हृदय की रानी बनाकर अपना लिया है, मेरी प्रीति और भक्ति का पुरस्कार मुझे लिया गया है। मुझे अपने प्रेम का पात्र समझकर उन्होंने जो अनुग्रह मुझ पर किया है, उसके लिए मैं उनकी जन्म-जन्म की सेविका बन गयी हूँ।

हेरी म्हा दरद दिवाणां म्हारां दरद न जाण्याँ कोय।।
घायल री गत घायल जाण्याँ, हिबड़ी अगण सँजोय।
जौहर की गत जौहर जाण्याँ, क्या जाण्याँ जिण खोय।

दरद की मारयाँ दर दर डोल्याँ बैद मिल्या णा कोय।
मीरा री प्रभु पीर मिटाँगा जब बैद साँवरो होय।।

'पादवली' के 'विरह' खण्ड से उद्धृत मीराबाई के प्रस्तुत पद में कृष्ण के विरह में दीवानी हुई मीरा की व्यग्रता एवं विवशता का बड़ा ही मार्मिक चित्रण हुआ हैं।

असह्य विरह वेदना के कारण आतुर हुई-सी मीरा सखी से कहती है कि हे सखी! मैं तो कृष्ण के दिए हुए विरह के दर्द से दीवानी हो गई हूँ, पागल हो गई हूँ, परन्तु मेरे इस दर्द को कोई नहीं जानता। मेरे अन्तस् की पीड़ा को कोई नहीं जानता, कोई नहीं समझ पाता। वस्तुतः घायल की दशा को केवल घायल व्यक्ति की जानता है क्योंकि वह स्वयं पीड़ा को सह रहा है अथवा केवल वही जान सकता है जिसने अपने हृदय में विरह की अग्नि संजो रखी है। अपने कथन की पुष्टि के लिए मीरा एक और तर्क देती हैं कि रत्न की कीमत या तो जौहरी जानता है अथवा वह व्यक्ति जानता है जिसका कोई बहुमूल्य रत्न खो गया हो- अन्य कोई व्यक्ति उसे नहीं जानता। अपनी विरह-व्यथा का वर्णन करते हुए मीरा आगे कहती हैं कि इस पीड़ा से मुक्ति पाने के लिए मैं दर-दर भटकती फिर रही हूँ किंतु अभी तक इस दर्द का उपचार करने वाला सही-सही वैद्य मुझे नहीं मिला हैं। अब तो मीरा का यह विरह-पीड़ा तभी मिटेगी जब वह साँवली सूरत वाला कृष्ण स्वयं वैद्य बनकर आएगा। अर्थात् कृष्ण-मिलन से ही मेरी इस विरह-वेदना का अंत हो सकता है।

भज भज चरण कँवल अवसाणी।।
जेताइ दीसा धरण गगन माँ, तेताई उठ जासी।
तीरथ बरतो ग्याणां कथंता, कहा लयाँ करवत कासी।
यो देही रो गरब णा करणा, माटी माँ मिल जासी।
यो संसार चहर राँ बाजी, साँझ पड्याँ उठ जासी।
कहा भयाँ था भगवा पहर्याँ घर तज लयाँ सन्यासी।
जोगी होयाँ जुगत णाँ जाणा, उलट जणम राँ फाँसी।
अरज कराँ अबला कर जोर्याँ, स्याम तुम्हारी दासी।
मीरा रे प्रभु गिरधर नागर, काट्याँ म्हारों गाँसी।।

मीराबाई ने इस पद में संसार की क्षणभंगुरता, जीवन की नश्वरता बताई है तथा ईश्वर की अनुकम्पा, कृपा के लिए विनय की है, ताकि वह सांसारिक माया-मोह के पाश से मुक्त हो जायें, आवागमन के चक्कर से छूट जायं।

हे मन! तू चंचलता को त्याग, संसार के माया- मोह से मुक्त हो अविनाशी, सनातन, अविनश्वर परमात्मा के चरण- कमल की पूजा-अर्चना कर, उनमें अपना

चित्त एकाग्र कर उनका ध्यान कर। इस क्षणभंगुर, नश्वर, नाशवान संसार में सब कुछ नाशवान है, कोई वस्तु अजर- अमर, स्थायी नहीं हैं। आकाश से पृथ्वी तक जितने भी पदार्थ, जीव-जंतु,प्राणी दिखाई देते हैं सबका अस्तित्व मिट जायेगा। बाहूयाडम्बर, बाहूयाचार-तीर्थयात्रा, गंगा- स्नान, व्रत-उपवास, ज्ञान की चर्चा, पौराणिक कथाओं का श्रवण, काशी में करवट लेकर अर्थात् गंगा-तट पर रखे आरे से शरीर को कटवाने से कुछ लाभ न होगा, मुक्ति नहीं मिलेगी। यह शरीर मिट्टी का पुतला है, पानी का बुलबुला है, क्षणभंगुर है। अतः इस पर गर्व करना मूर्खता है; यह मिट्टी से उत्पन्न होता है, मिट्टी मे मिल जायेगा। पंच तत्वों से बना शरीर पाँच तत्वों में मिलकर समाप्त हो जायेगा, केवल मुट्ठी- भर राख बचेगी। यह संसार चौसर के खेल की तरह हैं। कुछ दिन तक खेलने, के बाद, जीवित रहने के बाद समाप्त हो जायेगा, जीवन-लीला का अंत हो जायेगा। केवल गेरुए वस्त्र धारण करने, जटाएं बढ़ाने, कानों को छिदवाने, घर-गृहस्थी त्याग कर संयासी बनने से भी मोक्ष नहीं मिलेगी। केवल बाह्य वेशभूषा, पूजा- उपासना का विधि- विधान अपनाने से कोई लाभ नहीं जब तक हृदय में सच्ची भक्ति और प्रभु को प्राप्त करने की लगन न हो। एकनिष्ठ होकर, अन्य भाव से भक्ति करने वाला ही मोक्ष पाता है। बाहूयाडम्बर तो गले की फांसी बन कर रह जाते हैं, उनसे कवेल दम घुटता हैं, शांति नहीं मिलती।

मीरा कहती हैं, मैं अबला हूं, विनयशील हूं, आपके चरणों की दासी हूं, आप से विनम्र, करबद्ध प्रार्थना करती हूं कि आप कृपालु हैं, दयालु हैं, भक्तवत्सल हैं, दीनबंधु हैं, शरणागत की सहायता करते हैं। अतः मेरे बंधनों को भी काट कर मुझे अपनी शरण में लेकर मुझे आश्रय प्रदान कीजिए।

4

मीराबाई के पद

मीरा की कीर्ति का आधार उनके पद हैं। ये पद राजस्थानी, ब्रज और गुजराती भाषाओं में मिलते हैं। हृदय की गहरी पीड़ा, विरहानुभूति और प्रेम की तन्मयता से भरे हुए मीरा के पद हमारे देश की अनमोल संपत्ति है। आंसुओं से गीले ये पद गीतिकाव्य के उत्तम नमूने हैं। भावों की सुकुमारता और निराडंबरी सहजशैली की सरसता के कारण मीरा की व्यथासिक्त पदावली बरबस सबको आकर्षित कर लेती हैं। प्रधानतः वह सगुणोपासक थीं तथापि उनके पदों में निर्गुणोपासना का प्रभाव भी यत्र-तत्र मिलता है। आत्म-समर्पण की तल्लीनता से पूर्ण उनके पदों में संगीत की राग-रागिनियां भी घुलमिल गई हैं। दर्द-दीवानी मीरा उन्माद की तीव्रता से भरे अपने कर्ण-मधुर पदों के कारण सदैव अमर रहेंगी।

कृष्णभक्ति शाखा की हिंदी की महान कवियत्री मीराबाई का जन्म 1504 ईस्वी में जोधपुर में चोकड़ी नामक गाँव में हुआ था। इनका विवाह उदयपुर के महाराणा कुमार भोजराज जी के साथ हुआ था। ये बचपन से ही कृष्णभक्ति में रुचि लेने लगी थीं। विवाह के थोड़े ही दिन के बाद आपके पति का स्वर्गवास हो गया था। पति के परलोकवास के बाद इनकी भक्ति दिन-प्रतिदिन बढ़ती गई। ये मंदिरों में जाकर वहाँ मौजूद कृष्णभक्तों के सामने कृष्णजी की मूर्ति के आगे नाचती रहती थीं।

आनंद का माहौल तो तब बना, जब मीरा के कहने पर राजा महल में ही कृष्ण मंदिर बनवा देते हैं। महल में भक्ति का ऐसा वातावरण बनता है कि वहां साधु-संतों का आना-जाना शुरू हो जाता है। मीरा के देवर राणा जी को यह बुरा लगता है। ऊधा जी भी समझाती हैं, लेकिन मीरा दीन-दुनिया भूल कृष्ण में रमती जाती हैं और वैराग्य धारण कर जोगिया बन जाती हैं। प्रचलित कथा के अनुसार मीरा वृंदावन में भक्त शिरोमणी जीव गोस्वामी के दर्शन के लिये गईं। गोस्वामी जी सच्चे साधु होने के कारण स्त्रियों को देखना भी अनुचित समझते थे। उन्होंने अन्दर से ही कहला

भेजा कि हम स्त्रियों से नहीं मिलते, इस पर मीरा बाई का उत्तर बडा मार्मिक था। उन्होने कहा कि वृन्दावन में श्रीकृष्ण ही एक पुरुष हैं, यहां आकर जाना कि उनका एक और प्रतिद्वन्द्वी पैदा हो गया है। मीरा का ऐसा मधुर और मार्मिक उत्तर सुन कर जीव गोस्वामी नंगे पैर बाहर निकल आए और बडे प्रेम से उनसे मिले। इस कथा का उल्लेख सर्वप्रथम प्रियादास के कवित्तों में मिलता है–"वृन्दावन आई जीव गुसाई जू सो मिल झिली, तिया मुख देखबे का पन लै छुटायौ"।।

मीराबाई का कृष्णभक्ति में नाचना और गाना राज परिवार को अच्छा नहीं लगा। उन्होंने कई बार मीराबाई को विष देकर मारने की कोशिश की। घर वालों के इस प्रकार के व्यवहार से परेशान होकर वह द्वारका और वृंदावन गईं। वह जहाँ जातीं थीं, वहाँ लोगों का सम्मान मिलता था। लोग आपको देवियों के जैसा प्यार और सम्मान देते थे। इसी दौरान उन्होंने तुलसीदास को पत्र लिखा था–

स्वस्तिश्री तुलसी कुलभूषण दूषन- हरन गोसाई।
बारहिं बार प्रनाम करहूँ अब हरहूँ सोक-समुदाई।।
घर के स्वजन हमारे जेते सबन्ह उपाधि बढ़ाई।
साधु- सग अरु भजन करत माहिं देत कलेस महाई।।
मेरे माता- पिता के समहौ, हरिभक्तन्ह सुखदाई।
हमको कहा उचित करिबो है, सो लिखिए समझाई।।

मीराबाई के पत्र का जबाव तुलसी दास ने इस प्रकार दिया–

जाके प्रिय न राम बैदेही।
सो नर तजिए कोटि बैरी सम जद्यपि परम सनेहा।।
नाते सबै राम के मनियत सुह्मद सुसंख्य जहाँ लौ।
अंजन कहा आँखि जो फूटे, बहुतक कहो कहां लौ।।

मीराबाई रैदास को अपना गुरु मानते हुए कहती हैं–

गुरु मिलिया रैदास दीन्ही ज्ञान की गुटकी।

इन्होंने अपने बहुत से पदों की रचना राजस्थानी मिश्रित भाषा में ही की है। इसके अलाया कुछ विशुद्ध साहित्यिक ब्रजभाषा में भी लिखा है। इन्होंने जन्मजात कवियत्री न होने के बावजूद भक्ति की भावना में कवियत्री के रुप में प्रसिद्धि प्रदान की। मीरा के विरह गीतों में समकालीन कवियों की अपेक्षा अधिक स्वाभाविकता पाई जाती है। इन्होंने अपने पदों मैं शृंगार और शांत रस का प्रगोग विशेष रुप से किया है–

मन रे पासि हरि के चरन।
सुभग सीतल कमल- कोमल त्रिविध–ज्वाला- हरन।
जो चरन प्रह्मलाद परसे इंद्र- पद्वी- हान।।

जिन चरन ध्रुव अटल कीं‍न्हों राखि अपनी सरन।
जिन चरन ब्राह्मांड मेंथ्यों नखसिखौ श्री भरन।।
जिन चरन प्रभु परस लनिहों तरी गौतम धरनि।
जिन चरन धरथो गोबरधन गरब-मधवा-हरन।।
दास मीरा लाल गिरधर आजम तारन तरन।।

रचित ग्रंथ

मीराबाई ने चार ग्रंथों की रचना की–

1. बरसी का मायरा
2. गीत गोविंद टीका
3. राग गोविंद
4. राग सोरठ के पद

इसके अलावा मीराबाई के गीतों का संकलन "मीराबाई की पदावली' नामक ग्रन्थ में किया गया है। जिसमें निम्नलिखित खंड प्रमुख हैं–

1. नरसी जी का मायरा
2. मीराबाई का मलार या मलार राग
3. गर्बा गीता या मीराँ की गरबी
4. फुटकर पद
5. सतभामानु रूसण या सत्यभामा जी नुं रूसणं
6. रुक्मणी मंगल
7. नरसिंह मेहता की हुंडी
8. चरित

मीरा बाई के पद

राग अलैया

तोसों लाग्यो नेह रे प्यारे नागर नंदकुमार।
मुरली तेरी मन हरह्यौ बिसरह्यौ घर ब्यौहार।।
जबतैं श्रवननि धुनि परी घर अंगणा न सुहाय।
पारधि ज्यूं चूकै नहीं म्रिगी बेधि द आय।।
पानी पीर न जान ज्यों मीन तड़फ मरि जाय।

रसिक मधुपके मरमको नहीं समुझत कमल सुभाय।।
दीपकको जो दया नहिं उडि-उडि मरत पतंग।
मीरा प्रभु गिरधर मिले जैसे पाणी मिलि गयौ रंग।।9।।

राग सोरठ

जोसीडा ने लाख बधाई रे अब घर आये स्याम।।
आज आनंद उमंगि भयो है जीव लहै सुखधाम।
पांच सखी मिलि पीव परसिकैं आनंद ठामूं ठाम।।
बिसरि गयो दुख निरखि पियाकूं सुफल मनोरथ काम।
मीराके सुखसागर स्वामी भवन गवन कियो राम।।10।।

राग परज

सहेलियां साजन घर आया हो।
बहोत दिनांकी जोवती बिरहणि पिव पाया हो।
रतन करूं नेवछावरी ले आरति साजूं हो।
पिवका दिया सनेसडा ताहि बहोत निवाजूं हो।।
पांच सखी इकठी भय मिलि मंगल गावै हो।
पियाका रली बधावणा आणंद अंग न मावै हो।।
हरि सागर सूं नेहरो नैणां बंध्या सनेह हो।
मीरा सखी के आंगणै दूधां बूठा मेह हो।।11।।

दूधां दूध की धारों से। बूठा बरसे।
पियाजी म्हारे नैणां आगे रहज्यो जी।।
नैणां आगे रहज्यो म्हारे भूल मत जाज्यो जी।
भौ-सागर में बही जात हूं बेग म्हारी सुधि लीज्यो जी।।
राणाजी भेज्या बिखका प्याला सो इमरति कर दीज्यो जी।
मीरा के प्रभु गिरधर नागर मिल बिछुडन मत कीज्यो जी।।12।।

राग कजरी

म्हारा ओलगिया घर आया जी।
तन की ताप मिटी सुख पाया हिल गिल मंगल गाया जी।।
घन की धुनि सुनि मोर मगन भया यूं मेरे आनंद छाया जी।

मग्न भ मिल प्रभु अपणा सूं भौका दरद मिटाया जी।।
चंद कूं निरखि कमोदणि फूलैं हरषि भया मेरे काया जी।
रग राग सीतल भ मेरी सजनी हरि मेरे महल सिधायाजी।।
सब भगतन का कारज कीन्हा सो प्रभु मैं पाया जी।
मीरा बिरहणि सीतल हो दुख दंद दूर नसाया जी।।13।।

शब्दार्थ–ओलगिया परदेसी प्रियतम। घन की धुनि बादल की गरज। भौ का दरद संसारी दुख। कमोदनि कुमुदिनी। सिधाया पधारा। दंद द्वन्द्व झगडा। नसाया मेट दिया।

राग ललित

हमारो प्रणाम बांकेबिहारी को।
मोर मुकुट माथे तिलक बिराजे कुंडल अलका कारी को।।
अधर मधुर पर बंसी बजावै रीझ रिझावै राधा प्यारी को।
यह छवि देख मगन भय मीरा मोहन गिरधर -धारी को।।14।।

प्रेमालाप

थांने हम सब ही की चिंता तुम सबके हो गरीबनिवाज।।
सबके मुगट सिरोमणि सिरपर मानीं पुन्यकी पाज।
मीरा के प्रभु गिरधर नागर बांह गहेकी लाज।।1।।

राग हमीर

आ सहेल्हां रली करां है पर घर गवण निवारि।।
झूठा माणिक मोतिया री झूठी जगमग जोति।
झूठा आभूषण री सांची पियाजी री प्रीति।।
झूठा पाट पटंबरा रे झूठा दिखडणी चीर।
सांची पियाजी री गूदडी जामें निरमल रहे सरीर।।
छपन भोग बुहाय देहे इण भोगन में दाग।
लूण अलूणो ही भलो है अपणे पियाजीरो साग।।
देखि बिराणे निवांणकूं है क्यूं उपजावे खीज।
कालर अपणो ही भलो है जामें निपजै चीज।।
छैल बिराणो लाखको है अपणे काज न होय।

ताके संग सीधारतां है भला न कहसी कोय।।
बर हीणो अपणो भलो है कोढी कुष्टी कोय।
जाके संग सीधारतां है भला कहै सब लोय।।
अबिनासीसूं बालबा हे जिनसूं सांची प्रीत।
मीरा कूं प्रभुजी मिल्या है ए ही भगतिकी रीत।।2।।

राग प्रभाती

जागो म्हांरा जगपतिरायक हंस बोलो क्यूं नहीं।।
हरि छो जी हिरदा माहिं पट खोलो क्यूं नहीं।।
तन मन सुरति संजो सीस चरणां धरूं।
जहां जहां देखूं म्हारो राम तहां सेवा करूं।।
सदकै करूं जी सरीर जुगै जुग वारणैं।
छोड़ी छोड़ी लिखूं सिलाम बहोत करि जानज्यौ।
बंदी हूं खानाजाद महरि करि मानज्यौ।।
हां हो म्हारा नाथ सुनाथ बिलम नहिं कीजिये।
मीरा चरणां की दासि दरस फिर दीजिये।।3।।

राग हमीर

हरी मेरे जीवन प्रान अधार।
और आसरो नाहीं तुम बिन तीनूं लोक मंझार।।
आप बिना मोहि कछु न सुहावै निरख्यौ सब संसार।
मीरा कहै मैं दासि रावरी दीज्यो मती बिसार।।4।।

राग मांड

स्याम मने चाकर राखो जी। गिरधारीलाल चाकर राखो जी।।
चाकर रहसूं बाग लगासूं नित उठ दरसण पासूं।
बिंद्राबन की कुंज गलिन में तेरी लीला गासूं।।
चाकरी में दरसण पाऊं सुमिरण पाऊं खरची।
भाव भगति जागीरी पाऊं तीनूं बातां सरसी।।
मोर मुगट पीतांबर सोहे गल बैजंती माला।
बिंद्राबन में धेनु चरावे मोहन मुरलीवाला।

हरे हरे नित बाग लगाऊंबिच बिच राखूं क्यारी।
सांवरियाके दरसण पाऊंपहर कुसुम्मी सारी।।
जोगि आया जोग करणकूं तप करणे संन्यासी।
हरी भजनकूं साधू आया बिंद्राबनके बासी।।
मीराके प्रभु गहिर गंभीरा सदा रहो जी धीरा।
आधी रात प्रभु दरसन दीन्हें प्रेम नदी के तीरा।।5।।

राग हंस नारायण

आली सांवरे की दृष्टि मानो प्रेम की कटारी है।।
लागत बेहाल भय तनकी सुध बुध गई
तन मन सब व्यापो प्रेम मानो मतवारी है।।
सखियां मिल दोय चारी बावरी सी भय न्यारी
हौं तो वाको नीके जानौं कुंजको बिहारी।।
चंदको चकोर चाहे दीपक पतंग दाहै
जल बिना मीन जैसे तैसे प्रीत प्यारी है।।
बिनती करूं हे स्याम लागूं मैं तुम्हारे पांव
मीरा प्रभु ऐसी जानो दासी तुम्हारी है।।6।।

राग तिलक कामोद

छोड़ मत जाज्यो जी महाराज।।
मैं अबला बल नायं गुसाईं तुमही मेरे सिरताज।
मैं गुणहीन गुण नांय गुसाईं तुम समरथ महाराज।।
थांरी होय के किणरे जाऊं तुमही हिबडारो साज।
मीरा के प्रभु और न को राखो अबके लाज।।7।।

राग खम्माच

नहिं भावै थांरो देसडलो जी रंगरूडो।।
थांरा देसा में राणा साध नहीं छै लोग बसे सब कूडो।
गहणा गांठी राणा हम सब त्यागा त्याग्यो कररो चूडो।।
काजल टीकी हम सब त्याग्या त्याग्यो है बांधन जूडो।
मीरा के प्रभु गिरधर नागर बर पायो छै रूडो।।1।।

राग गुनकली

मैं गिरधर के घर जाऊं।।
गिरधर म्हांरो सांचो प्रीतम देखत रूप लुभाऊं।।
रैण पडे तबही उठ जाऊं भोर भये उठ आऊं।
रैण दिना बाके संग खेलूं ज्यूं तह्यूं ताहि रिझाऊं।
जो पहिरावै सो पहिरूं जो दे सो खाऊं।
मेरी उणकी प्रीति पुराणी उण बिन पल न रहाऊं।।
जहं बैठावें तितही बैठूं बैचे तो बिक जाऊं।
मीरा के प्रभु गिरधर नागर बार बार बलि जाऊं।।2।।

राग पीलू

तेरो को नहिं रोकणहार मगन हो मीरां चली।।
लाज सरम कुलकी मरजादा सिरसें दूर करी।
मान अपमान दो धर पटके निकसी ग्यान गली।।
ऊंची अटरिया लाल किंवडिया निरगुण सेज बिछी।
पंचरंगी झालर सुभ सोहै फूलन बूल कली।।
बाजूबंद कडूला सोहे सिंदूर मांग भरी।
सुमिरण थाल हाथ में लीन्हों सोभा अधिक खरी।।
सेज सुखमणा मीरा सेहै सुभ है आज घरी।
तुम जा राणा घर आपणे मेरी थांरी नाहिं सरी।।3।।

राग पहाड़ी

सीसोद्यो रूठ्यो तो म्हांरो कांई कर लेसी।
म्हे तो गुण गोविन्द का गास्यां हो माई।।
राणोजी रूठ्यो वांरो देस रखासी
हरि रूठ्या किठे जास्यां हो माई।।
लोक लाजकी काण न मानां
निरभै निसाण घुरास्यां हो माई।।
राम नामकी झाझ चलास्यां
भौ-सागर तर जास्यां हो माई।।

मीरा सरण सांवल गिरधर की
चरण कंवल लपटास्यां हो माई।।4।।

राग कामोद

बरजी मैं काहूकी नाहिं रहूं।
सुणो री सखी तुम चेतन होयकै मनकी बात कहूं।।
साध संगति कर हरि सुख लें जगसूं दूर रहूं।
तन धन मेरो सबही जावो भल मेरो सीस लहूं
मन मेरो लागो सुमरण सेती सबका मैं बोल सहूं।
मीरा के प्रभु हरि अविनासी सतगुर सरण गहूं।।5।।

राग पीलू

राणाजी म्हांरी प्रीति पुरबली मैं कांई करूं।।
राम नाम बिन नहीं आवडे हिबडो झोला खाय।
भोजनिया नहीं भावे म्हांने नींदडलीं नहिं आय।।
विष को प्यालो भेजियो जी जा मीरा पास
कर चरणामृत पी गए म्हारे गोविन्द रे बिसवास।।
बिषको प्यालो पीं गए जींभजन करो राठौर
थांरी मीरा ना मरूं म्हारो राखणवालो और।।
छापा तिलक लगाया जीं मन में निश्चौ धार
रामजी काज संवारियाजी म्हांने भावै गरदन मार।।
पेट्यां बासक भेजियो जी यो छै मोतींडारो हार
नाग गले में पहिरियो म्हारे महलां भयो उजियार।।
राठोडारीं धीयडी दी सींसाद्यो रे साथ।
ले जाती बैकुंठकूं म्हारा नेक न मानी बात।।
मीरा दासी श्याम की जी स्याम गरीबनिवाज।
जन मीरा की राखज्यो को बांह गहेकी लाज।।6।।

राग खंभावती

राम नाम मेरे मन बसियो रसियो राम रिझाऊं ए माय।
मैं मंदभागण परम अभागण कीरत कैसे गाऊं ए माय।।

बिरह पिंजरकी बाड सखी रीं उठकर जी हुलसाऊं ए माय।
मनकूं मार सजूं सतगुरसूं दुरमत दूर गमाऊं ए माय।।
डंको नाम सुरतकी डोरी कडियां प्रेम चढाऊं ए माय।
प्रेम को ढोल बन्यो अति भारी मगन होय गुण गाऊं ए माय।।
तन करूं ताल मन करूं ढफली सोती सुरति जगाऊं ए माय।
निरत करूं मैं प्रीतम आगे तो प्रीतम पद पाऊं ए माय।।
मो अबलापर किरपा कीज्यौ गुण गोविन्दका गाऊं ए माय।
मीराके प्रभु गिरधर नागर रज चरणनकी पाऊं ए माय।।7।।

राग अगना

राणाजी थे क्यांने राखो म्हांसूं बैर।
थे तो राणाजी म्हांने इसडा लागो ज्यूं बृच्छन में कैर।
महल अटारी हम सब त्याग्या त्याग्यो थारो बसनो सैर।।
काजल टीकी राणा हम सब त्याग्या भगती-चादर पैर।
मीरा के प्रभु गिरधर नागर इमरित कर दियो झैर।।8।।

राग वृन्दावनी

आली म्हांने लागे वृन्दावन नीको।
घर घर तुलसी ठाकुर पूजा दरसण गोविन्दजी को।।
निरमल नीर बहत जमुना में भोजन दूध दही को।
रतन सिंघासन आप बिराजैं मुगट धरह्यो तुलसी को।।
कुंजन कुंजन फिरति राधिका सबद सुनन मुरली को।
मीरा के प्रभु गिरधर नागर भजन बिना नर फीको।।10।।

राग मधुमाध सारंग

या ब्रज में कछु देख्यो री टोना।।
लै मटकी सिर चली गुजरिया आगे मिले बाबा नंदजी के छोना।
दधिको नाम बिसरि गयो प्यारी लेलेहु री को स्याम सलोना।।
बिंद्राबनकी कुंज गलिन में आंख लगाय गयो मनमोहना।
मीरा के प्रभु गिरधर नागर सुंदर स्याम सुधर रसलौना।।1।।

राग सूहा

चलो मन गंगा जमुना तीर।
गंगा जमुना निरमल पाणी सीतल होत सरीर।
बंसी बजावत गावत कान्हो संग लियो बलबीर।।
मोर मुगट पीताम्बर सोहे कुण्डल झलकत हीर।
मीराके प्रभु गिरधर नागर चरण कंवल पर सीर।।2।।

राग धानी

मैं गिरधर रंग-राती सैयां मैं।।
पचरंग चोला पहर सखी री मैं झिरमिट रमवा जाती।
झिरमिटमां मोहि मोहन मिलियो खोल मिली तन गाती।।
कोके पिया परदेस बसत हैं लिख लिख भेजें पाती।
मेरा पिया मेरे हीय बसत है ना कहुं आती जाती।
चंदा जायगा सूरज जायगा जायगी धरण अकासी।
पवन पाणी दोनूं ही जायंगे अटल रहे अबिनासी।।
और सखी मद पी-पी माती मैं बिन पियां ही माती।
प्रेमभठी को मैं मद पीयो छकी फिरूं दिनराती।।
सुरत निरत को दिवलो जोयो मनसाकी कर ली बाती।
अगम घाणि को तेल सिंचायो बाल रही दिनराती।।
जाऊंनी पीहरिये जाऊंनी सासरिये हरिसूं सैन लगाती।
मीराके प्रभु गिरधर नागर हरिचरणां चित लाती।।3।।

शब्दार्थ! रंगराती प्रेम में रंगी हु। पचरंग आशय है पंच तत्वों से बना हुआ शरीर। चोला ढीला ढाला कुर्ता यहां भी आशय है शरीर से।

झिरमिट झुरमुट मारने का खेल जिसमें सारा शरीर इस प्रकार ढक लिया जाता है कि को जल्दी पहचान नहीं सके अर्थात् कर्मानुसार जीवात्मा की योनि का शरीरावरण-धारण। गाती शरीर पर बंधी हु चादर खोल मिली आवरण हटा कर तन्मय हो गए। धरण धरती। और सखी अन्य जीवात्मां। माती मतवाली। बिन पियां बिना पिये ही। सुरत परमेश्वर की स्मृति। निरत विषयों से विरक्ति संजोले सजा ले। भठी भट्टी शराब बनाने की। सैन संकेत।

राग होरी सिन्दूरा

फागुन के दिन चार होली खेल मना रे।।
बिन करताल पखावज बाजै अणहदकी झणकार रे।
बिन सुर राग छतीसूं गावै रोम रोम रणकार रे।।
सील संतोखकी केसर घोली प्रेम प्रीत पिचकार रे।
उडत गुलाल लाल भयो अंबर बरसत रंग अपार रे।।
घटके सब पट खोल दिये हैं लोकलाज सब डार रे।
मीराके प्रभु गिरधर नागर चरणकंवल बलिहार रे।।4।।

राग जौनपुरी

सखी री लाज बैरण भये।
श्रीलाल गोपालके संग काहें नाहिं गऐ।।
कठिन क्रूर अक्रूर आयो साज रथ कहं न।
रथ चढाय गोपाल ले गयो हाथ मींजत रही।।
कठिन छाती स्याम बिछडत बिरहतें तन त।
दासि मीरा लाल गिरधर बिखर क्यूं ना गए।।5।।

राग गूजरी

कुण बांचे पाती बिना प्रभु कुण बांचे पाती।
कागद ले ऊधोजी आयो कहां रह्या साथी।
आवत जावत पांव घिस्या रे
वाला
अंखिया भै राती।।
कागद ले राधा वांचण बैठी
वाला
भर आई छाती।
नैण नीरज में अम्ब बहे रे
बाला
गंगा बहि जाती।।
पाना ज्यूं पीली पड़ी रे

वाला
धान नहीं खाती।
हरि बिन जिवणो यूं जलै रे
वाला
ज्यूं दीपक संग बाती।।
मने भरोसो रामको रे
वाला
डूब तिरह्यो हाथी।
दासि मीरा लाल गिरधर सांकडारो साथी।।6।।

राग खम्माच

मीरा मगन भई हरि के गुण गाय।।
सांप पिटारा राणा भेज्या मीरा हाथ दिया जाय।
न्हाय धोय जब देखन लागी सालिगराम गए पाय।।
जहरका प्याला राणा भेज्या इम्रत दिया बनाय।
न्हाय धोय जब पीवन लागी हो गए अमर अंचाय।।
सूली सेज राणा ने भेजी दीज्यो मीरा सुवाय।
सांझ भए मीरा सोवण लागी मानो फूल बिछाय।।
मीरा के प्रभु सदा सहाई राखे बिघन हटाय।
भजन भाव में मस्त डोलती गिरधर पर बलि जाय।।7।।

राग झंझोटी

भज ले रे मन गोपाल-गुना।।
अधम तरे अधिकार भजनसूं जो आये हरि-सरना।
अबिसवास तो साखि बताऊं अजामील गणिका सदना।।
जो कृपाल तन मन धन दीनह्यौं नैन नासिका मुख रसना।
जाको रचत मास दस लागै ताहि न सुमिरो एक छिना।।
बालापन सब खेल गमायो तरुण भयो जब रूप घना।
वृद्ध भयो जब आलस उपज्यो माया-मोह भयो मगना।।
गज अरु गीधहु तरे भजनसूं को तरह्यो नहिं भजन बिना।
धना भगत पीपामुनि सिवरी मीराकीहू करो गणना।।1।।

राग श्री

राम नाम-रस पीजै मनुआं राम-नाम-रस पीजै।
तज कुसंग सत्संग बैठ नित हरि-चर्चा सुनि लीजै।।
काम क्रोध मद लोभ मोहकूं बहा चित्तसें दीजै।
मीरा के प्रभु गिरधर नागर ताहिके रंग में भीजे।।2।।

राग शुद्ध सारंग

चालो अगम के देस कास देखत डरै।
वहां भरा प्रेम का हौज हंस केल्यां करै।।
ओढण लज्जा चीर धीरज कों घांघरो।
छिमता कांकण हाथ सुमत को मूंदरो।।
दिल दुलडी दरियाव सांचको दोवडो।
उबटण गुरुको ग्यान ध्यान को धोवणो।।
कान अखोटा ग्यान जुगतको झोंटणो।
बेसर हरिको नाम चूडो चित ऊजणो।।
पूंची है बिसवास काजल है धरमकी।
दातां इम्रत रेख दयाको बोलणो।।
जौहर सील संतोष निरतको घूंघरो।
बिंदली गज और हार तिलक हरि-प्रेम रो।।
सज सोला सिणगार पहरि सोने राखडीं।
सांवलियांसूं प्रीति औरासूं आखडी।।
पतिबरता की सेज प्रभुजी पधारिया।
गावै मीराबाई दासि कर राखिया।।3।।

राग हमीर

नहिं एसो जनम बारंबार।।
का जानूं कछु पुन्य प्रगटे मानुसा-अवतार।
बढत छिन-छिन घटत पल-पल जात न लागे बार।।
बिरछके ज्यूं पात टूटे लगें नहीं पुनि डार।
भौसागर अति जोर कहिये अनंत ऊंडी धार।।
रामनाम का बांध बेडा उतर परले पार।

ज्ञान चोसर मंडा चोहटे सुरत पासा सार।।
साधु संत महंत ग्यानी करत चलत पुकार।
दासि मीरा लाल गिरधर जीवणा दिन च्यार।।4।।

राग बिहागरा

रमैया बिन यो जिवडो दुख पावै। कहो कुण धीर बंधावै।।
यो संसार कुबुधि को भांडो साध संगत नहीं भावै।
राम-नाम की निंद्या ठाणै करम ही करम कुमावै।।
राम-नाम बिन मुकति न पावै फिर चौरासी जावै।
साध संगत में कबहुं न जावै मूरख जनम गुमावै।।
मीरा प्रभु गिरधर के सरणै जीव परमपद पावै।।5।।

राग बिलावल

लेतां लेतां रामनाम रे लोकडियां तो लाजो मरै छे।
हरि मंदिर जातां पांवडियां रे दूखै फिर आवै आखो गाम रे।
झगडो धाय त्यां दौडीने जाय रे मूकीने घर ना काम रे।।
भांड भवैया गणकात्रित करतां वैसी रहे चारे जाम रे।
मीरा ना प्रभु गिरधर नागर चरण कंवल चित हाय रे।।6।।
शब्दार्थः - लोकडियां लोग। लाजां मरे छे शर्म के मारे मरते हैं।
पांवडियां पैर। आखो सारा। धाय हो रहा हो। त्यां तहां।
मूकीने छोडकर। भवैया नाचने-वाले। बैसी रहे बैठा रहता है।

राग धनाश्री

मेरो मन रामहि राम रटै रे।
राम नाम जप लीजे प्राणी कोटिक पाप कटै रे।
जनम जनमके खत जु पुराने नामहि लेत फटै रे।।
कनक कटोरे इम्रत भरियो पीवत कौन नटै रे।
मीरा कहे प्रभु हरि अबिनासी तन मन ताहि पटै रे।।1।।

राग श्रीरंग्री

पायो जी म्हे तो राम रतन धन पायो।
वस्तु अमोलक दी म्हारे सतगुरु किरपा कर अपनायो।।

जनम जनम की पूंजी पाई जगमें सभी खोवायो।
खरचौ नहिं को चोर न लेवै दिन-दिन बढत सवायो।।
सतकी नाम खेवटिया सतगुरु भवसागर तर आयो।
मीराके प्रभु गिरधर नागर हरष हरष जस गायो।।2।।

राग मलार

लागी मोहिं नाम-खुमारी हो।।
रिमझिम बरसै मेहडा भीजै तन सारी हो।
चहुंदिस दमकै दामणी गरजै घन भारी हो।।
सतगुर भेद बताया खोली भरम -किंवारी हो।।
सब घट दीसै आतमा सबहीसूं न्यारी हो।।
दीपग जों ग्यानका चढूं अगम अटारी हो।
मीरा दासी रामकी इमरत बलिहारी हो।।3।।

राग धानी

री मेरे पार निकस गया सतगुर मारह्या तीर।
बिरह-भाल लगी उर अंदर व्याकुल भया सरीर।।
इत उत चित्त चलै नहिं कबहूं डारी प्रेम-जंजीर।
कै जाणै मेरो प्रीतम प्यारो और न जाणै पीर।।
कहा करूं मेरों बस नहिं सजनी नैन झरत दो नीर।
मीरा कहै प्रभु तुम मिलियां बिन प्राण धरत नहिं धीर।।4।।

शब्दार्थ री अरी सखी। पार आर-पार। तीर-मारह्या रहस्य के शब्द द्वारा इशारे से बता दिया। चले नहिं विचलित नहीं होता है। डारी डाल दी। नीर जल आंसु से तात्पर्य है।

राग धानी

मोहि लागी लगन गुरुचरणन की।
चरण बिना कछुवै नाहिं भावै जगमाया सब सपननकी।।
भौसागर सब सूख गयो है फिकर नाहिं मोहि तरननकी।
मीरा के प्रभु गिरधर नागर आस वही गुरू सरननकी।।5।।

राग पीलू

देखत राम हंसे सुदामाकूं देखत राम हंसे।।
फाटी तो फूलडियां पांव उभाणे चरण घसे।
बालपणेका मिंत सुदामां अब क्यूं दूर बसे।।
कहा भावजने भेंट पठाई तांदुल तीन पसे।
कित गए प्रभु मोरी टूटी टपरिया हीरा मोती लाल कसे।।
कित गए प्रभु मोरी गौन बछिया द्वारा बिच हसती फसे।
मीराके प्रभु हरि अबिनासी सरणे तोरे बसे।।1।।

मीराबाई अपने युग से लेकर आज तक लोकप्रियता के शिखर पर आरूढ हैं। मीरा के गीत या भजन आज भी हिंदी-अहिंदी भाषी भारतवासियों के होठों पर विराजमान हैं। मीरा के कई पद हिंदी फिल्मी गीतों का हिस्सा बने हैं। वे बहुत दिनों तक वृन्दावन में रहीं और फिर द्वारिका चली गईं। जहाँ संवत 1560 ईस्वी में वो भगवान कृष्ण कि मूर्ति मे समा गईं।

जब उदयसिह राजा बने तो उन्हें यह जानकर बहुत अफसोस हुआ कि उनके परिवार में एक महान भक्त के साथ दुर्व्यवहार हुआ। तब उन्होने अपने राज्य के कुछ ब्राह्मनों को मीरा को वापस बुलाने द्वारका भेजा। जब मीरा आने को राजी न हुइ तो ब्राह्मन जिद करने लगे कि वे भी वापस नही जाएंगे। उस समय द्वारका में कृष्ण जन्माष्टमी आयोजन की तैयारी चल रही थी। उन्होने कहा कि वे आयोजन में भाग लेकर चलेंगी। उस दिन उत्सव चल रहा था। भक्त गण भजन में मग्न थे। मीरा नाचते-नाचते श्री रनछोर राय जी के मन्दिर के गर्भ गृह में प्रवेश कर गई और मन्दिर के कपाट बन्द हो गये। जब द्वार खोले गये तो देखा कि मीरा वहाँ नहीं थी, उनका चीर मूर्ति के चारों ओर लिपट गया था। और मूर्ति अत्यन्त प्रकाशित हो रही थी। मीरा मूर्ति में ही समा गयी थीं। मीरा का शरीर भी कही नही मिला। मीरा का उनके प्रियतम प्यारे से मिलन हो गया था।

5

मीरा के काव्य का विश्लेषण

कृष्ण- दीवानी, मीरा की पीर और भक्ति, दोनों ही, शुद्ध प्रेम की ऊँचाई की पराकाष्ठा है। अपने माता-पिता की एकलौती संतान,मीराबाई का जन्म 1558 के लगभग, मारवाड़ के कुड़की नामक गाँव में, श्री रतन सिंह राठौर के घर हुआ था। मीरा अपने माता-पिता की बड़ी लाड़ली थी। जब मीरा बहुत छोटी थी, तभी एक दिन उनके घर एक साधु आये। उन्होंने नन्हीं मीरा को एक गिरिधर की मूर्ति दी, जिसे पाकर मीरा इतनी खुश हुई कि अपने जीवन भर के लिए सुध-बुध खो ही दी और कृष्ण भक्ति में लीन रहने लगी। मीरा प्रतिदिन कृष्ण की उस मूर्ति को स्नान कराकर चंदन-पुष्प लगाती थी, आरती उतारती थी और भक्ति में लीन होकर कृष्ण कन्हैया के गीत गाती थी। कभी-कभी तो व गीतों में इतनी तल्लीन हो जाती थी, कि मूर्ति के समक्ष मूर्च्छित हो गिर पड़ती थी। जब मीरा और बड़ी हुई, तब खुद पद्य रचना करने लगीं। संवत 1573 में मीराबाई का विवाह चित्तोड़ के सिसोदिया वंश में महाराणा साँगा के ज्येष्ठ पुत्र, भोजराज से हुआ। नैहर से विदा होकर जब मीरा अपने ससुराल जाने लगी, तब कान्हा को भी अपने साथ लेते गई। वहाँ पहुँचकर भी वे विधिवत, गिरिधर की पूजा- अर्चना करती थी। दिन-दिन भर मीरा का कृष्ण के प्रेम में इस प्रकार तल्लीन रहना, मीरा के पति भोजराज को बिल्कुल पसंद नहीं आया। ये नहीं चाहते थे कि मीरा के एक मूर्ति के आगे नाचे-गाये और अपना सारा दिन उसकी भक्ति में निकाल दे। पहले तो उन्होंने मीरा को काफी समझाया, लेकिन जब मीरा की प्रेम-भक्ति के आगे एक न चला, या तब उन्होंने अपनी दूसरी शादी कर ली। उसके बाद तो मीरा, राजघराने को छोड़कर साधु-संगति में जीवन व्यतीत करने लगी। मीरा के इस फैसले से उनके माता-पिता भी उनसे निराश रहने लगे। कई बार उनके ससुराल वाले उन्हें मरवाने

का भी प्रयास किये। पर मीरा हर बार अपने कृष्ण की भक्ति की शक्ति से बच निकलीं। ससुराल वालों की तरफ से, इस प्रकार के उत्पीड़न से मीरा धीरे-धीरे शारीरिक स्तर पर दीन-क्षीण होती गईं, लेकिन मनोबल में कोई अंतर नहीं आया। मीरा का दिनों-दिन स्वास्थ्य गिरता देख, उनके माता-पिता एक दिन एक वैद्यराज को लेकर आये और बोले,' मीरा ! ये तुम्हारे कमजोर स्वास्थ्य का उपचार करने आये हैं। इनसे मिलो।' सुनकर मीरा ने कहा–

'हे री मैं तो प्रेम की दीवानी
मेरो दरद न जाने कोय
गोविन्द लीन्हो मोल
माई मैंने गोविन्द लीन्हों मोल
कोई कहे सस्ता,कोई कहे महंगा
लीन्हों तराजू तोल'

एक लम्बी बीमारी में विवाह के दस साल बाद ही राजा भोज का देहांत हो गया। उनके पिता, महाराणा साँगा भी परलोक सिधार गये। तब मीरा के देवर, विक्रमाजीत महाराणा बने। मीरा राजमहल की रानी होकर, साधु-संतों के बीच उठे-बैठे, महीनों घर से लापता रहे यह बात विक्रमाजीत को बिल्कुल पसंद नहीं आयी। उन्होंने ऊधाबाई को, मीराबाई के पास, समझा-बुझाकर, घर ले आने भेजा। लेकिन मीरा ने उनसे स्पष्ट कह दिया–

बरजी ! मैं काहू की न रहूँगी
सुनो री सखी,तुम चेतन होके मन की बात कहूँगी
साधु-संगति कर हरि सुख लेंहु,जग से मैं दूर रहूँगी

ऊधाबाई ने लौटकर जब महाराणा को सारी बातें बताई, महाराणा सुनकर बहुत रुष्ट हुए। उसके बाद उन्होंने चित्तौड़गढ़ की कई स्त्रियों को भेजकर मीरा से कहलवाया कि, इससे कुल की प्रतिष्ठा खत्म हो रही है। इसलिए वे घर लौट आयें। लेकिन मीराबाई का राजभवन में लौट आना तो दूर, जो लोग आईं थीं, वे भी मीराबाई के रंग में रंग गईं और वहीं की होकर रह गईं।

इतिहास तो यह भी कहता है कि एक बार राणा ने विष तक भेजा, जिसे मीरा हँसते-हँसते पी गईं, और उन्हें कुछ नहीं हुआ। उसके बाद तो मीरा, कृष्ण की ऐसी दीवानी हो गई, कि लोग उन्हें पागल सोचने लगे। लेकिन मीरा ऐसा कहने वालों पर हँसती थीं, कहती थीं–

'पग घुँघरू बाँध मीरा नाची रे
लोग कहे मीरा बावरी रे
सास कहे कुल नासी रे'

कृष्ण-विरह में कातर, मीरा का शरीर बहुत कमजोर और दुबला हो गया। लेकिन प्रियतम की प्रतीक्षा ही, मीरा का अब जीवन हो गया। कहा जाता है, एक दिन महाराणा स्वयं मीरा के पास आये और क्रोधित हो पूछने लगे, इतनी सज-धज कर कहाँ जा रही हो। तब मीरा ने उत्तर दिया।

राणाजी मैं साँवरे के रंग राँची
सज शृंगार, बाँध पग घुँघरू
लोक लाज तजि नाची

सुनकर गुस्सा से आग बबूला, राणा ने मीरा को मारने के लिए साँप का पिटारा भेजा। परंतु मीरा के खोलते ही, साँप कृष्ण-मूर्ति में बदल गया।

बार-बार राणा के उत्पीड़न से, उबकर मीरा साधु- मंडली के साथ वृन्दावन आ गई और वहीं रहकर अपने साँवरिया कृष्ण की आराधना करने लगी। आखिर एक दिन मीरा को कृष्ण दर्शन दिये। कृष्ण से मिलकर मीरा ने कहा–

मेरे तो गिरिधर गोपाल, दूसरो न कोई
जाके सिर मोर मुकुट, मेरो पति सोई

कृष्ण की प्रेम- विरहिनी मीराबाई का देहावसान 1630 ई. में हुआ। उनकी लिखी कविता, आज जन-जन की कंठहार है। मीरा, अपनी भक्ति-प्रवण गीतों में आज भी जिंदा हैं, कल भी रहेंगी। जब तक यह संसार रहेगा, तब तक मीरा भी राधा की प्रतिरूप रहेंगी।

मीरा के काव्य में विरह वेदना

मीरा ने जीवन भर भारतीय नारी की पीड़ा झेली थी। पति के निधन के बाद उनके देवर राणा विक्रमजीत, राजकुल के सदस्यों ने, पुरुषसत्तात्मक सामंती समाज ने उनके स्वच्छंद स्वभाव को असह्य एवं मर्यादा विहीन मानकर उनको अनेक यातनाएं दीं। नारी-जीवन की समस्त विडम्बनाओं और यातनाओं को सहने वाली, उनसे संघर्ष करने वाली मीरा के भाव-लोक में नारी की समस्त पीड़ा और वेदना साकार हो उठी है।

भक्तिकाल के अन्य कवियों के विरह-वर्णन से मीरा का विरह वर्णन अनेक बातों में भिन्न है। जहाँ अन्य भक्त पुरुष थे और नारी की वेदना का केवल अनुमान लगा सकते थे, वहाँ मीरा नारी थीं और उन्होंने यातनाओं को स्वयं भोगा था, सहा था। अधिकांश भक्त कवियों की दृष्टि में नारी नरक की खान, माया, ठगिनी, सर्पिणी थी। रीतिकाल के कवि तो उसे भोग्या, रमणी एवं दासी ही समझते थे। उनका मन जितना संयोग रस के कामुक चित्रों में रमा है उतना वियोग के चित्रों में नहीं। उनका अधिकांश विरह-काव्य परिपाटी-परम्परा का पालन मात्र है। रीति-ग्रन्थों को आधार बनाकर या तो नायिका-भेद है या विरह की शास्त्रोक्त काम दशाओं का चित्रण। इन चित्रों में मार्मिकता का नितांत अभाव है। **आचार्य शुक्ल ने** ठीक ही लिखा है कि "ये चित्र या तो नाप-जोख करने वाले हैं या अपनी अतिशयोक्ति के कारण मज़ाक की हद तक पहुँच गये हैं।" यहाँ यह भी ध्यान रखना चाहिए कि मीरा का प्रियतम निर्गुण, निराकर, अलस्थ, अगम्य परास्पर ब्रह्म न होकर उसके अवतार भगवान कृष्ण हैं जो गोपिका वल्लभ हैं, प्रेम की मूर्ति है, सौंदर्य के अपार भंडार हैं, उनका लौकिक स्वरूप परम रमणीय एवं मनमोहक है। अपनी लीलाओं से वह सारे ब्रजमंडल का मन मोहते रहते हैं।

कुटिल भृकुटि तिलक भाल चितवन में टौना
खंजन और मधुप मीन, भूले मृग छौना
सुन्दर अति नासिक, सुग्रीव तीन रेखा
नटवर प्रभु मेष धरैं रूप अति विसेखा
अधर बिम्ब अरुन नैन मधुर मंद हाँसी
दसन दमक दाड़िम दुव्रि चमके चपला-सी।

मीरा योग-साधिका नहीं हैं, वह श्रीकृष्ण के अवतारी स्वरूप की, उनकी मानसी मूर्ति की आराधना करने वाली एकनिष्ठ, पूर्णतः समर्पित भक्त हैं। एक अन्य बात यह है कि अन्य भक्त-कवियों की तरह वह लोक का, संसार का, समाज का तिरस्कार नहीं करतीं। वह समाज में रहते हुए, लोक-भूमि पर विचरण करते हुए भगवान से प्रेम का नाता जोड़ती हैं। अतः उनके संयोग चित्रों में भी तथा विरह वर्णन में भी लौकिक, सामाजिक आधार पुष्ट है जिसके कारण वह अधिक प्रामाणिक, विश्वसनीय और मानोज्ञ बन जाता है। वह नटनागर, गिरधर गोपाल के अंग-अंग पर। उसी प्रकार बलिहारी है जैसे कोई मुग्ध नायिका अपने युवा, सुन्दर प्रेमी पर। उनका मन मोर मुकुट धारण करने वाले, बंशी बजाने वाले, गले में बैजन्ती माला धारण करने वाले कृष्ण में डूब गया है, वह उनके प्रेम रंग में डूब गयी हैं। उनके

इसी रूप-यौवन, लीलाओं, शृंगार-चेष्टाओं, तिरछी चितवन, मादक मुस्कान ने उन्हें मंत्रमुग्ध कर उन्हें उनके प्रियतम की चेरी, दासी बना दिया है।

मैं तो होई रही चेरी तेरी
दरसन कारन भई बावरी

पति के आकस्मिक निधन से उनकी दशा अत्यन्त दयनीय हो उठी थी, अपनी वैधव्य की पीड़ा और राज-परिवार के क्रूर व्यवहार को भुलाने के लिए, उन्होंने जिस कृष्ण की मनमोहक मूर्ति को अपने नेत्रों तथा हृदय में बसा लिया था और जो उनकी कल्पना में या स्वप्नों में मिलन का सुख पहुँचाता था, वह धरती पर उनके लिए अलभ्य था, अप्राप्य था, चाहे आज के फ्रायडवादी मनौवैज्ञानिक इसे मीरा की काम-कुंठा या अतृप्त वासना का प्रतिफल कहें और चाहे यह उनकी कृष्ण के प्रति पूर्ण समर्पण तथा अनवरत ध्यान करने का परिणाम हो। वह स्वप्न में कृष्ण से मिलने का सुख पाती थीं-

स्याम पधारत सेज में सूनी सैन जगाई हो
तुम हो पूरे साइयाँ, पूरा सुख दीजे हो
मीरा व्याकुल विरहिणी, अपनी कर लीजै हो।

अथवा

माई म्हाणे सुपणा मां पेख्या दीनानाथ
स्वप्न कोटां जणां पधार्‌या दूल्होसिरी ब्रजनाथ
सुपणा मां तोरण बंध्यारी सुपणां यां गह्या हाथ
सुपणां मां म्हारे परण गया पाया आंचल सोहाग।

अथवा

आबत मोरी गलियान में गिरधारी
मैं तो छिप गई लाज की मारी।

यही नटनागर, छबीले, रसिया, गोपियों के साथ रासलीला, जलक्रीड़ा, करने वाले कृष्ण मीरा के मन में बस गये। स्वप्नों या कल्पना में उनके साथ संयोग का सुख उठाने वाली मीरा उनके दर्शनों को तरस गयी। इसी विरह की दशा में जो उन्होंने पद रचे वे मीरा काव्य के ही नहीं सम्पूर्ण हिन्दी काव्य की अद्‌भुत निधि बन गये।

विरह वेदना मीरा के भाव लोक की मूल भूमि है। उनके काव्य में संयोग शृंगार के चित्र संख्या में भी कम है और पाठकों के मर्म को छूने में भी इतने सशक्त नहीं जितने विरह के चित्र। उनकी माधुर्य भक्ति में सबसे प्रगाढ़ और मार्मिक स्वर विरह

का है। उनका प्रियतम लौकिक जगत् में प्राप्त नहीं हो सकता, अतः उनके प्रेम की परिणति विरह में होती है। उनकी यह प्रणयानुभूति जितनी आध्यात्मि है उतनी ही लौकिक भी। उसकी समानता या तो जायसी की नागमती की पीड़ा से या फिर सूरदास की गोपियों की विरह-पीड़ा से की जा सकती है। प्रणयानुभूति का यह लौकिक, सामाजिक, चिरपरिचित रूप ही उनके विरह को गहराई और विश्वसनीयता प्रदान करता है। उनके विरह में स्वानुभूति का वह उत्कट रंग है, जिसे परम्परागत विरह-वर्णन के शास्त्रीय रूप-स्वरूप या कामदशाओं में बांध कर नहीं देखा जा सकता है।

चिन्तक, दार्शनिक, साहित्कार, कलाकार अपनी परम्परा से कट कर सृजन नहीं कर सकता। पाश्चात्य विद्वान **टी0 एस0 इलियट** ने साहित्य-सृजन में परम्परा के महत्त्व पर बहुत बल दिया है और वह ठीक भी है। कवि परम्परा से जुड़ा रहता है, समय और परिस्थितियों के अनुरूप परम्परा में परिवर्तन कर उसका विकास करता है। मीरा भी इसका अपवाद नहीं है। उन्होंने पूर्ववतों कवियों तथा लोक-विश्वासों का सहारा लेकर अपनी विरह-पीड़ा को वाणी दी है। कबीर की तरह वह विरह को सर्प या भुजंग कहती हैं। जैसे कबीर कहते हैं कि विरह रूपी भुजंग ने शरीर में पैठ कर विष की ज्वाला जला दी है।

विरह भुजंगय तन बसै मंत्र न लागै कोइ।
राम वियोगी ना जियै जियै तो बौरा होइ।।

उसी प्रकार मीरा कहती हैं-

'विरह नागण मोरी काया डसी है, लहर जिव जावै' कबीर के समान मीरा का शरीर भी विरह की ज्वाला में जल रहा है, वह भी बौरा गयी हैं। वह भी प्रिय की प्रतीक्षा करते-करते, पंथ निहारते-निहारते थक गयी हैं, उनका शरीर श्रीविहीन हो गया है, केश पांडुर हो गये हैं। जायसी के पदमावत् में जिस प्रकार नागमती का विरह वर्णन करने के लिए बारहमासा पद्धति का आश्रय लिया गया है वैसे ही मीरा भी प्रत्येक ऋतु में अपनी विरह-पीड़ा का अलग-अलग वर्णन करती हैं-

जेठ महीने जल विणा पंछी दुःख होई, हो
मोर असाढ़ा कुरलहे, धन चातक सोई, हो
सावण में झड़ लागियो, सखि तीजा खेले, हो
भादवै नदिया बहै, दूरी जिन मेले हो।

प्रकृति के उद्दीपक रूप के चित्र भी परम्परागत हैं, वर्षा ऋतु विशेष रूप से विरहिणी के लिए कष्टदायक होती है। मेघों का गर्जन, बिजली का चमकना,

मूसलाधार वर्षा, रात का अंधकार, मोर, दादुर, पपीहों का स्वर आदि सब विरहिणी की पीड़ा को उद्दीप्त करते हैं। मीरा पपीहे को पिय-पिय की रट लगाने से रोकती हैं-—

पपइया रे पिव की वाणी न बोल।
अथवा
दादुर, मोर पपिहरा बोलै
कोयल सबद सुनाई
घुमड़ घटा ऊलर होइ आई
दामिनि दमकि डरावै
नैना झर लावैं।

मीरा को वर्षा ऋतु में बादलों को देखकर लगता है कि उनका प्रिय भी आयेगा। वह महल के ऊपर चढ़कर प्रतीक्षा करती हैं, पर प्रिय नहीं आता और प्रकृति का उद्दीपक रूप उन्हें विरह के अथाह सागर में डुबा देता है। उन्हें लगता है मेघ और दामिनी मिल रहे हैं, इन्द्र से मिलने के लिए धरती ने शृंगार किया है। यह विषमता उनकी पीड़ा को और भी तीव्र कर देती हैं-

उमग्यौ इन्द्र चहू दिसि बरसै
दामिनि छोड़ी लाज
धरती रूप नवा नवा धरिया
इन्द्र मिलन के काज
मीरा के प्रभु गिरधर नागर
बेगि मिलौ महाराज।

तीज- त्यौहार, उत्सव, पर्व आते हैं, पर प्रिय की अनुपस्थिति में वह अन्यों को उल्लसित रंग में डूबा देख तीव्र कष्ट अनुभव करती हैं-

होली पिया बिनु लागै खारी
सुनौ री सखी मोरी प्यारी
सूनौ गाँव देस सब सूनौ
सूनी सेज कटारी
सूनी विरहिन पिव बिन डोलै
तजि दइ पीव पियारी
भई हूँ या दुखकारी।

होली के अवसर पर गाँव में हर्षोल्लास का वातावरण है, गाँव वाले झांझ, मृदंग, ढोल, ढोलक आदि बाजे बजा रहे हैं, बसंत ऋतु का मादक वातावरण है, फागुन को मतवाला बना देने वाली वायु बह रही है, पर मीरा विवश है, मन मार कर उदास बैठी हैं।

बाजत झांझ मृदंग मुरलिया
बज रही इकतारी
आई बसंत कंत घर नाहीं
मन में ज्वर भया भारी
स्या मन कहा विचारी।

लोक विश्वास और परम्परा के अनुरूप मीरा भी प्रिय को संदेश भेजती हैं, कौए को उड़ाती हैं

प्रीतम कूं पतिया लिखूँ, कउवा तू ले जाइ
जाइ प्रतिम सूं यो कहै रे, थारी विरहिन धान न खाइ
बेगि मिलो प्रभु अंतरजामी, तुम बिन रहयौ न जाइ।

सूरदास की गोपियों की तरह वह भी पत्र लिखना चाहती हैं, पर लिख नहीं पातीं। हाथ कांपने लगते हैं, आँखों से आँसुओं की झड़ी लग कर कागज गीला कर देते हैं। रीतिकाल के कवियों की तरह वह भी एक ऐसी सखी की खोज में है, जो प्रियतम को लाकर मिलन करा दे।

को है सखी सहेली सजनी
पिया को आन मिलावै।

सूर की गोपियों की तरह प्रियतम की निष्ठुरता पर रुष्ट होकर कभी-कभी उलाहने भी देती हैं, कृष्ण को अत्यंत कठोर हृदय वाला और निर्मोही बताती हैं। विरह के चित्रों में मीरा ने अपनी पीड़ा का चित्रण करते समय जिन उपमानों का प्रयोग किया है, वे भी परम्परागत हैं। वह अपनी तुलना पतंगे, मछली, चकोर, चातक से करती है और कृष्ण की तुलना, दीपक, जल, चन्द्रमा तथा मेघ से करती हैं-

चंद को चकोर दीपक पतंग दहै
जल बिना मीन जैसे तैसे प्रीत प्यागी है।

इस प्रकार मीरा ने अपने काव्य में विरह-वर्णन की पारंपरिक शैली का भी उपयोग किया है, परन्तु उनके विरह-वर्णन की विशेषता है स्वयं अपनी करुण दशा, मन के विभिन्न भावों का विरह की पीड़ा की तीव्रता का बेलौस, अकृत्रिम

सहज-स्वाभाविक वर्णन जिससे सामान्य भारतीय विरहिणी नारी की पीड़ा साकार हो उठी है।

प्रतीक्षा करते समय की बेचैनी देखिए

पंथ निहारूँ डगर बुहारूँ
ऊबी मारग जोय
मीरा के प्रभु कब रे मिलौगे
तुम मिलिया सुख होय।

अथवा

दरस बिन दूखन लागे नैन
जबसे तुम बिछुरे मेरे प्रभु जी
कबहुँ न पायो चैन
एक टकटकी पंथ निहारूँ भई छमासी रैन
विहर विथा कासूँ कहुं सजनी, बह गई करवत चैन।

विरह के कारण शरीर के क्षीण होने का संकेत

मैं हरि बिनु क्यों जिऊँ री माय
पिय कारन बौरी भई जस काठहि घुन खाय
औषध मूल न संचरै, मोहि लागो बैराय।

वस्तुतः मीरा प्रिय के बिछोह में बौरा गयी हैं, दीवानी हो गयी हैं। तभी तो लोक-मर्यादा, कुल की हानि, राणा के अत्याचारों की चिंता किये बिना दीवानों की तरह आचरण करती हैं, पग में घुंघरू बांधकर नाचती हैं। उन्हें ऐसा करने में न कोई भय है, न कोई संकोच। भले ही सम्भ्रान्त समाज, सांमती व्यवस्था के कुलगुरु, राज परिवार उन्हें कुलकलंकिनी, कुल नासनी कहें। विरह बाणों से क्षत-विक्षत हो वह घायल-मृग की तरह वन-वन में घूमती हैं, उनकी पीड़ा को न कोई जानता है, न कोई समझता है-

धान न भावै नींद न भावै बिरह सतावै मोय
घायल सी घूमत फिरूँ, मेरा दरद न जाणे कोय
घायल की गति घायल जानै की जिन लाइ होय।

वियोग की पीड़ा में दीवानगी इस हद तक पहुँच जाती है कि वह ढिंढोरा पीट कर अपने प्रेम-दीवानी होने की बात सबको सुनाना चाहती हैं। कोई लाज, कोई शर्म, कोई संकोच नहीं। यह स्थिति प्रेम की पीर की अतिशयता की ही द्योतक है।

सारांश यह कि मीरा के भावलोक में विरह-वेदना के पीछे नारी की मर्मभेदी पीड़ा है जिसके लिए समाज कम उत्तरदायी नहीं है। साथ ही उनमें अपने आराध्य देवता के प्रति गहरी आस्था, निश्छल अडिग, अपरिमित प्रेम है। उनका काव्य प्रिय वियोगजन्य पीड़ा की सघन, मार्मिक अनुभूतियों की बड़ी सशक्त, विश्वसनीय एवं वैविध्यपूर्ण अभिव्यक्ति है।

मीरा के काव्य में प्रेमानुभूति की अभिव्यक्ति

मीराबाई की पदावली का आज तक कोई पाठ ऐसा नहीं मिला है, जिसे पूर्णतः प्रामाणिक कहा जा सके। अतः उनकी भाषा के संबंध में मतभेद है। उनके पदों की भाषा राजस्थानी और ब्रज तो है ही उसमें गुजराती, पंजाबी, खड़ी बोली एवं पूर्वी तक का थोड़ा- बहुत सम्मिश्रण पाया जाता है। राजस्थानी के विद्वान शोधकर्त्ता **डा0 मोतीलाल मेनारिया, डा0 श्रीकृष्ण लाल** गुजराती के विद्वान **फबरेचन्द मेघाड़ी, डा0 जगदीश गुप्त** उनकी भाषा राजस्थानी मानते है। डा0 मेनारिया तथा डा0 श्रीकृष्ण लाल का मत है कि मीरा ने राजस्थानी तथा ब्रजभाषा दोनों में कविता लिखी- कुछ पद ब्रजभाषा में और कुछ राजस्थानी में। **फबरेचन्द मेघाणी** मीरा की भाषा शुद्ध राजस्थानी बताते हैं, जो लोकप्रियता एवं पदों की कण्ठ- परम्परा के कारण परिवर्तित होती गई। **डा0 जगदीश गुप्त** डाकोर की प्रति (रचना काल सवंत् 1642) के आधार पर उनकी भाषा राजस्थानी मानते हैं जिसमें ब्रजभाषा के शब्द मिल गये हैं। कुछ विद्वान जैसे **डा0 रामगोपाल शर्मा 'दिनेश'** उनकी काव्य-भाषा ब्रज मानते हैं।

मीरा का जन्म राजस्थान के मेड़ता में हुआ और उनका अधिकांश जीवन भी राजस्थान में बीता। उनकी मातृभाषा राजस्थानी थी। मीरा का काव्य उनकी सघन अनुभूतियों की सहज अभिव्यक्ति है। उन्होंने कविता लिखने के लिए, कवि का यश पाने के लिए अपने पदों की रचना नहीं की, उनकी काव्य-साधना के पीछे कोई प्रयास नहीं है, उनकी वाणी सहज-स्वाभाविक गति से जल की निर्मल धारा की तरह प्रवाहित होती है। जो भाव जिस समय उमड़ा उसे उसी क्षण अभिव्यक्त कर दिया और कंठ से निकली वह वाणी ही पद बन गयी। अपने उपास्य का ध्यान करते हुए अथवा उनकी मूर्ति के सम्मुख उपास्य की मुद्रा में अथवा साधु-संतों के समाज में गाते हुए जो भी पद उनके मुख से निकले वे ही कविता बन गये। ऐसी मनोदशा में काव्य लिखने वाले कवि की वाणी उसकी मातृभाषा ही हो सकती है, कोई अन्य भाषा नहीं। अतः हम राजस्थानी को ही मीरा का काव्यभाषा मानते हैं। उनके समय में, सम्पूर्ण

भक्तिकाल में ही नहीं आगे चलकर रीतिकाल में मध्य देश की काव्यभाषा ब्रज रही। मीरा कृष्णभक्त थी, कृष्णभक्त कवियों और उनके काव्य से परिचित थी। कुछ दिन ब्रजप्रदेश में रही भी थीं। अतः उनके पदों में ब्रजभाषा का प्रयोग होना भी स्वाभाविक है। उनका कुछ समय गुजरात में भी बीता था, अतः यदि गुजराती के शब्द उनके काव्य में पाये जाते हैं तो आश्चर्य नहीं। परन्तु उनकी जीवन-परिस्थितियाँ, उनका स्वभाव, उनके काव्य की प्रकृति, काव्य-रचना का उद्देश्य देखकर यही लगता है कि उनके काव्य की मूल भाषा राजस्थानी है। मीरा का बल सहज भावों या मार्मिक अनुभूतियों को व्यक्त करने पर था और वह मातृभाषा में ही संभव हो सकता है। उस पर ब्रजभाषा का भी पर्याप्त प्रभाव है, गुजराती, पंजाबी, खड़ी बोली, पूर्वी के शब्द प्रथम तो संख्या में कम हैं, और उनके प्रयोग का कारण उनका सत्संग हो सकता है।

शब्दभंडार की दृष्टि से' उनके पदों में संस्कृत के तत्सम और ग्रामीण शब्द भी हैं-

सुभग शीतल कमल कोमल विविध ज्वाला हरण

तद्भव भी हैं- परसे, सीतल, कूड़ो, कीन्हे, सरण, लीने, पावेली, राखैली, पपइया, थारा।

कहीं-कहीं उर्दू शब्द भी पाये जाते हैं-सिरताज

मीरा की काव्य-भाषा का सबसे बड़ा गुण है- सहजता, सरलता, माधुर्य एवं प्रवाहपूर्ण होना। इसका एक कारण तो यह है कि उनका सम्पूर्ण काव्य आत्म-निवेदन है, उसमें निजी भावों की, तीव्र अनुभूति की अभिव्यक्ति है। जहाँ सूर के काव्य में कवि और कृष्ण के बीच गोपियाँ हैं, वहाँ मीरा और कृष्ण का संबंध सीधा और प्रत्यक्ष है। दूसरा कारण यह है कि सृजन-प्रक्रिया के पीछे आयास, पांडित्य प्रदर्शन या चमत्कारपूर्ण कथन की प्रवृत्ति नहीं है। तीसरा कारण है लोक-जीवन से उनकी गहरी निकटता। अतः उनकी भाषा अकृत्रिम, आडम्बर से पूर्णतः मुक्त है। उनकी भाषा का स्त्रोत लोक-वर्णन है। अपने राग और विराग दोनों को व्यक्त करने के लिए उन्होंने लोक-प्रचलित भाषा का प्रयोग किया है। अतः उनकी भाषा सहज, सादी और मार्मिक है। प्रिय के द्वारा वचन न निभाने और उसके कारण होने वाली पीड़ा का वर्णन बड़ी ही सहज भाषा में किया गया है-

आषण कह गया, अजा ण आया, कर म्हारे कोल गया
रवाणा पाणा सुध बुध सब बिसर्‌या, काई म्हारे प्राण जिया।

कृष्ण के प्रति अपना अन्य प्रेम भी इसी सहज स्वाभाविक भाषा में व्यक्त किया गया हैं-

मेरे तो गिरधर गोपाल
दूसरो न कोई
जाके सिर मोर-मुकुट
मेरो पति सोई।

अपने प्रियतम के रूप- सौंदर्य के मन पर पड़ने वाले प्रभाव का वर्णन भी सरल-सहज रूप में किया गया हैं।

आली री! मेरे नैना बान परी
चित्त चढ़ी मेरे माधुरी मूरति
उर विच आन गाड़ी
कब की ठाड़ी पंथ निहारूँ
अपने भवन खड़ी।

मीरा जानती हैं कि भाषा भावानुरूपिणी होने पर ही सशक्त और संप्रेषणीय होती है। अतः विभिन्न प्रसंगों में उनकी भाषा का तेवर बदलता रहता है। विरह-वेदना का वर्णन करते हुए जिस भाषा का प्रयोग किया गया हैं वह विरहिणी की पीड़ा को साकार कर पाठक के मन में करूणा उत्पन्न करती है, पाठक का हृदय भी दर्द से कराह उठता हैं-

हे री मैं तो दरद दिवाणी
मेरो दरद न जाणै कोय
घायल की गति घायल जाने
की जिन लाई होय।

तीसरी पंक्ति लोकगीत है और सहज ही समझ में आ जाती है। इसी प्रकार निम्नलिखित पंक्तियों में विरहिणी की वेदना को व्यक्त किया गया है और रूपक की योजना के पीछे आयास नहीं लोक-भाषा का प्रयोग हैं-

अजुवन जल सींचि-सींचि प्रेम बेलि बोई
अव तो बेलि फैलि गई, आनन्द फल होई।।

चाहे कृष्ण की लीलाओं का वर्णन हो या फिर चाहे उनका रूप-वर्णन सर्वत्र सरल, सहज भाषा का प्रयोग किया गया है। शब्द-चित्रों (बिम्बों) के माध्यम से दृश्य

को साकार बना दिया गया हे। सत्य सामान्य है, अनुभूति जानी-पहचानी है पर वह उसे नाटकीय वक्रता या गहरी व्यंजन प्रदान करती हैं- प्रिय मिलन की उत्सुकता, न मिलने पर दीवानगी, या तड़प की धारणाएँ पूर्व प्रचलित हैं पर उनकी भाषा उन्हें अनूठा बना देती हैं–

तुम बिन देखया कल न पड़त है,

तलफ तलफ जिय जायी

जहाँ कोमल, स्विनग्ध भावों और प्रणयानुभूति का वर्णन करना होता है, वहाँ माधुर्य गुण सम्पन्न प्रवाहपूर्ण भाषा का प्रयोग करती हैं और जहाँ पुरुष भावों का वर्णन करना होता हैं वहाँ भाषा का सेवन तिरस्कारपूर्ण हो उठता है–

दुरजन जलो ना अंगीठी

अथवा

यह संसार कुबुधि से भांड़ो

अथवा

थारे देस राणा साध नहीं छै लोग वसै सब कूडौ

आत्म- निवेदन, विनय तथा आर्तपुकार में उनकी भाषा का रूप अन्य भक्त कवियों के समान है। यहाँ रूपक अलंकार भी हैं-

यहि विधि भक्ति कैसे होय
मन को मैल हिय तैं न छूटी
दियो तिलक सिर धोय
काम-कूकर लोभ चोरी
बांधि मोह चंडाल
क्रोध कसाई रहत घर में
कैसे मिलें गोपाल।

इन पंक्तियों को पढ़कर सूरदास का प्रसिद्ध पद याद आ जाता है–

अब हौं नाच्यौ बहुत गोपाल
काम क्रोध को पहिरि चोलना कंठ विषय की माल।

मीरा के चित्र स्थिर ही नहीं, गतिशील हैं। कृष्ण रूप-राशि का वर्णन यदि स्थिर चित्र का उदाहरण है, तो उनकी गति और मुद्राओं के चित्र गतिशील हैं–

म्हां ठाडी घर पणे मोहन निकल्यां आय
बदन चंद परगासतां, मंद मंद मुस्काय।
अथवा
गहे द्रुम डारि कदम की ठाड़ो मूदु मुस्काय म्हारी ओर हंसो

वर्षा ऋतु के वर्णन में जहाँ एक ओर वर्षा का चाक्षुष एवं ध्वनि बिम्ब मन को मुग्ध करता है तो दूसरी ओर उसके उद्दीपनकारी प्रभाव का भी संकेत देता है-

झुकि आई बदरिया सावन की
सावन की मन भावन की
सावन में उमग्यो मेरो मनवा
भनक सुनी हरि आवन की
उमड़ि घुमड़ि चहुँ दिसि सै आयौ
दामिनि दमकि झर लावन की
नन्हीं नन्हीं बूंदन मेघा बरसै
शीतल पवन सुहावन की।

मीरा की भाषा में लोकभाषा के प्रयोग के कारण नाद-सौंदर्य और संगीत का माधुर्य स्वतः आ गया है- नाना ऋतुएँ, तीज-त्यौहार, पर्व-उत्सव, पशु-पक्षी आदि अनूठे ध्वनि-सौंदर्य का विधान करते हैं। दादुर, मोर, पपीहा के स्वर, वर्षा की रिमझिम बूंदे, मेघों का गर्जन, दामिनि का तड़कना सब में ध्वनि-बिम्ब देखे जा सकते हैं।

मीरा ने शब्दों को अपनी भावनाओं के अनुरूप तराशा भी है, उनके प्रचलित रूप से भिन्न दिया है। इससे कविता में संगीत की माधुरी भी आयी हैं, लोकतत्व के कारण भाषिक सौंदर्य बढ़ा है तथा अर्थ गांभीर्य भी आया है। इस तराश से शब्द खंडित या विकृत न होकर अधिक काव्यात्मक और सटीक हो गये हैं।

हे माँ बड़ी-बड़ी आंखियन वारो सांवरो मोतन हेरत हंसि कै
भौंह कमान बान बांके लोचन मारत हियरे कसिके।।

उनकी भाषा में यदा-कदा व्यंग्य की पैनी धार भी है विशेषतः दो स्थलों पर। एक तो राणा के दुर्व्यहार और अत्याचार का उद्घाटन करने के लिए, पुरुषसत्तात्मक सांमती समाज की धूर्तता, निष्ठुरता, छलछद्म, झूठी कुल मर्यादा के प्रति क्षोम व्यक्त करने के लिए राणा की दुर्बुद्धि को धिक्कारती हुई वह कहती हैं-

अपणे घर कर परदा कर ले, मैं अबा बौराणी

तथा दूसरे अपने प्रियतम के निष्ठुर व्यवहार पर या विधि की विडम्बना पर–

विध विधणा री प्यारां
दीरघ नेण मिरग कूं देखा कणलण फिरता मारा

अपने प्रियतम जोगिया की खूब खबर लेती हैं, मीरा की रचनाएँ उनके अंतर्मन की व्याकुलता की सहज अभिव्यक्ति हैं, अतः उन्होंने अलंकार- योजना की ओर ध्यान नहीं दिया है। भावों के प्रवाह में या अनुभूति की समानता में उपमा, उत्प्रेक्षा, रूपक स्वतः आ गये हैं। इन अलंकारों के प्रयोग ने उनके काव्य को वैसी ही कलात्मकता प्रदान की है, जैसे भक्तिकाल के सूर तथा तुलसी के काव्य में मिलती हैं।

मीरा ने लोकपक्तियों, मुहावरों और दृष्टान्तों का भी प्रयोग कर अपनी भाषा को अर्थ-गरिमा प्रदान की है, लोकचित्त पर चढ़े होने के कारण ये सहज ग्राहय हैं और सामान्य पाठकों को मुग्ध करते हैं-

मुहावरे- साध संत हिरदै बसै
हथलेवा को लाग्यो पाप
अथवा
आपु तो जाय विदेसा छाये
हमको पड़ गयी झोल।
लोकपक्तियाँ - गंजसू उतरि गधे नहीं चढ़ना
या तो बात न होई
अथवा
नाचन लागी तब घूंघट कैसो
लोक लाज तिनका ज्यूँ तोर्‌यौ।
लोक-प्रचलित उक्तियाँ-
आंबा की डालि कोइल इक बोले,
मेरो चरण असजग केरी हाँसी
अथवा
एकै थाणे रोपिया रे, इक आबो इक बूल
वाकौ रस नीकौ लगै रे, बाकी लागै रूल।।

इस प्रकार मीरा के भाषा सहज, लोकभाषा से संप्रक्त होते हुए भी नाटकीयता, माधुर्य, चित्र-विधान करने के कारण भावों की सूक्ष्मता को उजागर करने में पूर्ण समर्थ है। उसमें प्रवाह है, माधुरी है, सहज, अकुंठ जीवननुभूति को अभिव्यक्त करने की क्षमता है। अपनी सहजता, प्रवाहमयता, निरलंकृति और लोकचित्त में बसी भाषा का प्रयोग कर उन्होंने राजस्थानी भाषा को काव्य के मान-चित्र पर उसी तरह प्रतिष्ठित कर दिया है। जैसे जायसी ने अवधी भाषा को तथा सूरदास ने ब्रजभाषा को।

मीरा के काव्य में सौंदर्य

मीराबाई ने पद-शैली में काव्य-रचना की है। पद-शैली गेय होती है। प्रत्येक का सर्वाधिक महत्त्वपूर्ण तत्त्व है आत्मानुभूति। मीरा का काव्य आत्मनिवेदन का काव्य है, उनकी समस्त रचनाशीलता का प्राण-तत्त्व ही आत्मानुभूति है। आत्मपरकता, तीव्र भावनात्मकता इस आत्मानुभूति के अभिन्न अंग हैं। लयात्मकता प्रगीत का नियामक तत्त्व है। इस लय का संबंध भाव और भाषा दोनों से है। मीरा इस लयात्मक अन्विति के प्रति अत्यंत सावधान हैं। मीरा ने अपने पितामह के संरक्षण में संगीत की शिक्षा पायी थी और कृष्ण-भक्ति के पद वह बचपन से ही गाने लगी थीं। उन्हें लोक-संगीत का भी ज्ञान था और प्रायः लोक गीतों का माधुर्य उनके कानों में अमृत की वर्षा करता था। बाद में वह साधु- संतों की मंडली में अपने पद गाया करती थीं, जिनमें ताल और वाद्य का संयोग भी होता था। अतः उन्होंने अपने भावों और मनोदशाओं के चित्र संगीत के माध्यम से प्रस्तुत किये हैं। सफल गीतकाव्य के लक्षण हैं- तीव्र भावानुभूति, गायता, संक्षिप्ता, अन्विति। मीरा के प्रत्येक पद में ये गुण मिलते हैं। उनका प्रत्येक पद एक अखंड इकाई है, जिसमें तीव्र अनुभूति है, जो संगीत में लिपट कर पाठक-श्रोता को मंत्रमुग्ध कर देती हैं। मीरा की अनुभूतियों का संबंध अपने प्रियतम कृष्ण की रूपासक्ति, अनुराग, भक्ति और अपने जीवन-संघर्ष से है। मीरा के पदों में प्रथम पंक्ति प्रायः टेक के रूप में होती है, जिसकी गाते समय आवृत्ति होती है। इसी पंक्ति में उनका मुख्य वक्तव्य या मूल कथन होता है। अन्य पंक्तियों या तो उसके अर्थ का विस्तार करती हैं या उसका अनुगमन। अंतिम पंक्ति में मीरा पूरे पद में विन्यस्त कथ्य या भाव को चरम पर ले जाकर उसे अभीष्ट परिणति देती हैं। उनका आत्मनिवेदन अंतिम पंक्ति तक आकर संकेन्द्रित और प्रत्यक्ष हो जाता है। अपना नामोल्लेख कर वह गिरधर नागर के प्रति पूर्ण समर्पित हो जाती हैं।

मीरा के प्रभु गिरधर नागर चरण कमल चित्त लाई

अथवा

मीरा के प्रभु गिरधर नागर आस बही गुरु सरनन की

अथवा

मीरा के प्रभु गिरधर नागर बाट जोऊँ धारी कद म्हारा खड़ी

पद- शैली का प्रयोग और राग-रागनियों का अनुसरण ही मीरा के काव्य में गीति- तत्त्व के सफल निर्वाह का कारण है। मीरा ने सफलतापूर्वक विभिन्न रागों में पदों की रचना की है। इन रागों में उल्लेखनीय हैं- तिलंग, कान्हरा, गूजरी, काचोर, झिझोट, मालकोस पूरिया कल्याण, खम्हाच, मल्हार, विहाग, जोगिया, होली, श्याम कल्याण। कहीं कहीं उन्होंने भावों के आग्रह पर इन रागों में परिवर्तन कर उन पर अपनी मौलिक छाप लगा दी है। मल्हार राग को उन्होंने राग अड़ाना में मिलाकर नया रूप दिया है जो 'मीरा की मल्हार' नाम से जाना जाता है। रागों का प्रयोग भावानुकूल तो है ही समय (प्रातः, सन्ध्या, रात्रि) का भी ध्यान रखा गया है। यही कारण है कि उनके पद भावों को आंदोलित कर आनन्द की नई-नई तरंग उठाते हैं। पदों की शब्दावली भी राग विशेष के अनुरूप है। उनमें राग और भाव का बेजोड़ संतुलन है। करुणा की भावना व्यक्त करते समय वह जोगिया राम का प्रयोग करती हैं।

जोगिया तू कब रे मिलैगो आइ

इस प्रकार गीत काव्य की दृष्टि से मीरा की रचनाएँ अत्यंत सफल हैं। उनमें गायता है, अनुभूति की तीव्रता है, अन्विति है, संक्षिप्त है। प्रत्येक पद अनुभूति के अखंड संहन की क्षमता रखता है। उनके पदों की भाषा सुर-संगीत के साथ भावना को पाठक तक सहज ही सम्प्रेषित कर देती हैं।

मीरा के पद अन्य भक्त कवियों-सूर, तुलसी, कबीर आदि की तरह चिन्तन के बोझ या अध्यात्म के भार से दबे हुए नहीं हैं। मीरा की पदावली केवल अनुभूति की सहज भूमि पर विचरण करती है, उसमें भाववेश अधिक हैं, अनुभूति की तीव्रता अधिक हैं।

मीरा के काव्य को सरस बनाने का एक कारण है शब्द-शिल्प। उन्होंने शब्दों का प्रयोग इस प्रकार किया है, शब्दों को इस तरह तराशा है कि उनके पदों की संगीत-माधुरी द्विगुणित हो जाती है। वे शब्दों को भावानुकूल बनाने के लिए उन्हें तोड़ती-मरोड़ती हैं, उन्हें नये ढंग से उच्चरित करती हैं जिससे शब्द की काया, उसका प्रभाव निखर आता है। राजस्थानी और ब्रजभाषा के शब्दों को मूल रूप में प्रयोग न कर वह उनका इस प्रकार प्रयोग करती हैं कि भाषा का तेवर ही बदल जाता है-

नहिं भावै धारो देसलड़ो रंगरुड़ो
धाराँ देसाँ में राणा साँच नहीं है
लोग बसै सब कूड़ो।

आचार्य शुक्ल ने कहा था कि कविता का कार्य अर्थग्रहण कराना नहीं, बिम्ब ग्रहण कराना है। पाश्चात्य विद्वान **आई0 ए0 रिचर्ड्स** भी काव्य भाषा को रिफरेंशनल न मानकर इमोटिव अर्थात् वह भाषा जो कवि के भावों का संहन करने वाली भी हो और पाठकों को भावान्दोलित करने वाली हों। इसके लिए आज के विद्वान आलोचक बिम्ब-सृष्टि पर बल देते है, चित्रमय भाषा की बात कहते हैं।

मीरा के काव्य में बिम्ब-योजना अत्यंत मोहक, सटीक और दृश्य को साकार कर देने वाली है। चाहे कृष्ण की अंगों की शोभा हो, या उनकी वेषभूषा अथवा उनकी मुस्कान, तिरछी चितवन, मुरली-वादन की मुद्रा सब साकार हो उठते हैं। इस बिम्ब-योजना के पीछे कोई आयास नहीं है, वह तो कृष्ण की रूप-माधुरी में डूबी भक्त की सहज वाणी है। ये बिम्ब दो प्रकार के हैं-स्थूल तथा सूक्ष्म। स्थूल बिम्बों में केन्द्रियता है- कहीं चाक्षुष है, कहीं श्रौत, कहीं घ्राण, प्रमुखता है चाक्षुष बिम्बों की। बिम्बों के माध्यम से मीरा अपने उपास्य कृष्ण के बहुविध रूपों, लीलाओं और गुणों का चित्रण करती हैं।

मोहनी मूरति सांवली सूरति नैना बने बिसाल
अधर सुधा रस मुरली राजति, उर बैजंती माल
क्षुद्र घंटिका कटि तल सोहति, नूपुर सबद रसाल

अथवा

बाँको मुकुट काछनी सुन्दर
ऊपर जरद किनारी
गल मुतियन की माल विराजै
कुण्डल की छवि न्यारी
बांकी भौं कजरारे नैना
अलकैं छुट रही कारी
मंद मंद मुरली धुन बाजत
मोही ब्रज की नारी।

सूक्ष्म बिम्बों में भावों की गहरी और स्पष्ट छायाएं दृष्टव्य हैं।

मीरा का काव्य उनके भावों की अभिव्यक्ति है। उन्होंने कविता लिखने के उद्देश्य से पदों की रचना नहीं की है, वे केवल उसकी सघन, तीव्र अनुभूति को अभिव्यक्त करने के माध्यम हैं। उन्होंने रीतिकाल के कवियों की तरह सायास काव्य-रचना नहीं की है, अतः उन्हें काव्य-कला की विशेष चिंता नहीं है। उनके काव्य में अलंकारों का प्रयोग हुआ भी है तो भावों की तीव्रता के कारण, वे काव्य-धारा में उसी तरह आ गये हैं जैसे बहती जल धारा में तट के पत्ते-फूल गिरकर बहने लगते हैं, वे सहज रूप में आ गये हैं। जो अलंकार उनके भावों को स्पष्ट करने के लिए आये हैं वे परम्परागत अलंकार-उपमा, उत्प्रेक्षा, रूपक ही है। उनके उपमान भी परम्परागत हैं

जल बिन कमल चंद बिन रजनी
ऐसे तुम देख्या बिन सजनी

भक्त कवियों की तरह भक्ति में बाधक तत्वों की चर्चा करते हुए भी वह परम्परागत उपमानों का ही आश्रय लेती हैं-

मन की मैल हिये तैं न छूटी, दियो तिलक सिर धोय
काम कूकर लोभ डोरी, बांधि मोह चाण्डाल
क्रोध कसाई रहत घट में, कैसे मिले गोपाल
बिलार विषया लालची रे, ताहि सोजन देत

उत्प्रेक्षा अलंकार में प्रयुक्त उपमान भी परम्परागत हैं-

कुण्डल की झलक- झलक
कपोलन पर छाई
मनो मीन सरवर तजि
मकर मिलन आई

विभावना, अर्थान्तरन्यास अलंकार भी कहीं-कहीं आ गये हैं, शब्दालंकारों पर उनकी दृष्टि नहीं गयी है। अनुप्रास और श्लेष यदि आया भी हैं तो वाणी के सहज स्फुरण के रूप में।

उक्ति-चमत्कार उनकी कविता को रमणीय बना देता है, उससे कथन मार्मिक हो उठता है। ये उक्तियाँ जितनी सुन्दर हैं, उतनी ही स्वाभाविक। कहीं वचन की वक्रता पाठक के चित्त को चमत्कृत करती है तो कही वचन की स्वाभाविकता मन को मुग्ध करती हैं-

पायो जी मैं तो राम रतन धन पायो
वस्तु अमोलक दी मोरे सतगुरु
किरपा कर अपनायौ
जनम जनम की पूंजी पाई
जग में सभी खोवायो।

ऐसी उक्तियाँ हृदय पर सीधी चोट करती हैं, मन को द्रवित कर देती हैं।

मीरा सगुण ईश्वर की उपासिका थीं। अतः उनके काव्य में प्रतीकों का प्रयोग नहीं हुआ। जिन पदों में प्रतीकों का संधान किया भी गया है, प्रथम तो उनकी प्रामणिकता के विषय में संदेह है और यदि वे उनके रचे हुए हैं भी तो प्रतीकों का प्रयोग परिपाटी मात्र हैं-

बरसाने से चली गुजरिया
नन्दगाम को जाना
आगे केसव धेनु चराई
लगे प्रेम के बाना
सागर सूख कमल मुरझाना
हंसा कियो पयाना भौरा रह गए प्रीत के धोखे
फेर मिलन को जाना

यहाँ सागर, कमल, हंस, आदि प्रतीकात्मक प्रयोग परम्परा का पालन मात्र हैं। राग-रागनियों में बंधे मीरा के काव्य में छन्दों के शास्त्रीय नियामों का उल्लंघन नहीं हुआ है। हाँ, उन्होंने छंद के परम्परागत शास्त्रीय बंधनों को पूरी तरह स्वीकार न कर उनका संगीत-माधुरी के लिए स्वच्छंद प्रयोग किया है, उनमें परिवर्तन किया है, उन्हें नवीन रूप दिया है। पदों में टेक और अंतरा का प्रयोग किया हैं- कुछ पदों में छंद की अनुसारिणी टेक का प्रयोग किया है तो कुछ ऐसे पद भी लिखे हैं जिनमें टेक का छंद भिन्न है और शेष पद का छंद भिन्न हैं। जहाँ तक अंतरा का संबंध हैं, मीरा ने कहीं एक ही छंद के पदों की अनेक बार आवृत्ति के पद लिखे हैं और कहीं-कहीं वे छंद की अवहेलना करती हैं। मीरा के छंद राग का चोला ओढ़ कर ही पद बन गये हैं। सार छंद का उन्होंने अनेक बाद पद बनाकर प्रयोग किया है। सरसी छंद का प्रयोग भी टेक जोड़कर पद के रूप में किया गया हैं-

तनक हरि चितवौ मेरी ओर
हम चितवत तुम चितवत नाहीं
दिल के बड़े कठोर।

कुछ पदों में दो छंदों को मिलाकर राग पूरा किया गया है। कुछ पद ऐसे हैं जिन्हें हम नई छंद-रचना कह सकते हैं।

सारांश यह कि मीरा की पद-रचना का स्वरूप उनकी सघन आत्मानुभूति पर आधारित हैं। इस आत्मानुभूति का विषय है कृष्ण- भक्ति, कृष्ण के प्रति एकनिष्ठ प्रेम, आत्म-निवेदन, अपने सुख-दुःख की गठरी खोल कर रख देना। इस उद्देश्य की पूर्ति के लिए उन्होंने प्रगीत और संगीत का सम्मिश्रण कर अपने पदों की रचना की हैं। नाद, ताल और स्वर के द्वारा रचे गये वातारण में उनके आत्मनिवेदन के ये पद अपनी भावानुभूति, भाषा-प्रयोग एवं अनूठी उक्तियों के कारण विशिष्ट बन गये हैं।

6

मीराबाई और अन्य श्रीकृष्ण भक्त कवि

मीरा की कीर्ति का आधार उनके पद हैं। ये पद राजस्थानी, ब्रज और गुजराती भाषाओं में मिलते हैं। हृदय की गहरी पीड़ा, विरहानुभूति और प्रेम की तन्मयता से भरे हुए मीरा के पद हमारे देश की अनमोल संपत्ति है। आंसुओं से गीले ये पद गीतिकाव्य के उत्तम नमूने हैं। भावों की सुकुमारता और निराडंबरी सहजशैली की सरसता के कारण मीरा की व्यथासिक्त पदावली बरबस सबको आकर्षित कर लेती हैं। प्रधानतः वह सगुणोपासक थीं तथापि उनके पदों में निर्गुणोपासना का प्रभाव भी यत्र-तत्र मिलता है। आत्म-समर्पण की तल्लीनता से पूर्ण उनके पदों में संगीत की राग-रागिनियां भी घुलमिल गई हैं। दर्द-दीवानी मीरा उन्माद की तीव्रता से भरे अपने कर्ण-मधुर पदों के कारण सदैव अमर रहेंगी।

मीराबाई अपने युग से लेकर आज तक लोकप्रियता के शिखर पर आरूढ हैं। मीरा के गीत या भजन आज भी हिंदी-अहिंदी भाषी भारतवासियों के होठों पर विराजमान हैं। मीरा के कई पद हिंदी फिल्मी गीतों का हिस्सा बने हैं। वे बहुत दिनों तक वृन्दावन में रहीं और फिर द्वारिका चली गईं। जहाँ संवत 1560 ईस्वी में वह भगवान कृष्ण की मूर्ति में समा गई।

जब उदयसिह राजा बने तो उन्हें यह जानकर बहुत अफसोस हुआ कि उनके परिवार मे एक महान भक्त के साथ दुर्व्यवहार हुआ। तब उन्होने अपने राज्य के कुछ ब्राह्मणों को मीरा को वापस बुलाने द्वारका भेजा। जब मीरा आने को राजी न हुइ तो ब्राह्मन जिद करने लगे कि वे भी वापस नही जायेगें। उस समय द्वारका में कृष्ण जन्माष्टमी आयोजन की तैयारी चल रही थी। उन्होने कहा कि वे आयोजन में भाग लेकर चलेंगी। उस दिन उत्सव चल रहा था। भक्त गण भजन मे मग्न थे। मीरा नाचते-नाचते श्री रनछोर राय जी के मन्दिर के गर्भ गृह में प्रवेश कर गईं और

मन्दिर के कपाट बन्द हो गये। जब द्वार खोले गये तो देखा कि मीरा वहाँ नही थी, उनका चीर मूर्ति के चारो ओर लिपट गया था। और मूर्ति अत्यन्त प्रकाशित हो रही थी। मीरा मूर्ति में ही समा गयी थीं। मीरा का शरीर भी कही नही मिला। मीरा का उनके प्रियतम प्यारे से मिलन हो गया था।

मीरा की अद्‌भुत भक्ति-भावना तथा उनके अलौकिक सौन्दर्य की गूंज, उनके लोकप्रिय भजनों के साथ साथ हिन्दुस्तान के कोने कोने में ही नहीं बल्कि तत्कालीन मुगल सम्राट जलालउद्दीन मोहम्मद अकबर के कानो तक पहुंच चुकी थी। अकबर ने उनके सभासद तथा संगीतज्ञ उस्ताद तानसेन के सुरीले कंठ से मीरा के कई भजन भी सुने थे। मीरा के रूप तथा कोकिल-कंठ की महिमा भी जानें थे। इसके बाद अकबर का मन मीराबाई से मिलने के लिये लालायित हो उठा। तानसेन को साथ लेकर वे मीरा से मिलने के लिये गुजरात के द्वारका में रनछोड़जी के मन्दिर जा पहुंचे।

मीराबाई नें अकबर और तानसेन को आदरपूर्वक बैठाया और भोग प्रसाद दिया। मीराबाई के पूछने पर तानसेन ने उन्हे "जोगी मत जा . . ." भजन गाने के लिये अनुरोध किया। भजन के अन्त में तानसेन ने भी मीराबाई के साथ गला मिलाया।

सम्राट अकबर सुनकर खुशी से झूम उठे थे। राणा विक्रमादित्य के कान तक यह खबर पहूंचते ही वे डर गये और मीरा को वापस घर लौटने के लिये राज पुरोहित के नेतृत्व में ब्राह्मणों का एक दल द्वारका में भेजा। लेकिन मीराबाई ना मानी। तब ब्राह्मणो ने आमरण अनशन शुरु कर दिया, रनछोड़जी के मन्दिर के बाहरी प्रांगण में बनी अतिथिशाला में।

बहुत कोशीश करने पर भी ब्राह्मणों ने कुछ भी खाने को अस्वीकार कर दिया। अब मीरा धर्म-संकट में पड़ गई। अगर वह वापस न गयी और ये लोग अगर दम तोड़ दिये तो उनके माथे पर ब्रह्म-हत्या का पाप लगेगा।

कहा जाता है कि इस घटना के उपरान्त मीराबाई ने अपने गिरधर-नागर से मिलने के लिये समुन्दर में आत्म-विसर्जन दे दिया। उनका देहावशेष मिला नहीं। कहावत ये भी है कि वे रनछोड़जी के मूर्ति में सशरीर समा गई।

इस प्रकार हिन्दी भाषा का सर्वप्रथम कवियत्री मीराबाई का जीवन का अन्त हुआ। मीराबाई इतिहास के एक ऐसे समय पर आई थीं जब और भी कई महापुरुषों का यहाँ आना हुआ था, जैसे तुलसीदास, परमपुरुष श्री चैतन्य के शिष्य, बृन्दावन के रूप (जीव) गोस्वामी प्रमुख। मीराबाई के साथ इन सबका मुलाकात या पत्रालाप भी हुआ था।

भक्तिकाल में कृष्णभक्ति शाखा के अंतर्गत आने वाले प्रमुख कवि हैं - सूरदास, नंददास, कृष्णदास, परमानंद दास, कुंभनदास, चतुर्भुजदास, छीतस्वामी, गोविन्दस्वामी, हितहरिवंश, गदाधर भट्ट, मीराबाई, स्वामी हरिदास, सूरदास-मदनमोहन, श्रीभट्ट, व्यास जी, रसखान, ध्रुवदास तथा चैतन्य महाप्रभु। तेरहवीं सदी तक धर्म के क्षेत्र में बड़ी अस्तव्यस्तता आ गई। जनता में सिद्धों और योगियों आदि द्वारा प्रचलित अंधविश्वास फैल रहे थे, शास्त्रज्ञान संपन्न वर्ग में भी रूढ़ियों और आडंबर की प्रधानता हो चली थी। मायावाद के प्रभाव से लोकविमुखता और निष्क्रियता के भाव समाज में पनपने लगे थे। ऐसे समय में भक्ति आंदोलन के रूप में ऐसा भारतव्यापी विशाल सांस्कृतिक आंदोलन उठा जिसने समाज में उत्कर्षविधायक सामाजिक और वैयक्तिक मूल्यों की प्रतिष्ठा की।

भक्ति आंदोलन का आरंभ दक्षिण के आलवार संतों द्वारा दसवीं सदी के लगभग हुआ। वहाँ शंकराचार्य के अद्वैतमत और मायावाद के विरोध में चार वैष्णव सम्प्रदाय खड़े हुए। इन चारों संम्प्रदायों ने उत्तर भारत में विष्णु के अवतारों का प्रचारप्रसार किया। इनमें से एक के प्रवर्तक रामानुजाचार्य थे, जिनकी शिष्य परंपरा में आनेवाले रामानंद ने (पंद्रहवीं सदी) उत्तर भारत में रामभक्ति का प्रचार किया। रामानंद के राम ब्रह्म के स्थानापन्न थे, जो राक्षसों का विनाश और अपनी लीला का विस्तार करने के लिए संसार में अवतीर्ण होते हैं। भक्ति के क्षेत्र में रामानंद ने ऊँचनीच का भेदभाव मिटाने पर विशेष बल दिया। राम के सगुण और निर्गुण दो रूपों को माननेवाले दो भक्तों - कबीर और तुलसी को इन्होंने प्रभावित किया। विष्णुस्वामी के शुद्धाद्वैत मत का आधार लेकर इसी समय बल्लभाचार्य ने अपना पुष्टिमार्ग चलाया। बारहवीं से सोलहवीं सदी तक पूरे देश में पुराणसम्मत कृष्णचरित के आधार पर कई संप्रदाय प्रतिष्ठित हुए, जिनमें सबसे ज्यादा प्रभावशाली वल्लभ का पुष्टिमार्ग था। उन्होंने शांकर मत के विरुद्ध ब्रह्म के सगुण रूप को ही वास्तविक कहा। उनके मत से यह संसार मिथ्या या माया का प्रसार नहीं है बल्कि ब्रह्म का ही प्रसार है, अतः सत्य है। उन्होंने कृष्ण को ब्रह्म का अवतार माना और उसकी प्राप्ति के लिए भक्त का पूर्ण आत्मसमर्पण आवश्यक बतलाया। भगवान् के अनुग्रह या पुष्टि के द्वारा ही भक्ति सुलभ हो सकती है। इस संप्रदाय में उपासना के लिए गोपीजनवल्लभ, लीलापुरुषोत्तम कृष्ण का मधुर रूप स्वीकृत हुआ। इस प्रकार उत्तर भारत में विष्णु के राम और कृष्ण अवतारों प्रतिष्ठा हुई।

यद्यपि भक्ति का स्रोत दक्षिण से आया, तथापि उत्तर भारत की नई परिस्थितियों में उसने एक नया रूप भी ग्रहण किया। मुसलमानों के इस देश में बस

जाने पर एक ऐसे भक्तिमार्ग की आवश्यकता थी जो हिंदू और मुसलमान दोनों को ग्राह्य हो। इसके अतिरिक्त निम्न वर्ग के लिए भी अधिक मान्य मत वही हो सकता था जो उन्हीं के वर्ग के पुरुष द्वारा प्रवर्तित हो। महाराष्ट्र के संत नामदेव ने 14वीं शताब्दी में इसी प्रकार के भक्तिमत का सामान्य जनता में प्रचार किया जिसमें भगवान् के सगुण और निर्गुण दोनों रूप गृहीत थे। कबीर के संतमत के ये पूर्वपुरुष हैं। दूसरी ओर सूफी कवियों ने हिंदुओं की लोककथाओं का आधार लेकर ईश्वर के प्रेममय रूप का प्रचार किया।

इस प्रकार इन विभिन्न मतों का आधार लेकर हिंदी में निर्गुण और सगुण के नाम से भक्तिकाव्य की दो शाखाएँ साथ साथ चलीं। निर्गुणमत के दो उपविभाग हुए - ज्ञानाश्रयी और प्रेमाश्रयी। पहले के प्रतिनिधि कबीर और दूसरे के जायसी हैं। सगुणमत भी दो उपधाराओं में प्रवाहित हुआ - रामभक्ति और कृष्णभक्ति। पहले के प्रतिनिधि तुलसी हैं और दूसरे के सूरदास।

भक्तिकाव्य की इन विभिन्न प्रणलियों की अपनी अलग अलग विशेषताएँ हैं, पर कुछ आधारभूत बातों का सन्निवेश सब में है। प्रेम की सामान्य भूमिका सभी ने स्वीकार की। भक्तिभाव के स्तर पर मनुष्यमात्र की समानता सबको मान्य है। प्रेम और करुणा से युक्त अवतार की कल्पना तो सगुण भक्तों का आधार ही है पर निर्गुणोपासक कबीर भी अपने राम को प्रिय, पिता और स्वामी आदि के रूप में स्मरण करते हैं। ज्ञान की तुलना में सभी भक्तों ने भक्तिभाव को गौरव दिया है। सभी भक्त कवियों ने लोकभाषा का माध्यम स्वीकार किया है।

ज्ञानश्रयी शाखा के प्रमुख कवि कबीर पर तात्कालिक विभिन्न धार्मिक प्रवृत्तियों और दार्शनिक मतों का सम्मिलित प्रभाव है। उनकी रचनाओं में धर्मसुधारक और समाजसुधारक का रूप विशेष प्रखर है। उन्होंने आचरण की शुद्धता पर बल दिया। बाह्याडंबर, रूढ़ियों और अंधविश्वासों पर उन्होंने तीव्र कशाघात किया। मनुष्य की क्षमता का उद्घोष कर उन्होंने निम्नश्रेणी की जनता में आत्मगौरव का भाव जगाया। इस शाखा के अन्य कवि रैदास, दादू हैं।

अपनी व्यक्तिगत धार्मिक अनुभूति और सामाजिक आलोचना द्वारा कबीर आदि संतों ने जनता को विचार के स्तर पर प्रभावित किया था। सूफी संतों ने अपने प्रेमाख्यानों द्वारा लोकमानस को भावना के स्तर पर प्रभावित करने का प्रयत्न किया। ज्ञानमार्गी संत कवियों की वाणी मुक्तकबद्ध है, प्रेममार्गी कवियों की प्रेमभावना लोकप्रचलित आख्यानों का आधार लेकर प्रबंधकाव्य के रूप में ख्यापित हुई है। सूफी ईश्वर को अनंत प्रेम और सौंदर्य का भंडार मानते हैं। उनके अनुसार ईश्वर को जीव

प्रेम के मार्ग से ही उपलब्ध कर सकता है। साधना के मार्ग में आनेवाली बाधाओं को वह गुरु या पीर की सहायता से साहसपूर्वक पार करके अपने परमप्रिय का साक्षात्कार करता है। सूफियों ने चाहे अपने मत के प्रचार के लिए अपने कथाकाव्य की रचना की हो पर साहित्यिक दृष्टि से उनका मूल्य इसलिए है कि उसमें प्रेम और उससे प्रेरित अन्य संवेगों की व्यंजना सहजबोध्य लौकिक भूमि पर हुई है। उनके द्वारा व्यंजित प्रेम ईश्वरोन्मुख है पर सामान्यतः यह प्रेम लौकिक भूमि पर ही संक्रमण करता है। परमप्रिय के सौंदर्य, प्रेमक्रीड़ा और प्रेमी के विरहोद्वेग आदि का वर्णन उन्होंने इतनी तन्मयता से किया है और उनके काव्य का मानवीय आधार इतना पुष्ट है कि आध्यात्मिक प्रतीकों और रूपकों के बावजूद उनकी रचनाएँ प्रेमसमर्पित कथाकाव्य की श्रेष्ठ कृतियाँ बन गई हैं। उनके काव्य का पूरा वातावरण लोकजीवन का और गार्हस्थिक है। प्रेमाख्यानकों की शैली फारसी के मसनवी काव्य जैसी है।

इस धारा के सर्वप्रमुख कवि जायसी हैं, जिनका पदमावत अपनी मार्मिक प्रेमव्यंजना, कथारस और सहज कलाविन्यास के कारण विशेष प्रशंसित हुआ है। इनकी अन्य रचनाओं में अखरावट और आखिरी कलाम आदि हैं, जिनमें सूफी संप्रदायसंगत बातें हैं। इस धारा के अन्य कवि हैं कुतबन, मंझन, उस्मान, शेख, नबी और नूरमुहम्मद आदि।

ज्ञानमार्गी शाखा के कवियों में विचार की प्रधानता है तो सूफियों की रचनाओं में प्रेम का एकांतिक रूप व्यक्त हुआ है। सगुण धारा के कवियों ने विचारात्मक शुष्कता और प्रेम की एकांगिता दूरकर जीवन के सहज उल्लासमय और व्यापक रूप की प्रतिष्ठा की। कृष्णभक्तिशाखा के कवियों ने आनंदस्वरूप लीलापुरुषोत्तम कृष्ण के मधुर रूप की प्रतिष्ठा कर जीवन के प्रति गहन राग को स्फूर्त किया। इन कवियों में सूरसागर के रचयिता महाकवि सूरदास श्रेष्ठतम हैं, जिन्होंने कृष्ण के मधुर व्यक्तित्व का अनेक मार्मिक रूपों में साक्षात्कार किया। ये प्रेम और सौंदर्य के निसर्गसिद्ध गायक हैं। कृष्ण के बालरूप की जैसी विमोहक, सजीव और बहुविध कल्पना इन्होंने की है वह अपना सानी नहीं रखती। कृष्ण और गोपियों के स्वच्छंद प्रेमप्रसंगों द्वारा सूर ने मानवीय राग का बड़ा ही निश्छल और सहज रूप उद्घाटित किया है। यह प्रेम अपने सहज परिवेश में सहयोगी भाववृत्तियों से संपृक्त होकर विशेष अर्थवान् हो गया है। कृष्ण के प्रति उनका संबंध मुख्यतः सख्यभाव का है। आराध्य के प्रति उनका सहज समर्पण भावना की गहरी से गहरी भूमिकाओं को स्पर्श करनेवाला है। सूरदास वल्लभाचार्य के शिष्य थे। वल्लभ के पुत्र बिट्ठलनाथ ने कृष्णलीलागान के लिए अष्टछाप के नाम से आठ कवियों का निर्वाचन किया था।

सूरदास इस मंडल के सर्वोत्कृष्ट कवि हैं। अन्य विशिष्ट कवि नंददास और परमानंददास हैं। नंददास की कलाचेतना अपेक्षाकृत विशेष मुखर है।

मध्ययुग में कृष्णभक्ति का व्यापक प्रचार हुआ और वल्लभाचार्य के पुष्टिमार्ग के अतिरिक्त अन्य भी कई संप्रदाय स्थापित हुए, जिन्होंने कृष्णकाव्य को प्रभावित किया। हितहरिवंश (राधावल्लभी संप्र.), हरिदास (टट्टी संप्र.), गदाधर भट्ट और सूरदास मदनमोहन (गौड़ीय संप्र.) आदि अनेक कवियों ने विभिन्न मतों के अनुसार कृष्णप्रेम की मार्मिक कल्पनाएँ कीं। मीरा की भक्ति दांपत्यभाव की थी जो अपने स्वतःस्फूर्त, कोमल और करुण प्रेमसंगीत से आंदोरिनत करती है। नरोत्तमदास, रसखान, सेनापति आदि इस धारा के अन्य अनेक प्रतिभाशाली कवि हुए जिन्होंने हिंदी काव्य को समृद्ध किया। यह सारा कृष्णकाव्य मुक्तक या कथाश्रित मुक्तक है। संगीतात्मकता इसका एक विशिष्ट गुण है।

कृष्णकाव्य ने भगवान् के मधुर रूप का उद्घाटन किया, पर उसमें जीवन की अनेकरूपता नहीं थी, जीवन की विविधता और विस्तार की मार्मिक योजना रामकाव्य में हुई। कृष्णभक्तिकाव्य में जीवन के माधुर्य पक्ष का स्फूर्तिप्रद संगीत था, रामकाव्य में जीवन का नीतिपक्ष और समाजबोध अधिक मुखरित हुआ। एक ने स्वच्छंद रागतत्व को महत्व दिया तो दूसरे ने मर्यादित लोकचेतना पर विशेष बल दिया। एक ने भगवान की लोकरंजनकारी सौंदर्यप्रतिमा का संगठन किया तो दूसरे ने उसके शक्ति, शील और सौंदर्यमय लोकमंगलकारी रूप को प्रकाशित किया। रामकाव्य का सर्वोत्कृष्ट वैभव रामचरितमानस के रचयिता तुलसीदास के काव्य में प्रकट हुआ, जो विद्याविद् ग्रियर्सन की दृष्टि में बुद्धदेव के बाद के सबसे बड़े जननायक थे। पर काव्य की दृष्टि से तुलसी का महत्व भगवान् के एक ऐसे रूप की परिकल्पना में है जो मानवीय सामर्थ्य और औदात्य की उच्चतम भूमि पर अधिष्ठित है। तुलसी के काव्य की एक बड़ी विशेषता उनकी बहुमुखी समन्वयभावना है जो धर्म, समाज और साहित्य सभी क्षेत्रों में सक्रिय है। उनका काव्य लोकोन्मुख है। उसमें जीवन की विस्तीर्णता के साथ गहराई भी है। उनका महाकाव्य रामचरितमानस राम के संपूर्ण जीवन के माध्यम से व्यक्ति और लोकजीवन के विभिन्न पक्षों का उद्घाटन करता है। उसमें भगवान् राम के लोकमंगलकारी रूप की प्रतिष्ठा है। उनका साहित्य सामाजिक और वैयक्तिक कर्तव्य के उच्च आदर्शों में आस्था दृढ़ करनेवाला है। तुलसी की विनयपत्रिका में आराध्य के प्रति, जो कवि के आदर्शों का राजीव प्रतिरूप है, उनका निरंतर और निश्छल समर्पणभाव, काव्यात्मक आत्माभिव्यक्ति का उत्कृष्ट दृष्टांत है। काव्याभिव्यक्ति के विभिन्न रूपों पर उनका समान अधिकार है। अपने समय में प्रचलित सभी काव्यशैलियों का उन्होंने सफल

प्रयोग किया। प्रबंध और मुक्तक की साहित्यिक शैलियों के अतिरिक्त लोकप्रचलित अवधी और ब्रजभाषा दोनों के व्यवहार में वे समान रूप से समर्थ हैं। तुलसी के अतिरिक्त रामकाव्य के अन्य रचयिताओं में अग्रदास, नाभादास, प्राणचंद चौहान और हृदयराम आदि उल्लेख्य हैं।

आज की दृष्टि से इस संपूर्ण भक्तिकाव्य का महत्व उसकी धार्मिकता से अधिक लोकजीवनगत मानवीय अनुभूतियों और भावों के कारण है। इसी विचार से भक्तिकाल को हिंदी काव्य का स्वर्ण युग कहा जा सकता है।

ज्ञानाश्रयी शाखा

इस शाखा के भक्त-कवि निर्गुणवादी थे और नाम की उपासना करते थे। गुरु को वे बहुत सम्मान देते थे और जाति-पाँति के भेदों को अस्वीकार करते थे। वैयक्तिक साधना पर वे बल देते थे। मिथ्या आडंबरों और रूढियों का वे विरोध करते थे। लगभग सब संत अपढ़ थे परंतु अनुभव की दृष्टि से समृद्ध थे। प्रायः सब सत्संगी थे और उनकी भाषा में कई बोलियों का मिश्रण पाया जाता है इसलिए इस भाषा को सधुक्कड़ी कहा गया है। साधारण जनता पर इन संतों की वाणी का जबरदस्त प्रभाव पड़ा है। इन संतों में प्रमुख कबीरदास थे। अन्य मुख्य संत-कवियों के नाम हैं—नानक, रैदास, दादूदयाल, सुंदरदास तथा मलूकदास।

प्रोफेसर महावीर सरन जैन ने निर्गुण भक्ति के स्वरूप के बारे में प्रश्न उठाए हैं तथा प्रतिपादित किया है कि संतों की निर्गुण भक्ति का अपना स्वरूप है जिसको वेदांत दर्शन के सन्दर्भ में व्याख्यायित नहीं किया जा सकता। उनके शब्द हैं—

भक्ति या उपासना के लिए गुणों की सत्ता आवश्यक है। ब्रह्म के सगुण स्वरूप को आधार बनाकर तो भक्ति/उपासना की जा सकती है किन्तु जो निर्गुण एवं निराकार है उसकी भक्ति किस प्रकार सम्भव है? निर्गुण के गुणों का आख्यान किस प्रकार किया जा सकता है? गुणातीत में गुणों का प्रवाह किस प्रकार माना जा सकता है? जो निरालम्ब है, उसको आलम्बन किस प्रकार बनाया जा सकता है। जो अरूप है, उसके रूप की कल्पना किस प्रकार सम्भव है। जो रागातीत है, उसके प्रति रागों का अर्पण किस प्रकार किया जा सकता है? रूपातीत से मिलने की उत्कंठा का क्या औचित्य हो सकता है। जो नाम से भी अतीत है, उसके नाम का जप किस प्रकार किया जा सकता है।

शास्त्रीय दृष्टि से उपर्युक्त सभी प्रश्न 'निर्गुण-भक्ति' के स्वरूप को ताल ठोंककर 'चेलैन्ज' देते हुए प्रतीत होते हैं। यहां यह उल्लेखनीय है कि संतों तथा

सूफियों की "भक्ति" की विशिष्ट पद्धति तथा विशिष्ट दृष्टि का वैज्ञानिक दृष्टि से विवेचन होना चाहिए। पूर्वाग्रहरहित एवं पक्षपातहीन मनःस्थिति में इसकी व्याख्या होनी चाहिए। इस सम्बन्ध में कुछ विचार सूत्र तत्सम्बन्धित क्षेत्र के अध्येताओं एवं अनुसंधित्सुओं के लिए प्रस्तुत है–

1. कबीर आदि संतों की दार्शनिक विवेचना करते समय आचार्य रामचन्द्र शुक्ल ने यह मान्यता स्थापित की है कि उन्होंने निराकार ईश्वर के लिए भारतीय वेदान्त का पल्ला पकड़ा है।

इस सम्बन्ध में जब हम शांकर अद्वैतवाद एवं संतों की निर्गुण भक्ति के तुलनात्मक पक्षों पर विचार करते हैं तो उपर्युक्त मान्यता की सीमायें स्पष्ट हो जाती हैं–

1. शांकर अद्वैतवाद में भक्ति को साधन के रूप में स्वीकार किया गया है, किन्तु उसे साध्य नही माना गया है। संतों ने (सूफियों ने भी) भक्ति को साध्य माना है।
2. शांकर अद्वैतवाद में मुक्ति के प्रत्यक्ष साधन के रूप में 'ज्ञान को ग्रहण किया गया है। वहाँ मुक्ति के लिए भक्ति का ग्रहण अपरिहार्य नहीं है। वहाँ भक्ति के महत्व की सीमा प्रतिपादित है। वहाँ भक्ति का महत्व केवल इस दृष्टि से है कि वह अन्तःकरण के मालिन्य का प्रक्षालन करने में समर्थ सिद्ध होती है। भक्ति आत्म-साक्षात्कार नहीं करा सकती, वह केवल आत्म साक्षात्कार के लिए उचित भूमिका का निर्माण कर सकती है। संतों ने अपना चरम लक्ष्य आत्म साक्षात्कार या भगवद्-दर्शन माना है तथा भक्ति के ग्रहण को अपरिहार्य रूप में स्वीकार किया है क्योंकि संतों की दृष्टि में भक्ति ही आत्म-साक्षात्कार या भगवद्दर्शन कराती है।

कृष्णाश्रयी शाखा

इस गुण की इस शाखा का सर्वाधिक प्रचार हुआ है। विभिन्न संप्रदायों के अंतर्गत उच्च कोटि के कवि हुए हैं। इनमें वल्लभाचार्य के पुष्टि-संप्रदाय के अंतर्गत अष्टछाप के सूरदास, कुम्भनदास, रसखान जैसे महान कवि हुए हैं। वात्सल्य एवं शृंगार के सर्वोत्तम भक्त-कवि सूरदास के पदों का परवर्ती हिंदी साहित्य पर सर्वाधिक प्रभाव पड़ा है। इस शाखा के कवियों ने प्रायः मुक्तक काव्य ही लिखा है। भगवान श्रीकृष्ण का बाल एवं किशोर रूप ही इन कवियों को आकर्षित कर पाया है इसलिए इनके काव्यों में श्रीकृष्ण के ऐश्वर्य की अपेक्षा माधुर्य का ही प्राधान्य रहा है। प्रायः

सब कवि गायक थे इसलिए कविता और संगीत का अद्भुत सुंदर समन्वय इन कवियों की रचनाओं में मिलता है। गीति-काव्य की जो परंपरा जयदेव और विद्यापति द्वारा पल्लवित हुई थी उसका चरम-विकास इन कवियों द्वारा हुआ है। नर-नारी की साधारण प्रेम-लीलाओं को राधा-कृष्ण की अलौकिक प्रेमलीला द्वारा व्यंजित करके उन्होंने जन-मानस को रसाप्लावित कर दिया। आनंद की एक लहर देश भर में दौड़ गई। इस शाखा के प्रमुख कवि थे सूरदास, नंददास, मीरा बाई, हितहरिवंश, हरिदास, रसखान, नरोत्तमदास वगैरह। रहीम भी इसी समय हुए।

रामाश्रयी शाखा

कृष्णभक्ति शाखा के अंतर्गत लीला-पुरुषोत्तम का गान रहा तो रामभक्ति शाखा के प्रमुख कवि तुलसीदास ने मर्यादा-पुरुषोत्तम का ध्यान करना चाहा। इसलिए आपने रामचंद्र को आराध्य माना और रामचरित मानस द्वारा राम-कथा को घर-घर में पहुंचा दिया। तुलसीदास हिंदी साहित्य के श्रेष्ठ कवि माने जाते हैं। समन्वयवादी तुलसीदास में लोकनायक के सब गुण मौजूद थे। आपकी पावन और मधुर वाणी ने जनता के तमाम स्तरों को राममय कर दिया। उस समय प्रचलित तमाम भाषाओं और छंदों में आपने रामकथा लिख दी। जन-समाज के उत्थान में आपने सर्वाधिक महत्वपूर्ण कार्य किया है। इस शाखा में अन्य कोई कवि तुलसीदास के समान उल्लेखनीय नहीं है तथापि अग्रदास, नाभादास तथा प्राण चन्द चौहान भी इस श्रेणी में आते हैं।

प्रेमाश्रयी शाखा

मुसलमान्द सूफी कवियों की इस समय की काव्य-धारा को प्रेममार्गी माना गया है क्योंकि प्रेम से ईश्वर प्राप्त होते हैं ऐसी उनकी मान्यता थी। ईश्वर की तरह प्रेम भी सर्वव्यापी तत्व है और ईश्वर का जीव के साथ प्रेम का ही संबंध हो सकता है, यह उनकी रचनाओं का मूल तत्व है। उन्होंने प्रेमगाथाएं लिखी हैं। ये प्रेमगाथाएं फारसी की मसनवियों की शैली पर रची गई हैं। इन गाथाओं की भाषा अवधी है और इनमें दोहा-चौपाई छंदों का प्रयोग हुआ है। मुसलमान होते हुए भी उन्होंने हिंदू-जीवन से संबंधित कथाएं लिखी हैं। खंडन-मंडन में न पड़कर इन फकीर कवियों ने भौतिक प्रेम के माध्यम से ईश्वरीय प्रेम का वर्णन किया है। ईश्वर को माशूक माना गया है और प्रायः प्रत्येक गाथा में कोई राजकुमार किसी राजकुमारी को प्राप्त करने के लिए नानाविध कष्टों का सामना करता है, विविध कसौटियों से पार होता है और तब

जाकर माशूक को प्राप्त कर सकता है। इन कवियों में मलिक मुहम्मद जायसी प्रमुख हैं। आपका पद्मावत महाकाव्य इस शैली की सर्वश्रेष्ठ रचना है। अन्य कवियों में प्रमुख हैं - मंझन, कुतुबन और उसमान।

कृष्ण भक्ति काव्यधारा की प्रमुख विशेषतायें

भारतीय धर्म और संस्कृति के इतिहास में कृष्ण सदैव एक अद्भुत व विलक्षण व्यक्तित्व माने जाते रहें है। हमारे प्राचीन ग्रंथों में यत्र-तत्र कृष्ण का उल्लेख मिलता है जिससे उनके जीवन के विभिन्न रूपों का पता चलता है। यदि वैदिक व संस्कृत साहित्य के आधार पर देखा जाए तो कृष्ण के तीन रूप सामने आते हैं–

1. बाल व किशोर रूप,
2. क्षत्रिय नरेश,
3. ऋषि व धर्मोपदेशक।

श्रीकृष्ण विभिन्न रूपों में लौकिक और अलौकिक लीलाएं दिखाने वाले अवतारी पुरूष हैं। गीता, महाभारत व विविध पुराणों में उन्ही के इन विविध रूपों के दर्शन होतें हैं।

कृष्ण महाभारत काल में ही अपने समाज में पूजनीय माने जाते थे। वे समय समय पर सलाह देकर धर्म और राजनीति का समान रूप से संचालन करते थे। लोगों में उनके प्रति श्रद्धा और आस्था का भाव था। कृष्ण भक्ति काव्य धारा के कवियों ने अपनी कविताओं में राधा-कृष्ण की लीलाओं को प्रमुख विषय बनाकर वृहद काव्य सृजन किया। इस काव्यधारा की प्रमुख विशेषतायें इस प्रकार हैं–

1. राम और कृष्ण की उपासना

समाज में अवतारवाद की भावना के फलस्वरूप राम और कृष्ण दोनों के ही रूपों का पूजन किया गया।

दोनों को ही पूर्ण ब्रह्म का प्रतीक मानकर, आदर्श मानव के रूप में प्रस्तुत किया गया।

किंतु जहाँ राम मर्यादा पुरुषोत्तम के रूप में सामने आते हैं, वहीं कृष्ण एक सामान्य परिवार में जन्म लेकर सामंती अत्याचारों का विरोध करते हैं। वे जीवन में अधिकार और कर्तव्य के सुंदर मेल का उदाहरण प्रस्तुत करते हैं।

वे जिस तन्मयता से गोपियों के साथ रास रचाते हैं, उसी तत्परता से राजनीति का संचालन करते हैं या फिर महाभारत के युद्ध भूमि में गीता उपदेश देते हैं।

इस प्रकार से राम व कृष्ण ने अपनी अपनी चारित्रिक विशेषताओं द्वारा भक्तों के मानस को आंदोलित किया।

2. राधा-कृष्ण की लीलाएं

कृष्ण-भक्ति काव्य धारा के कवियों ने अपनी कविताओं में राधा-कृष्ण की लीलाओं को प्रमुख विषय बनाया।

श्रीमदभागवत में कृष्ण के लोकरंजक रूप को प्रस्तुत किया गया था।

भागवत के कृष्ण स्वंय गोपियों से निर्लिप्त रहते हैं।

गोपियाँ बार-बार प्रार्थना करती है, तभी वे प्रकट होतें हैं जबकि हिन्दी कवियों के कान्हा एक रसिक छैला बनकर गोपियों का दिल जीत लेते है।

सूरदास जी ने राधा-कृष्ण के अनेक प्रसंगों का चित्रण कर उन्हें एक सजीव व्यक्तित्व प्रदान किया है।

हिन्दी कवियों ने कृष्ण के चरित्र को नाना रूप रंग प्रदान किये हैं, जो काफी लीलामयी व मधुर जान पड़ते हैं।

3. वात्सल्य रस का चित्रण

पुष्टिमार्ग प्रारंभ हुआ के बाल कृष्ण की उपासना का ही चलन था। अतः कवियों ने कृष्ण के बाल रूप को पहले पहले चित्रित किया।

यदि वात्सल्य रस का नाम लें तो सबसे पहले सूरदास का नाम आता है, जिन्हें आप इस विषय का विशेषज्ञ कह सकते हैं। उन्होंने कान्हा के बचपन की सूक्ष्म से सूक्ष्म गतिविधियाँ भी ऐसी चित्रित की है, मानो वे स्वयं वहाँ उपस्थित हों।

मैया कबहूँ बढेगी चोटि?

किनी बार मोहिं दूध पियत भई, यह अजहूँ है छोटी।

सूर का वात्सल्य केवल वर्णन मात्र नहीं है। जिन जिन स्थानों पर वात्सल्य भाव प्रकट हो सकता था, उन सब घटनाओं को आधार बनाकर काव्य रचना की गयी है। माँ यशोदा अपने शिशु को पालने में सुला रही हैं और निंदिया से विनती करती हैं की वह जल्दी से उनके लाल की अंखियों में आ जाए।

जसोदा हरी पालनै झुलावै।

हलरावै दुलराय मल्हरावै जोई सोई कछु गावै।

मेरे लाल कौ आउ निंदरिया, काहै मात्र आनि सुलावै।

तू काहे न बेगहि आवे, तो का कान्ह बुलावें।

कृष्ण का शैशव रूप घटने लगता है तो माँ की अभिलाषाएं भी बढ़ने लगती हैं। उसे लगता है कि कब उसका शिशु उसका शिशु उसका आँचल पकड़कर डोलेगा। कब, उसे माँ और अपने पिता को पिता कहके पुकारेगा, वह लिखते है

जसुमति मन अभिलाष करै,
कब मेरो लाल घुतरुवनी रेंगै, कब घरनी पग द्वैक भरे,
कब वन्दहिं बाबा बोलौ, कब जननी काही मोहि ररै,
रब घौं तनक-तनक कछु खेहे, अपने कर सों मुखहिं भरे
कब हसि बात कहेगौ मौ सौं, जा छवि तै दुख दूरि हरै।

सूरदास ने वात्सल्य में संयोग पक्ष के साथ-साथ वियोग का भी सुंदर वर्णन किया है। जब कंस का बुलावा लेकर अक्रूर आते हैं तो कृष्ण व बलराम को मथुरा जाना पङता है। इस अवसर पर सूरदास ने वियोग का मर्मूस्पर्शी चित्र प्रस्तुत किया है। यशोदा बार बार विनती करती हैं कि कोई उनके गोपाल को जाने से रोक ले।

जसोदा बार बार यों भारवै
है ब्रज में हितू हमारौ, चलत गोपालहिं राखै

जब उधौ कान्हा का संदेश लेकर आते हैं, तो माँ यशोदा का हृदय अपने पुत्र के वियोग में रो देता है, वह देवकी को संदेश भिजवाती हैं।

संदेस देवकी सों कहियो।
हों तो धाय तिहारे सुत की कृपा करत ही रहियो
उबटन तेल तातो जल देखत ही भजि जाने
जोई-चोर मांगत सोइ-सोइ देती करम-करम कर न्हाते।
तुम तो टेक जानतिही धै है ताऊ मोहि कहि आवै।
प्रातः उठत मेरे लाड लडैतहि माखन रोटी भावै।

4. शृंगार का वर्णन

कृष्ण भक्त कवियों ने कृष्ण व गोपियों के प्रेम वर्णन के रूप में पूरी स्वछंदता से शृंगार रस का वर्णन किया है। कृष्ण व गोपियों का प्रेम धीरे-धीरे विकसित होता है। कृष्ण, राधा व गोपियों के बीच अक्सर छेड़छाड़ चलती रहती है ।

तुम पै कौन दुहावै गैया
इत चितवन उन धार चलावत, यहै सिखायो मैया।
सूर कहा ए हमको जातै छाछहि बेचनहारि।

कवि विद्यापति ने कृष्ण के भक्त-वत्सल रूप को छोड़कर शृंगारिक नायक वाला रूप ही चित्रित किया है।

विद्यापति की राधा भी एक प्रवीण नायिका की तरह कहीं मुग्धा बनाती है, तो कभी कहीं अभिसारिका। विद्यापति के राधा-कृष्ण यौवनावस्था में ही मिलते हैं और उनमें प्यार पनपने लगता है।

प्रेमी नायक, प्रेमिका को पहली बार देखता है, तो रमनी की रूप पर मुग्ध हो जाता है।

सजनी भलकाए पेखन न मेल
मेघ-माल सयं तड़ित लता जनि
हिरदय सेक्ष दई गेल।

हे सखी ! मैं तो अच्छी तरह उस सुन्दरी को देख नही सका, क्योंकि जिस प्रकार बादलों की पंक्ति में एकाएक बिजली चमक कर छिप जाती है उसी प्रकार प्रिया के सुंदर शरीर की चमक मेरे हृदय में भाले की तरह उतर गयी और मै उसकी पीड़ा झेल रहा हूँ।

विद्यापति की राधा अभिसार के लिए निकलती है तो साँप पाँव में लिपट है। वह इसमें भी अपना भला मानती है, कम से कम पाँव में पड़े नूपुरों की आवाज तो बंद हो गयी।

इसी प्रकार विद्यापति वियोग में भी वर्णन करते हैं। कृष्ण के विरह में राधा की आकुलता, विवशता, दैन्य व निराशा आदि का मार्मिक चित्रण हुआ है।

सजनी, के कहक आओव मधाई।
विरह-पयोचि पार किए पाऊव, मझुम नहिं पति आई।
एखत तखन करि दिवस गमाओल, दिवस दिवस करि मासा।
मास-मास करि बरस गमाओल, छो लूँ जीवन आसा।
बरस-बरस कर समय गमाओल, खोल लूं कानुक आसे।
हिमकर-किरन नलिनी जदि जारन, कि कर्ण माधव मासे।

इस प्रकार कृष्ण भक्त कवियों ने प्रेम की सभी अवस्थाओं व भाव-दशाओं का सफलतापूर्वक चित्रण किया है।

5. भक्ति भावना

यदि भक्त-भावना के विषय में बात करें तो कृष्ण भक्त कवियों में सूरदास, कुंभनयास व मीरा का नाम उल्लेखनीय है।

सूरदासजी ने वल्लभाचार्य जी से दीक्षा ग्रहण कर लेने के पूर्व प्रथम रूप में भक्ति-भावना की व्यंजना की है।

नाथ जू अब कै मोहि उबारो
पतित में विख्यात पतित हौं पावन नाम विहारोव।

सूर के भक्ति काव्य में अलौकिकता और लौकितता, रागात्मकता और बौद्धिकता, माधुर्य और वात्सल्य सब मिलकर एकाकार हो गए हैं।

भगवान् कृष्ण के अनन्य भक्ति होने के नाते उनके मन से से सच्चे भाव निकलते हैं। उन्होंने ही भ्रमरनी परम्परा को नए रूप में प्रस्तुत किया। भक्त-शिरोमणि सूर ने इसमें सगुणोपासना का चित्रण, हृदय की अनुभूति के आधार पर किया है।

अंत में गोपियाँ अपनी आस्था के बल पर निर्गुण की उपासना का खंडन कर देती हैं।

उधौ मन नाहिं भए दस-बीस
एक हुतो सो गयो श्याम संग
को आराधै ईश।

मीराबाई कृष्ण को अपने प्रेमी ही नही, अपितु पति के रूप में भी स्मरण करती है। वे मानती हैं कि वे जन्म जन्म से ही कृष्ण की प्रेयसी व पत्नी रही हैं। वे प्रिय के प्रति आत्म निवेदन व उपालंभ के रूप में प्रणय वेदना की अभिव्यक्ति करती है।

देखो सईयां हरि मन काठ कियो
आवन कह गयो अजहूं न आयो, करि करि गयो
खान-पान सुध-बुध सब बिसरी कैसे करि मैं जियो
वचन तुम्हार तुमहीं बिसरै, मन मेरों हर लियो
मीरां कहे प्रभु गिरधर नागर, तुम बिन फारत हियो।

भक्ति काव्य के क्षेत्र में मीरा सगुण-निर्गुण श्रद्धा व प्रेम, भक्ति व रहस्यवाद के अन्तर को भरते हुए, माधुर्य भाव को अपनाती हैं। उन्हें तो अपने सांवरियां का ध्यान करने में, उनको हृदय की रागिनी सुनाने व उनके सम्मुख नृत्य करने में ही आनंद आता है।

आली रे मेरे नैणां बाण पड़ीं।
चित चढ़ी मेरे माधुरी मुरल उर बिच आन अड़ी।
कब की ठाढ़ी पंछ निहारूं अपने भवन खड़ी।

6. ब्रज भाषा व अन्य भाषाओं का प्रयोग

अनेक कवियों ने निःसंकोच कृष्ण की जन्मभूमि में प्रचलित ब्रज भाषा को ही अपने काव्य में प्रयुक्त किया। सूरदास व नंददास जैसे कवियों ने भाषा के रूप को इतना निखार दिया कि कुछ समय बाद यह समस्त उत्तरी भारत की साहित्यिक भाषा बन गई।

यद्यपि ब्रज भाषा के अतिरिक्त कवियों ने अपनी-अपनी मातृ भाषाओं में कृष्ण काव्य की रचना की। विद्यापति ने मैथिली भाषा में अनेक भाव प्रकट किए।

सप्ति हे कतहु न देखि मधाई
कांप शरीर धीन नहि मानस, अवधि निअर मेल आई
माधव मास तिथि भयो माधव अवधि कहए पिआ गेल।

मीरा ने राजस्थानी भाषा में अपने भाव प्रकट किए।

रमैया बिन नींद न आवै
नींद न आवै विरह सतावै, प्रेम की आंच हुलावै।

प्रमुख कवि

महाकवि सूरदास को कृष्ण भक्त कवियों में सबसे ऊँचा स्थान दिया जाता है। इनके द्वारा रचित ग्रंथों में "सूर-सागर", "साहित्य-लहरी" व "सूर-सारावली" उल्लेखनीय हैं। कवि कुंभनदास अष्टछाप कवियों में सबसे बड़े थे, इनके सौ के करीब पद संग्रहित हैं, जिनमें इनकी भक्ति भावना का स्पष्ट परिचय मिलता है।

संतन को कहाँ सींकरी सो काम।
कुंभनदास लाल गिरधर बिनु और सवै वे काम।

इसके अतिरिक्त परमानंद दास, कृष्णदास गोविंद स्वामी, छीतस्वामी व चतुर्भुज दास आदि भी अष्टछाप कवियों में आते हैं किंतु कवित्व की दृष्टि से सूरदास सबसे ऊपर हैं।

राधावल्लभ संप्रदाय के कवियों में "हित-चौरासी" बहुत प्रसिद्ध है, जिसे श्री हित हरिवंश जी ने लिखा है। हिंदी के कृष्ण भक्त कवियों में मीरा के अलावा बेलिकिशन रुक्मिनी के रचयिता पृथ्वीराज राठौर का नाम भी उल्लेखनीय है।

कृष्ण भक्ति धारा के कवियों ने अपने काव्य में भावात्मकता को ही प्रधानता दी। संगीत के माधुर्य से मानो उनका काव्य और निखर आया। इनके काव्य का भाव व कला पक्ष दोनों ही प्रौढ़ थे व तत्कालीन जन ने उनका भरपूर रसास्वादन किया। कृष्ण भक्ति साहित्य ने सैकड़ों वर्षो तक भक्तजनो का हृदय मुग्ध किया। हिन्दी साहित्य के इतिहास मे कृष्ण की लीलाओ के गान, कृष्ण के प्रति सख्य भावना आदि

की दृष्टि से ही कृष्ण काव्य का महत्व नही है, वरन आगे चलकर राधा कृष्ण को लेकर नायक नायिका भेद, नख शिख वर्णन आदि की जो परम्परा रीतिकाल में चली, उसके बीज इसी काव्य मे सन्निहित है।रीतिकालीन काव्य मे ब्रजभाषा को जो अलंकृत और कलात्मक रूप मिला, वह कृष्ण काव्य के कवियों द्वारा भाषा को प्रौढ़ प्रदान करने के कारण ही संभव हो सका।

प्रमुख कृष्णभक्त कवियों से मीरा बाई के सम्बन्ध

मीरा के गुरू रैदास

संत रैदास कबीर के समसामयिक कहे जाते हैं। मध्ययुगीन संतों में रैदास का महत्त्वपूर्ण स्थान है। अतः इनका समय सन् 1398 से 1518 ई. (1445 से 1575 ई.) के आस पास का रहा होगा। अंतः साक्ष्य के आधार पर रैदास का चर्मकार जाति का होना सिद्ध होता है–

संत रैदास काशी के रहने वाले थे। इन्हें रामानन्द का शिष्य माना जाता है परंतु अंतःसाक्ष्य के किसी भी स्रोत से रैदास का रामानन्द का शिष्य होना सिद्ध नहीं होता। इनके अतिरिक्त रैदास की कबीर से भी भेंट की अनेक कथाएँ प्रसिद्ध हैं, परंतु उनकी प्रामाणिकता सन्दिग्ध है। नाभादास कृत भक्तमाल३ में रैदास के स्वभाव और उनकी चारित्रिक उच्चता का प्रतिपादन मिलता है। प्रियादास कृत भक्तमाल की टीका के अनुसार चित्तौड़ की झालारानी उनकी शिष्या थीं, जो महाराणा सांगा की पत्नी थीं। इस दृष्टि से रैदास का समय सन् 1482-1527 ई. (सं. 1539-1584 वि.) अर्थात विक्रम की सोलहवीं सदी के अंत तक चला जाता है। कुछ लोगों का अनुमान कि यह चित्तौड़ की रानी मीराबाई ही थीं और उन्होंने रैदास का शिष्यत्व ग्रहण किया था। मीरा ने अपने अनेक पदों में रैदास का गुरु रूप में स्मरण किया है–

गुरु रैदास मिले मोहि पूरे, धुरसे कलम भिड़ी।
सत गुरु सैन दई जब आके जोत रली।

रैदास ने अपने पूर्ववर्ती और समसामायिक भक्तों के सम्बन्ध में लिखा है। उनके निर्देश से ज्ञात होता है कि कबीर की मृत्यु उनके सामने ही हो गयी थी। रैदास की अवस्था 120 वर्ष की मानी जाती है।

जन्म

मध्ययुगीन संतों में प्रसिद्ध रैदास के जन्म के संबंध में प्रामाणिक जानकारी उपलब्ध नहीं है। कुछ विद्वान काशी में जन्मे रैदास का समय 1482-1527 ई. के

बीच मानते हैं। रैदास का जन्म काशी में चर्मकार कुल में हुआ था। उनके पिता का नाम रगु और माता का नाम घुरविनिया बताया जाता है। रैदास ने साधु-सन्तों की संगति से पर्याप्त व्यावहारिक ज्ञान प्राप्त किया था। जूते बनाने का काम उनका पैतृक व्यवसाय था और उन्होंने इसे सहर्ष अपनाया। वह अपना काम पूरी लगन तथा परिश्रम से करते थे और समय से काम को पूरा करने पर बहुत ध्यान देते थे। उनकी समयानुपालन की प्रवृति तथा मधुर व्यवहार के कारण उनके सम्पर्क में आने वाले लोग भी बहुत प्रसन्न रहते थे।

व्यक्तित्व

रैदास के समय में स्वामी रामानन्द काशी के बहुत प्रसिद्ध प्रतिष्ठित सन्त थे। रैदास उनकी शिष्य-मण्डली के महत्त्वपूर्ण सदस्य थे। प्रारम्भ में ही रैदास बहुत परोपकारी तथा दयालु थे और दूसरों की सहायता करना उनका स्वभाव बन गया था। साधु-सन्तों की सहायता करने में उनको विशेष सुख का अनुभव होता था। वह उन्हें प्रायः मूल्य लिये बिना जूते भेंट कर दिया करते थे। उनके स्वभाव के कारण उनके माता-पिता उनसे अप्रसन्न रहते थे। कुछ समय बाद उन्होंने रैदास तथा उनकी पत्नी को अपने घर से अलग कर दिया। रैदास पड़ोस में ही अपने लिए एक अलग झोपड़ी बनाकर तत्परता से अपने व्यवसाय का काम करते थे और शेष समय ईश्वर-भजन तथा साधु-सन्तों के सत्संग में व्यतीत करते थे। कहते हैं, ये अनपढ़ थे, किंतु संत-साहित्य के ग्रंथों और गुरु-ग्रंथ साहब में इनके पद पाए जाते हैं।

वचनबद्धता

उनके जीवन की छोटी-छोटी घटनाओं से समय तथा वचन के पालन सम्बन्धी उनके गुणों का ज्ञान मिलता है। एक बार एक पर्व के अवसर पर पड़ोस के लोग गंगा-स्नान के लिए जा रहे थे। रैदास के शिष्यों में से एक ने उनसे भी चलने का आग्रह किया तो वे बोले, गंगा-स्नान के लिए मैं अवश्य चलता किन्तु एक व्यक्ति को आज ही जूते बनाकर देने का मैंने वचन दे रखा है। यदि आज मैं जूते नहीं दे सका तो वचन भंग होगा। गंगा स्नान के लिए जाने पर मन यहाँ लगा रहेगा तो पुण्य कैसे प्राप्त होगा? मन जो काम करने के लिए अन्तःकरण से तैयार हो वही काम करना उचित है। मन सही है तो इस कठौती के जल में ही गंगास्नान का पुण्य प्राप्त हो सकता है। कहा जाता है कि इस प्रकार के व्यवहार के बाद से ही कहावत प्रचलित हो गयी कि - मन चंगा तो कठौती में गंगा।

शिक्षा

रैदास ने ऊँच-नीच की भावना तथा ईश्वर-भक्ति के नाम पर किये जाने वाले विवाद को सारहीन तथा निरर्थक बताया और सबको परस्पर मिल जुल कर प्रेमपूर्वक रहने का उपदेश दिया। वे स्वयं मधुर तथा भक्तिपूर्ण भजनों की रचना करते थे और उन्हें भाव-विभोर होकर सुनाते थे। उनका विश्वास था कि राम, कृष्ण, करीम, राघव आदि सब एक ही परमेश्वर के विविध नाम हैं। वेद, कुरान, पुराण आदि ग्रन्थों में एक ही परमेश्वर का गुणगान किया गया है।

कृस्न, करीम, राम, हरि, राघव, जब लग एक न पेखा।
वेद कतेब कुरान, पुरानन, सहज एक नहिं देखा।।

उनका विश्वास था कि ईश्वर की भक्ति के लिए सदाचार, परहित - भावना तथा सद्व्यवहार का पालन करना अत्यावश्यक है। अभिमान त्याग कर दूसरों के साथ व्यवहार करने और विनम्रता तथा शिष्टता के गुणों का विकास करने पर उन्होंने बहुत बल दिया। अपने एक भजन में उन्होंने कहा है–

कह रैदास तेरी भगति दूरि है, भाग बड़े सो पावै।
तजि अभिमान मेटि आपा पर, पिपिलक हवै चुनि खावै।

उनके विचारों का आशय यही है कि ईश्वर की भक्ति बड़े भाग्य से प्राप्त होती है। अभिमान शून्य रहकर काम करने वाला व्यक्ति जीवन में सफल रहता है, जैसे कि विशालकाय हाथी शक्कर के कणों को चुनने में असमर्थ रहता है, जबकि लघु शरीर की पिपीलिका इन कणों को सरलतापूर्वक चुन लेती है। इसी प्रकार अभिमान तथा बड़प्पन का भाव त्याग कर विनम्रतापूर्वक आचरण करने वाला मनुष्य ही ईश्वर का भक्त हो सकता है।

सत्संग

शैशवावस्था से ही सत्संग के प्रति उनमें तीव्र अभिरूचि थी। अतः रामजानकी की मूर्ति बनाकर पूजन करने लगे थे। पिता ने किसी कारणवश उन्हें अपने से अलग कर दिया था और वे घर के पिछवाड़े छप्पर डालकर रहने लगे। ये परम संतोषी और उदार व्यक्ति थे। वे अपने बनाये हुये जूते बहुधा साधु-सन्तो में बांट दिया करते थे। इनकी विरक्ति के सम्बन्ध में एक प्रसंग मिलता है कि एक बार किसी महात्मा ने उन्हें पारस पत्थर दिया जिसका उपयोग भी उसने बता दिया। पहले तो सन्त रैदास ने उसे लेना ही अस्वीकार कर दिया। किन्तु बार - बार आग्रह करने पर उन्होंने ग्रहण

कर लिया और अपने छप्पर में खोंस देने के लिये कहा। तेरह दिन के बाद लौटकर उक्त साधु ने जब पारस पत्थर के बारे में पूछा तो संत रैदास का उत्तर था कि जहां रखा होगा, वहीं से उठा लो और सचमुच वह पारस पत्थर वहीं पड़ा मिला।

सत्य

सन्त रैदास ने सत्य को अनुपम और अनिवर्चनीय कहा है। वह सर्वत्र एक रस है। जिस प्रकार जल में तरंगे है उसी प्रकार सारा विश्व उसमें लक्षित होता है। वह नित्य, निराकार तथा सबके भीतर विद्यमान है। सत्य का अनुभव करने के लिये साधक को संसार के प्रति अनासक्त होना पड़ेगा। संत रैदास के अनुसार प्रेममूलक भक्ति के लिये अहंकार की निवृत्ति आवश्यक है। भक्ति और अहंकार एक साथ संभव नहीं है। जब तक साधक अपने साध्य के चरणों में अपना सर्वस्व अर्पण नहीं करता तब तक उसे लक्ष्य की सिद्धि नहीं हो सकती।

साधना

सन्त रैदास मध्ययुगीन इतिहास के संक्रमण काल में हुए थे। ब्राह्मणों की पैशाविक मनोवृत्ति से दलित और उपेक्षित पशुवत जीवन व्यतीत करने के लिये बाध्य थे। यह सब उनकी मानसिकता को उद्वेलित करता था। सन्त रैदास की समन्वयवादी चेतना इसी का परिणाम है। उनकी स्वानुभूतिमयी चेतना ने भारतीय समाज में जागृति का संचार किया और उनके मौलिक चिन्तन ने शोषित और उपेक्षित शूद्रो में आत्मविश्वास का संचार किया। परिणामतः वह ब्राह्मणवाद की प्रभुता के सामने साहसपूर्वक अपने अस्तित्व की घोषणा करने में सक्षम हो गये। सन्त रैदास ने मानवता की सेवा में अपना सर्वस्व समर्पित कर दिया। सन्त रैदास के मन में इस्लाम के लिए भी आस्था का समान भाव था। कबीर की वाणी में जहाँ आक्रोश की अभिव्यक्ति है, वहीं दूसरी ओर सन्त रैदास की रचनात्मक दृष्टि दोनो धर्मो को समान भाव से मानवता के मंच पर लाती है। सन्त रैदास वस्तुतः मानव धर्म के संस्थापक थे।

धर्म

वर्णाश्रम धर्म को समूल नष्ट करने का संकल्प, कुल और जाति की श्रेष्ठता की मिथ्या सिद्धि सन्त रैदास द्वारा अपनाये गये समन्वयवादी मानवधर्म का ही एक अंग है जिसे उन्होंने मानवतावादी समाज के रूप में संकल्पित किया था। जन्म जात मत पूछिये, का जात अरू पात। रविदास पूत सभ प्रभ के कोउ नहि जात कुजात।

भक्ति

उपनिषदों से लेकर महर्षि नारद और शाण्डिल्य ने भक्ति तत्व की अनेक प्रकार से व्याख्या की है। रैदास ने भक्ति में रागात्मिका वृत्ति को ही महत्व दिया है। नाम मार्ग और प्रेम भक्ति उनकी अष्टांग साधना में ही है। रैदास की अष्टांग साधना पद्धति उनकी स्वतंत्र व स्वछंद चेतना का प्रवाह है। यह साधना पूर्णतः मौलिक है।

समाज पर प्रभाव

रैदास की वाणी, भक्ति की सच्ची भावना, समाज के व्यापक हित की कामना तथा मानव प्रेम से ओत-प्रोत होती थी। इसलिए उनकी शिक्षाओं का श्रोताओं के मन पर गहरा प्रभाव पड़ता था। उनके भजनों तथा उपदेशों से लोगों को ऐसी शिक्षा मिलती थी जिससे उनकी शंकाओं का सन्तोषजनक समाधान हो जाता था और लोग स्वतः उनके अनुयायी बन जाते थे। उनकी वाणी का इतना व्यापक प्रभाव पड़ा कि समाज के सभी वर्गों के लोग उनके प्रति श्रद्धालु बन गये। कहा जाता है कि मीराबाई उनकी भक्ति-भावना से बहुत प्रभावित हुईं और उनकी शिष्या बन गयी थीं।

वर्णाभ अभिमान तजि, पद रज बंदहिजासु की।
सन्देह-ग्रन्थि खण्डन-निपन, बानि विमुल रैदास की।।

रचनाएँ

रैदास अनपढ़ कहे जाते हैं। संत-मत के विभिन्न संग्रहों में उनकी रचनाएँ संकलित मिलती हैं। राजस्थान में हस्तलिखित ग्रंथों में रूप में भी उनकी रचनाएँ मिलती हैं। रैदास की रचनाओं का एक संग्रह बेलवेडियर प्रेस, प्रयाग से प्रकाशित हो चुका है। इसके अतिरिक्त इनके बहुत से पद गुरु ग्रंथ साहिब में भी संकलित मिलते हैं। यद्यपि दोनों प्रकार के पदों की भाषा में बहुत अंतर है तथापि प्राचीनता के कारण गुरु ग्रंथ साहब में संगृहीत पदों को प्रमाणिक मानने में कोई आपत्ति नहीं होनी चाहिए। रैदास के कुछ पदों पर अरबी और फारसी का प्रभाव भी परिलक्षित होता है। रैदास के अनपढ़ और विदेशी भाषाओं से अनभिज्ञ होने के कारण ऐसे पदों की प्रामाणिकता में सन्देह होने लगता है। अतः रैदास के पदों पर अरबी-फारसी के प्रभाव का अधिक संभाव्य कारण उनका लोकप्रचलित होना ही प्रतीत होता है।

महत्व

आज भी सन्त रैदास के उपदेश समाज के कल्याण तथा उत्थान के लिए अत्यधिक महत्त्वपूर्ण हैं। उन्होंने अपने आचरण तथा व्यवहार से यह प्रमाणित कर दिया है कि मनुष्य अपने जन्म तथा व्यवसाय के आधार पर महान नहीं होता है। विचारों की श्रेष्ठता, समाज के हित की भावना से प्रेरित कार्य तथा सद्व्यवहार जैसे गुण ही मनुष्य को महान बनाने में सहायक होते हैं। इन्हीं गुणों के कारण सन्त रैदास को अपने समय के समाज में अत्याधिक सम्मान मिला और इसी कारण आज भी लोग इन्हें श्रद्धापूर्वक स्मरण करते हैं। संत कवि रैदास उन महान सन्तों में अग्रणी थे, जिन्होंने अपनी रचनाओं के माध्यम से समाज में व्याप्त बुराइयों को दूर करने में महत्त्वपूर्ण योगदान किया। इनकी रचनाओं की विशेषता लोक-वाणी का अद्भुत प्रयोग रही हैं जिससे जनमानस पर इनका अमिट प्रभाव पड़ता है।

मधुर एवं सहज संत रैदास की वाणी ज्ञानाश्रयी होते हुए भी ज्ञानाश्रयी एवं प्रेमाश्रयी शाखाओं के मध्य सेतु की तरह है। गृहस्थाश्रम में रहते हुए भी रैदास उच्च-कोटि के विरक्त संत थे। उन्होंने ज्ञान-भक्ति का ऊंचा पद प्राप्त किया था। उन्होंने समता और सदाचार पर बहुत बल दिया। वे खंडन-मंडन में विश्वास नहीं करते थे। सत्य को शुद्ध रूप में प्रस्तुत करना ही उनका ध्येय था। रैदास का प्रभाव आज भी भारत में दूर-दूर तक फैला हुआ है। इस मत के अनुयायी रैदासी या रविदासी कहलाते हैं।

रैदास की विचारधारा और सिद्धांतों को संत-मत की परम्परा के अनुरूप ही पाते हैं। उनका सत्यपूर्ण ज्ञान में विश्वास था। उन्होंने भक्ति के लिए परम वैराग्य अनिवार्य माना जाता है। परम तत्त्व सत्य है, जो अनिवर्चनीय है—यह परमतत्त्व एकरस है तथा जड़ और चेतन में समान रूप से अनुस्यूत है। वह अक्षर और अविनश्वर है और जीवात्मा के रूप में प्रत्येक जीव में अवस्थित है। संत रैदास की साधनापद्धति का क्रमिक विवेचन नहीं मिलता है। जहाँ-तहाँ प्रसंगवश संकेतों के रूप में वह प्राप्त होती है। विवेचकों ने रैदास की साधना में अष्टांग योग आदि को खोज निकाला है। संत रैदास अपने समय के प्रसिद्ध महात्मा थे। कबीर ने संतनि में रविदास संत कहकर उनका महत्त्व स्वीकार किया इसके अतिरिक्त नाभादास, प्रियादास, मीराबाई आदि ने रैदास का ससम्मान स्मरण किया है। संत रैदास ने एक पंथ भी चलाया, जो रैदासी पंथ के नाम से प्रसिद्ध है। इस मत के अनुयायी पंजाब, गुजरात, उत्तर प्रदेश आदि में पाये जाते हैं।

मीरा बाई और तुलसीदास

ऐसी मान्यता है कि मीरा बाई और तुलसीदास के बीच पत्राचार हुआ था। पत्रचार का स्वरूप इस तरह था।

तुलसीदास को मीराबाई का पत्र–

स्वस्ति श्री तुलसी कुलभूषण दूषन- हरन गोसाई।
बारहिं बार प्रनाम करहूँ अब हरहूँ सोक- समुदाई।।
घर के स्वजन हमारे जेते सबन्ह उपाधि बढ़ाई।
साधु- सग अरु भजन करत माहिं देत कलेस महाई।।
मेरे माता- पिता के समहौ, हरिभक्तन्ह सुखदाई।
हमको कहा उचित करिबो है, सो लिखिए समझाई।।

मीराबाई के पत्र का जबाव तुलसी दास ने इस प्रकार दिया–

जाके प्रिय न राम बैदेही।
सो नर तजिए कोटि बैरी सम जद्यपि परम सनेहा।।
नाते सबै राम के मनियत सुह्मद सुसंख्य जहाँ लौ।
अंजन कहा आँखि जो फूटे, बहुतक कहो कहां लौ।।

प्रयाग के पास चित्रकूट जिले में राजापुर नामक एक ग्राम है, वहाँ आत्माराम दूबे नामके एक प्रतिष्ठित सरयूपारीण ब्राह्मण रहते थे। उनकी धर्मपत्नी का नाम हुलसी था। संवत 1554 की श्रावण शुकला सप्तमी के दिन अभुक्त मूल नक्षत्र में इन्हीं भाग्यवान दम्पति के यहाँ बारह महीने तक गर्भ में रहने के पश्चात् गोस्वामी जी का जन्म हुआ ।

भगवान शंकरजी की प्रेरणा से रामशैल पर रहनेवाले श्री अनन्तानन्द जी के प्रिय शिष्य श्रीनरहर्यानन्द जी ने इस बालक को ढूँढ़ निकाला और उसका नाम रामबोला रखा। उसे वे अयोध्या (उत्तर प्रदेश प्रान्त का एक नगर है।) ले गये और वहाँ संवत् 1561 माघ शुक्ला पंचमी शुक्रवारको उसका यज्ञोपवीत-संस्कार कराया। बिना सिखाये ही बालक रामबोला ने गायत्री मन्त्र उच्चारण किया, जिसे देखकर सब लोग चकित हो गये। इसके बाद नरहरि स्वामी ने वैष्णवों के पाँच संस्कार करके रामबोला को राममन्त्र की दीक्षा दी और अयोध्या में ही रहकर उन्हें विद्याध्ययन कराने लगे। बालक रामबोला की बुद्धि बड़ी प्रखर थी। एक बार गुरुमुख से जो सुन लेते थे, उन्हे वह कंठस्थ हो जाता था। वहाँ से कुछ दिन बाद गुरु-शिष्य दोनों सूकरक्षेत्र (सोरों) पहुंचे। वहाँ श्रीनरहरी जी ने तुलसीदास को रामचरित सुनाया। कुछ दिन बाद

वह काशी चले आये। काशी में शेषसनातन जी के पास रहकर तुलसीदास ने पन्द्रह वर्ष तक वेद-वेदाङ्ग का अध्ययन किया। इधर उनकी लोकवासना कुछ जाग्रत हो उठी और अपने विद्यागुरु से आज्ञा लेकर वे अपनी जन्मभूमि को लौट आये। वहाँ आकर उन्होंने देखा कि उनका परिवार सब नष्ट हो चुका है। उन्होंने विधिपूर्वक अपने पिता आदि का श्राद्ध किया और वहीं रहकर लोगों को भगवान् राम की कथा सुनाने लगे।

संन्यास

संवत् 1583 ज्येष्ठ शुक्ला 13 गुरुवार को भारद्वाज गोत्र की एक सुन्दरी कन्या के साथ उनका विवाह हुआ और वे सुखपूर्वक अपनी नवविवाहिता वधू के साथ रहने लगे। एक बार उनकी स्त्री भाई के साथ अपने मायके चली गयी। पीछे-पीछे तुलसीदासजी भी वहाँ जा पहुँचे। उनकी पत्नी ने इसपर उन्हें बहुत धिक्कारा और कहा कि मेरे इस हाड़-मांसके शरीरमें जितनी तुम्हारी आसक्ति है, उससे आधी भी यदि भगवान् में होती तो तुम्हारा बेड़ा पार हो गया होता।

तुलसीदासजी को ये शब्द लग गये। वे एक क्षण भी नहीं रुके, तुरंत वहाँ से चल दिये। वहाँ से चलकर तुलसीदासजी प्रयाग आये। वहाँ उन्होंने गृहस्थवेश का परित्याग कर साधुवेश ग्रहण किया। फिर तीर्थाटन करते हुये काशी पहुँचे। मानसरोवर के पास उन्हें काकभुशुण्डिजी के दर्शन हुए।

श्रीराम से भेंट

काशी में तुलसीदास जी रामकथा कहने लगे। वहाँ उन्हें एक दिन एक प्रेत मिला, जिसने उन्हें हनुमान जी का पता बतलाया। हनुमान जी से मिलकर तुलसीदास जी ने उनसे श्रीरघुनाथ जी का दर्शन कराने की प्राथना की। हनुमान जी ने कहा, तुम्हे चित्रकूट में रघुनाथ जी के दर्शन होंगे। इस पर तुलसीदास जी चित्रकूट की ओर चल पड़े।

चित्रकूट पहुँच कर राम घाट पर उन्होंने अपना आसन जमाया। एक दिन वे प्रदक्षिणा करने निकले थे। मार्ग में उन्हें श्रीराम के दर्शन हुए। उन्होंने देखा कि दो बड़े ही सुन्दर राजकुमार घोड़ों पर सवार होकर धनुष-बाण लिये जा रहे हैं। तुलसीदास जी उन्हें देख कर मुग्ध हो गये, परंतु उन्हें पहचान न सके। पीछे से हनुमान जी ने आकर उन्हें सारा भेद बताया तो वे बड़ा पश्चाताप करने लगे। हनुमान जी ने उन्हें सात्वना दी और कहा प्रातःकाल फिर दर्शन होंगे।

संवत् 1607 की मौनी अमावस्या बुधवार के दिन उनके सामने भगवान् श्रीराम पुनः प्रकट हुए। उन्होंने बालक-रूप में तुलसीदास जी से कहा-- बाबा! हमें चन्दन दो। हनुमान जी ने सोचा, वे इस बार भी धोखा न खा जायें, इसलिये उन्होंने तोते का रूप धारण करके यह दोहा कहा-

चित्रकूट के घाट पर भयि संतन की भीर।
तुलसीदास चंदन घिसें तिलक देत रघुबीर

तुलसीदास जी उस अद्भुत छवि को निहार कर शरीर की सुधि भूल गये। भगवान ने अपने हाथ से चन्दन लेकर अपने तथा तुलसीदास जी के मस्तक पर लगाया और अन्तर्धान हो गये।

संस्कृत में पद्य-रचना

संवत 1628 में ये हनुमान जी की आज्ञा से अयोध्या की ओर चल पड़े। उन दिनों प्रयाग में माघ मेला था। वहाँ कुछ दिन वे ठहर गये। पर्व के छः दिन बाद एक वट-वृक्ष के नीचे उन्हें भारद्वाज और याज्ञवल्क्य मुनि के दर्शन हुए। वहाँ उस समय वही कथा हो रही थी, जो उन्होने सूकर-क्षेत्र में अपने गुरु से सुनी थी। वहाँ से ये काशी चले आये और वहाँ प्रह्लाद-घाट पर एक ब्राह्मण के घर निवास किया। वहाँ उनके अंदर कवित्व शक्ति का स्फुरण हुआ और वे संस्कृत में पद्य-रचना करने लगे। परंतु दिन में वे जितने पद्य रचते, रात्रि में वे सब लुप्त हो जाते। यह घटना रोज घटती। आठवें दिन तुलसीदास जी को स्वप्न हुआ। भगवान् शंकर ने उन्हें आदेश दिया कि तुम अपनी भाषा में काव्य रचना करो। तुलसीदास जी की नींद उचट गयी। वे उठ कर बैठ गये। उसी समय भगवान् शिव और पार्वती उनके सामने प्रकट हुए। तुलसीदास जी ने उन्हें साष्टाङ्ग प्रणाम किया। शिव जी ने कहा- तुम अयोध्या में जाकर रहो और हिंदी में काव्य-रचना करो। मेरे आशीर्वाद से तुम्हारी कविता सामवेद के समान फलवती होगी। इतना कह कर गौरीशंकर अन्तर्धान हो गये। तुलसीदास जी उनकी आज्ञा शिरोधार्य कर काशी से अयोध्या चले आगे।

रामचरितमानस की रचना

संवत् 1631 का प्रारम्भ हुआ। उस दिन राम-नवमी के दिन प्रायः वैसा ही योग था जैसा त्रेता-युग में राम जन्म के दिन था। उस दिन प्रातःकाल श्रीतुलसीदास जी ने श्रीरामचरितमानस की रचना प्रारम्भ की। दो वर्ष, सात महीने, छब्बीस दिन

में ग्रन्थ की समाप्ति हुई। संवत् 1633 के मार्गशीर्ष शुक्लपक्ष में राम-विवाह के दिन सातों काण्ड पूर्ण हो गये।

इसके बाद भगवान की आज्ञा से तुलसीदास जी काशी चले आये। वहाँ उन्होंने भगवान् विश्वनाथ और माता अन्नपूर्णा को श्रीरामचरितमानस सुनाया। रात को पुस्तक श्री विश्वनाथ जी के मन्दिर में रख दी गयी। सवेरे पट खोला गया तो उस पर लिखा हुआ पाया गया- सत्यं शिवं सुन्दरम्। उस समय उपस्थित लोगों ने सत्यं शिवं सुन्दरम् की आवाज भी कानों से सुनी।

इधर पण्डितों ने जब यह बात सुनी तो उनके मन में ईर्ष्र्या उत्पन्न हुई। वे दल बाँध कर तुलसीदास जी की निन्दा करने लगे और उस पुस्तक को नष्ट कर देने का प्रयत्न करने लगे। उन्होने पुस्तक चुराने के लिये दो चोर भेजे। चोरों ने जाकर देखा कि तुलसीदास जी की कुटी के आसपास दो वीर धनुष-बाण लिये पहरा दे रहे हैं। वे बड़े ही सुन्दर श्याम और गौर वर्ण के थे। उनके दर्शन से चोरों की बुद्धि शुद्ध हो गयी। उन्होंने उसी समय से चोरी करना छोड़ दिया और भजन में लग गये। तुलसीदास जी ने अपने लिये भगवान को कष्ट हुआ जान कुटी का सारा सामान लुटा दिया, पुस्तक अपने मित्र टोडरमल के यहाँ रख दी। इसके बाद उन्होंने एक दूसरी प्रति लिखी। उसी के आधार पर दूसरी प्रतिलिपियाँ तैयार की जाने लगीं। पुस्तक का प्रचार दिनों दिन बढ़ने लगा।

इधर पण्डितों ने और कोई उपाय न देख श्रीमधुसूदन सरस्वती जी को उस पुस्तक को देखने की प्रेरणा की। श्रीमधुसूदन सरस्वती जी ने उसे देखकर बड़ी प्रसन्नता प्रकट की और उस पर यह सम्मति लिख दी-

आनन्दकानने ह्यास्मिंजङ्गमस्तुलसीतरुः।
कवितामंुजरी भाति रामभ्रमरभूषिता।।

इस काशीरूपी आनन्दवनमें तुलसीदास चलता-फिरता तुलसी का पौधा है। उसकी कविता-रूपी मंुजरी बड़ी ही सुन्दर है, जिस पर श्रीराम-रूपी भँवरा सदा मँडराया करता है।

पण्डितों को इस पर भी संतोष नहीं हुआ। तब पुस्तक की परीक्षा का एक उपाय और सोचा गया। भगवान् विश्वनाथ के सामने सबसे ऊपर वेद, उनके नीचे शास्त्र, शास्त्रों के नीचे पुराण और सबके नीचे रामचरितमानस रख दिया गया। प्रातःकाल जब मन्दिर खोला गया तो लोगों ने देखा कि श्रीरामचरितमानस वेदों के ऊपर रखा हुआ है। अब तो पण्डित लोग बड़े लज्जित हुए। उन्होंने तुलसीदास जी से क्षमा माँगी और भक्ति से उनका चरणोदक लिया।

मृत्यु

तुलसीदास जी अब असी-घाट पर रहने लगे। रात को एक दिन कलियुग मूर्तरूप धारण कर उनके पास आया और उन्हें त्रास देने लगा। गोस्वामी जी ने हनुमान जी का ध्यान किया। हनुमान जी ने उन्हें विनय के पद रचने को कहाय इस पर गोस्वामी जी ने विनय-पत्रिका लिखी और भगवान के चरणों में उसे समर्पित कर दी। श्रीराम ने उस पर अपने हस्ताक्षर कर दिये और तुलसीदास जी को निर्भय कर दिया।

संवत् 1680 श्रावण कृष्ण तृतीया शनिवार को गोस्वामी जी ने राम-राम कहते हुए अपना शरीर परित्याग किया।

तुलसीदास कृत मुख्य ग्रंथ

रामचरितमानस-तुलसीदास (लम्बी रचना)
कवितावली-तुलसीदास (लम्बी रचना)
विनयावली-तुलसीदास (लम्बी रचना)
विनय पत्रिका-तुलसीदास (सम्पूर्ण)
गीतावली-तुलसीदास (लम्बी रचना)
दोहावली-तुलसीदास (लम्बी रचना)
कवित्तरामायण-तुलसीदास (लम्बी रचना)
रामलला नहछू-तुलसीदास (लम्बी रचना)
बरवै रामायण-तुलसीदास (लम्बी रचना)
वैराग्य संदीपन-तुलसीदास (लम्बी रचना)
रामाज्ञा-तुलसीदास (लम्बी रचना)
दोहावली-तुलसीदास (लम्बी रचना)
पार्वती-मंगल-तुलसीदास (लम्बी रचना)
श्रीकृष्ण गीतावली-तुलसीदास (लम्बी रचना)
जानकी -मंगल-तुलसीदास (लम्बी रचना)

इसके अतिरिक्त रामसतसई, संकटमोचन, हनुमान बाहुक, रामनाम मणि, कोष मंजूषा, रामशलाका, हनुमान चालीसा आदि आपके ग्रंथ भी प्रसिद्ध हैं।

प्रबंधकार कवि के रूप में तुलसीदास

संस्कत तथा पाश्चात्य काव्यशास्त्र के अनुसार प्रबंध काव्य के लक्षण हैं कथा का विस्तार, कथानायक का क्रमबद्ध चरित्रांकन, घटनाओं तथा प्रसंगों का सानुबंध

चित्रण, कथा–क्रम तथा उसी के अनुरूप पद्यों का पूर्वापर संबंध, कथानक–शिल्प का संतुलित सुनियोजन तथा कसावट, रस की सतत् धारा का प्रवाहमान होना। शिल्प क्षेत्र में उसमें मंगलाचरण होता है, वह सर्गबद्ध होता है। प्रबंध काव्य से मुक्तक काव्य का अंतर बताते हुए आचार्य शुक्ल ने लिखा है, "मुक्तक में प्रबंध के समान रसधारा नहीं रहती इसमें तो रस छींटे पड़ते हैं जिससे हृदय-कलिका थोड़ी देर के लिए खिल उठती है। यदि प्रबंध काव्य उधर मुक्तक काव्य की परिभाषा देते हुए **ध्वन्यालंकार** लिखता है–

पूर्वापर निरपेक्षापि हि येन रसचर्वणा क्रियते तदेव मुक्तकम्

अर्थात मुक्तक काव्य के छंदों में पूर्वापर संबंध अपेक्षित नहीं होता है; प्रत्येक छंद अपनी स्वतः सत्ता रखता है और वह रसास्वादन में पूर्ण रूप से स्वतंत्र होता है। कवि किसी रमणीय दृश्य प्रसंग, मनोदशा को इस प्रकार चित्रित कर देता है कि पाठक या श्रोता कुछ क्षणों के लिए मंत्रमुग्ध होकर रस में आप्लावित हो उठता है। इसमें कवि संक्षेप में, पर कसी हुई शब्दावली में ऐसी भावधारा प्रवाहित करता है कि पाठक कुछ क्षणों के लिए मुग्ध और मग्न हो उठता है। कवितावली का नामकरण तथा रचना का लम्बा समय इस बात को स्पष्ट संकेत है कि कवि ने समय-समय पर इन छंदों की रचना की थी और बाद में उन्हें विषय संकलित कर इन्हें सात खंडों में विभाजित और संगृहीत कर दिया। कवितावली का अर्थ ही है कवित्तों की अवली, पद का संग्रह। प्रबंध-रचना एक निश्चित कालावधि में लिखी जाती है, पर वह कालावधि सीमित होती है, जबकि कवितावली का रचना-कला लगभग 50 वर्ष तक फैला हुआ है। इन छंदों की रचना कवि ने प्रबंध और मुक्तक को ध्यान में रखकर नहीं की थी। जब जिस प्रसंग को आकृष्ट किया उन्होंने उस पर छंद लिख दिये।

प्रबंध काव्य में कथा के आग्रह से कवि को उन स्थलों, घटनाओं, प्रसंगों का भी चित्रण करना पड़ता है जो उसे विशेष आकृष्ट नहीं करते, जिनमें उनका मन नहीं रमता। अतः प्रबंध काव्यों में कुछ स्थलों का निरूपण चलताऊ ढंग से कर दिया जाता है और वे नीरस तथा इतिवृत्तात्म होते हैं। मुक्तक काव्य में कवि को छूट होती है कि वह उन प्रसंगों को छोड़ दे जिनमें उसका मन नहीं रमता। कवितावली में रामकथा के अनेक कोमल प्रसंगों को छोड़ दिया गया है। जैसे राम का राज्यभिषेक, कैकयी द्वारा वर मांगना, दशरथ मरण, राम और भरत का चित्रकूट-मिलन। प्रबंध काव्य में नायक, नायिका, प्रतिनायक तथा अन्य प्रमुख पात्रों को चरित्रांकन विस्तार तथा गहराई से किया जाता है। कवितावली में यह नहीं किया गया। भरत जैसे महत्वपूर्ण पात्र का तो नाम तक नहीं है। कथा-प्रसंगों को बीच-बीच में छोड़कर कवि लंबी छलांग लगाता है जिससे

कथानक की कड़ियाँ टूट गयी हैं। बालकांड के बाद एकदम धनुषयज्ञ प्रसंग है। प्रबंध काव्य में सर्गों या कांडों का विभाजन तथा उनका आकार संतुलित होता है। कवितावली में ऐसा नहीं है। बालकांड के पदों की संख्या 22 है तो किष्किंधा कांड और अरण्य कांड में केवल एक-एक छंद है। इसी प्रकार कवितावली के सुंदर कांड में, जो रामचरित मानस में छोटा-सा कांड है, 32 छंद हैं और उत्तरकांड में 83। प्रबंध काव्य में कथा नायक-नायिका पर केन्द्रित होती है, पर कवितावली में रामकथा से विच्छन्न अनेक प्रसंगों का समावेश है जैसे उत्तर कांड में कलियुग की अवस्था, काशी की दुर्दशा, कवि की बाहु–पीड़ा, गोपिका-उद्धव संवाद तथा स्तुति के पद हैं जो स्वतंत्र रचनाएं ही कहे जायेंगे। कवि ने विभिन्न अवसरों पर उन्हें लिखा होगा और बाद में कवितावली में संग्रहीत करने का मोह संवरण न कर पाने के कारण यह कर बैठा होगा, जिससे उत्तरकांड का अनावश्यक अनुपातहीन विस्तार हो गया है। हनुमान बाहुक परिशिष्ट रूप में है। अतः वह स्वतंत्र रचना है और वह इस बात की पुष्टि करता है कि कवितावली की रचना कवि ने प्रबंध काव्य के रूप में नहीं की थी।

मुक्तक काव्य का लेखक सम्पूर्ण कथा न कहकर उस कथा में से कतिपय दृश्यों, प्रसंगों घटनाओं काव्य का लेखक सम्पूर्ण कथा न कहकर उस कथा में से कतिपय दृश्यों, प्रसंगों, घटनाओं और पात्रों की मनःस्थितियों का चयन करता है। वह केवल उन प्रसंगों को चुनता है, जो उसे अधिक मुग्ध और आकृष्ट करते हैं। जिनमें उसका मन अधिक रमता है। तथा जिनमें पाठकों को भी रमाने की शक्ति होती है। कवितावली के लेखक ने यही किया है। उसमें रस-पेशल प्रसंगों को ही चुना है और उनका चित्रण पूर्ण तन्मयता से किया गया है।

प्रबंध रचना

प्रबंध रचना तुलसी काव्य की निजी भावभूमि है। प्रबंध रचना में निपुणता ही तुलसी की विशिष्ट पहचान का कारण भी है। मुक्तक काव्य जहां व्यक्ति प्रधान काव्य होता है, वहां प्रबंध काव्य विषय प्रधान। फलस्वरूप विषय प्रधान कविता में जहाँ वस्तुपरकता होती है। नहीं प्रबंध काव्य विषय प्रधान। फलस्वरूप विषय प्रधान कविता में जहाँ वस्तुपरकता होती है। वहीं व्यक्ति प्रधान काव्य में कवि के आंतरिक भावनाओं के साथ उसकी अपनी आशा–आकांक्षाओं की अभिव्यक्ति मिलती है। प्रबंध काव्य के भी मुख्यतः दो भेद होते हैं–महाकाव्य तथा खंडकाव्य।

महाकाव्य और खंडकाव्य में अन्य बातों के अलावा प्रमुख अंतर यह होता है कि महाकाव्य में कवि एक महान् उद्देश्य से परिचालित होता है। जिसकी पूर्ति के

लिए वह प्रख्यात पौराणिक-ऐतिहासिक कथाओं का आश्रय ग्रहण कर महान चरित्रों की सृष्टि करता है, उसके बहाने समग्र युग–जीवन का चित्रण अत्यंत गरिमामयी और उद्दात शैली में करता है। विषयवस्तु और कवि-दृष्टि की ऐसी व्यापकता के कारण ही महाकाव्य अनेक सर्गों में निबद्ध होता है। खंड काव्य भी किसी कथा अथवा चरित्र के साथ ही जुड़ा रहता है। पर इसमें यदि किसी व्यक्ति का सम्पूर्ण जीवन चरित्र भी चित्रित होता है तो युग-जीवन समग्रता में उपस्थित नहीं हो पाता। दूसरे, खंडकाव्य किसी चरित्र के जीवन को सम्पूर्णता में न लेकर उस चरित्र के विशिष्ट खंड दृश्य को भी अपना विषय बनाता है। खंड काव्य में इसी के चलते कथावस्तु का फलक भी छोटा अथवा सीमित होता है और उसमें कवि महाकाव्य के महत् उद्देश्य से भी परिचालित नहीं होता। संस्कृत में संभवतः इन्हीं कारणों से खंड काव्य को ''लघु काव्य'' कहा जाता है।

तुलसी की काव्यभाषा

कवि अपने काव्य रूपी संसार का सृष्टा होता है, उस रूप में वह एक प्रकार से कलाकार भी हो जाता है। यूं कला के विभाजन में ललित कलाओं में काव्य-कला को सर्वोत्कृष्ट स्थान प्राप्त है। वस्तुतः भाव और कला एक दूसरे के पूरक हैं। किसी भी कृति की सफलता के लिए दोनों में समुचित समन्वय आवश्यक होता है। 'भावतत्त्व' रचना की आत्मा है, जिसके बिना उसमें गति, चेतना व स्वाभाविकता नहीं आ सकती। जबकि 'कलातत्त्व' उसका शरीर है। काव्यकर अपने 'भावों' को 'कला-पक्ष' के परिवेश में सजाकर पाठकों के समक्ष प्रस्तुत करता है।

'रामचरितमानस' में कवि ने अपनी कला-प्रियता के कारण कला का झीना आवरण भावरूपी सुन्दरी पर डाल दिया है। जिससे उसका सौन्दर्य और भी निखर उठा है। किसी भी काव्य-कृति के शिल्प-सौंदर्य के लिए भाषा का प्रवाहपूर्ण, सहज और स्वाभाविक प्रयोग आवश्यक है। इसके द्वारा ही कवि अपने भावों को अधिक से अधिक प्रभावशाली अभिव्यक्ति दे पाता है। तुलसी ने 'बालकाण्ड' के प्रारंभ में ही निम्नांकित श्लोक को बतलाया है कि वह सुन्दर भाषा-रचना में विश्वास करता है–

'नाना पुराण निगमागम सम्पतं भद्र रामायणे निगदितं क्वचिदन्यतोऽपि।
स्वान्तः सुखाय तुलसी रघुनाथगाथा-भाषा निबद्धमति मन्जुलमातनोति॥'

'मानस' की रचना अवधी भाषा में हुई, इसका प्रमुख कारण है कि इसकी रचना अवधपुरी में हुई थी। अतः अवधी भाषा का प्रयोग स्वाभाविक ही है। अवधी

के अतिरिक्त इसमें कवि ने यथास्थान संस्कृत, ब्रज, बुंदेलखण्डी, भोजपुरी अरबी व फारसी के शब्दों का प्रयोग भी किया है। जहां तक संस्कृत का प्रश्न है, प्रायः प्रत्येक काण्ड का प्रारंभ संस्कृत श्लोकों से हुआ है, बीच-बीच में भी कवि ने संस्कृत का प्रयोग किया है। तत्सम शब्दों का बाहुल्य हमें इसमें देखने को मिल जाता है। कुछ शब्दों की रचना हमें प्राकृत के आधार पर भी मिल जाती है, जैसे–कीजइ' तथा 'छीजइ' शब्द प्राकृत 'किज्जई' व 'छिज्जई' शब्दों के आधार पर बने हैं। यत्र-तत्र खड़ी बोली के दर्शन भी हमें बाल काण्ड में हो जाते हैं।

भावों की सफल अभिव्यक्ति में कवि की भाषा का योगदान कम नहीं होता। भाषा सूक्ष्म भावों को बिना कठिनाई के व्यक्त कर सकी है। चित्रात्मक का सौंदर्य भी हमें बालकाण्ड से अनेक स्थलों पर देखने को मिल जाता है। मानस का रूप काविक वर्णन,भगवान के नख-शिख सौंदर्य के वर्णन, शिव-विवाह, ज्यौंनार आदि ऐसे प्रसंग ही हैं, जिनमें वर्ण्य-विषय का काल्पनिक चित्र हमारे मन में साकार हो जाता है। कुछ प्रसंगों में कवि ने मुहावरों का भी प्रयोग किया है। इससे भाषा में सौंदर्य ही आया है। बालकाण्ड में अधिकांशतः कोमल एवं मधुर भाषा का प्रयोग ही हो पाया है।

'बालकाण्ड' की रचना-शैली हमें संवादात्मक रूप में देखने को मिलती है। इसमें विशेष रूप से चार संवाद प्रारम्भ से अंत तक चले हैंः–

1. शिव-पार्वती,
2. काकभुशुण्डि व गरूड़ जी,
3. याज्ञवल्क्य व भारद्वाज,
4. तुलसी व पाठकगण (संतगण),

इसके अतिरिक्त छंद की दृष्टि से इसकी रचना दोहा-चौपाई शैली में ही हुई है, यत्र-तत्र सौरठा, छप्पय, हरि गीतिका आदि छंदों का प्रयोग भी हुआ है। तुलसी अपने समय के श्रेष्ठ संस्कृत, प्राकृत और अपभ्रंश आदि समस्त भाषाओं से परिचित थे। अतएव, उन्होंने जिस प्रकार की भी भाषा का प्रयोग किया उसको सरल, सफल और लोचदार रखा। विशेष रूप से उन्होंने अवधी एवं ब्रजभाषा का उपयोग जो उनके समय की विशिष्ट काव्य प्रचलित भाषायें थीं, जिनका प्रयोग जायसी और सूर जैसे श्रेष्ठ कवि कर चुके थे, तुलसी ने पूरी सफलता के साथ किया। उनका मानस अवधी भाषा में लिखा गया अभूतपूर्व ग्रंथ है। इसी प्रकार विनय पत्रिका, कवितावली, गीतावली सुन्दर ब्रजभाषा में रचित ग्रंथ है। किसी कवि की भाषा की सफलता तभी है जबकि वह गंभीर से गंभीर भावों का प्रकाशन जन रूचि के अनुकूल कर जाए। तुलसी की भाषा का प्रयोग ऐसा ही है जो शब्दों की तीनों शक्ति अभिधा, लक्षणा,

अलंकारों का व्यापक चमत्कार और यथास्थल ओज, प्रसाद और माधुर्य गुणों से समन्वित हो। तुलसी ने मानस का सृजन लोकहितार्थ किया था। अतएव, इसलिए वह अपनी भाषा में कहीं पर भी दुरूहता न ला सके। सर्वत्र सरल संजीदा और सर्वसम्मत भाषा का प्रयोग ही उनके मानस की विशेषता है। यही कारण है कि मानस एक सर्वव्यापक काव्य ग्रंथ है।

तुलसीदास की भक्ति भावना

तुलसी की भक्ति भावना को निम्नलिखित तत्त्वों में बांटा जाता हैः

1. इष्टदेव का स्वरूपः–तुलसी के इष्टदेव राम एक ओर "ब्रह्मपरमारथ रूपा" हैं तो दूसरी ओर "दीनबंधु दयाल रघुराया" है। तुलसी ने राम को जो अपना अराध्य बनाया है, उनके इन्हीं गुणों के कारण बल्कि, इस दूसरे गुण, जिसमें मानवीय गुणों का समावेश अपने उच्चतम रूप में है। राम अजमिल, गनिका,गीध शबरी जैसे अज्ञ भक्तों की भक्ति को भी स्वीकार करते हैं, वे शरणागत वत्सल हैं, कृपा-सिंधु हैं, गरीब नेवाज हैं।

2. नाम महत्त्वः तुलसी की भक्ति भावना में राम के साथ उनके नाम की उपासना के महत्व पर बहुत अधिक बल दिया है। राम तो अवतार रूप में कालविशेष, व्यक्तिविशेष, स्थानविशेष से जुड़े हैं पर नाम रूप में वे अनादि अनंत हैं इसीलिए तुलसी ने राम के नाम को राम से भी बड़ा बताया है तथा उनके नाम की तुलना "मणिदीप" और "कल्पतरू" से बार-बार की है।

3. निष्काम, अटल और अनन्य प्रेमः सारे भक्त कवियों ने, निर्गुण भक्त कवियों ने भी, प्रेम की महिमा का ज्ञान किया है। चूंकि इस प्रेम में श्रद्धा का योग भी है, अतः यह प्रेम भक्ति ही हो जायेगी। तुलसी ने अराध्य के प्रति प्रेम को, जो अनन्य और निष्काम तथा अडिग हो, बहुत महत्व दिया है।

तुलसी ने वस्तुतः अपने सम्पूर्ण साहित्य में विभिन्न रूपों में बस यही याचना की है कि राम के चरणों में उनकी घनघोर आसक्ति हो और दूसरों के लिए भी वे यही संदेश देते हैं कि "रामहि केवल प्रेम पियारा। जानि लेहु जो जाननिहारा।"अर्थात् जो जानना चाहते हैं वे जान लें कि राम को केवल प्रेम ही प्यारा है।

तुलसीदास की विचारधारा

कविता में इन्द्रिय बोध, भाव और विचार तीनों परस्पर गुंथे हुए होते हैं। भक्तिकाल के कवि इस नियम के अपवाद नहीं हैं। तुलसी काव्य के आस्वादन और

विवेचन के क्रम में गोस्वामी जी की विचारधारा, उनकी दार्शनिक दृष्टि और समाज-संबंधी उनकी मान्यताओं का लेकर काफी माथापच्ची करनी पड़ती है। इस संदर्भ में तुलसी काव्य के मर्मज्ञ विद्वानों के बीच विवाद और मतभेद से आपकी परेशानी और भी बढ़ जाती है। ऐसी स्थिति में तुलसी की विचारधारा की स्पष्ट समझ के लिए उनकी काव्यकृतियों में आये वैचारिक, दार्शनिक और सामाजिक प्रसंगों का वर्णन निम्नलिखित है–

1. तत्व दर्शनः रामचरितमानस के बालकांड के आरंभ से ही गोस्वामी जी की उक्ति है–सगुण और निर्गुण दोनों ब्रह्म के ही स्वरूप हैं, पर इन दोनों से बड़ा है रामनाम। ब्रह्म चिंतन के अंतर्गत अपनी इसी मान्यता को एक आलंकारिक दृश्यचित्र द्वारा स्पष्ट करते हुए गोस्वामी जी कहते हैं–ब्रह्म अग्नि के समान है, एक-एक अग्नि जो लकड़ी में छिपी है अर्थात् अव्यक्त औरव्यक्त, निर्गुण और सगुण, अगोचर और गोचर–दोनों एक ही ब्रह्म है और वह अविनाशी है, सत् चित् और आनंद की पुंजीभूत राशि है। निर्गुण संतों से भिन्न उनकी वैचारिक कल्पना है। एक निरपेक्ष परमसत्ता जो लीला करने के लिए सगुण रूप, लौकिक रूप, अवतारी रूप धारण करती है–उस परमसत्ता के पद पर तुलसी राम को प्रतिष्ठित करते हैं। तुलसी के वैचारिक और दार्शनिक दृष्टिकोण के अंतर्गत, जीव और शेष सृष्टि पर उनके चिंतन को महत्वपूर्ण स्थान प्राप्त है। रामचरितमानस में काकभुशुण्डि के अंतर्गत, जीव और शेष सृष्टि पर उनके चिंतन को महत्वपूर्ण स्थान प्राप्त है। रामचरितमानस में काकभुशुण्डि-गरूड़ संवाद के अंतर्गत भगवान राम स्वयं कहते हैं–

मम माया संभव संसारा। जीव चराचर विविध प्रकार॥

परम पद पर अधिष्ठित परमेश्वर राम स्वयं इस रहस्य को खोल देते हैं कि यह संसार ही उनकी माया से उत्पन्न है–और इसी माया से उत्पन्न संसार में विविध प्रकार के चराचर जीव है। इससे तुलसी की दृष्टि में ब्रह्म और जीव अलग-अलग हैं, पर जीव की पृथक् सत्ता भी ब्रह्म की माया के वशीभूत है। इसका तात्पर्य यह है कि तुलसी विचार और दर्शन में भाववादी हैं, न कि भौतिकवादी। भारतीय दर्शन की भाववादी धाराओं में वे मूलतः अद्वैतवादी है, पर जीव की ब्रह्म-आश्रित पृथक् सत्ता पर बल देने के कारण विशिष्टाद्वैतवाद के एक पहलू का अनुमोदन करते हैं।

गोस्वामी जी एक और भी प्रसंग लाते हैं और वह है ज्ञान। भक्तिकालीन साहित्य में इस "ज्ञान" शब्द की बारम्बार आवृत्ति हुई है। प्रायः सभी भक्त रचनाकरों की दृष्टि में ज्ञान का अर्थ है, ब्रह्म का ज्ञान। यह ज्ञान माया की वजह से जीवों को

नहीं होता, अज्ञान का परदा पड़ा रहता है, जीव के चित्त पर अज्ञान और अविद्या का अंधेरा छाया रहता है।

सिर्फ मायपति प्रभु राम ही अखंड ज्ञान स्वरूप हैं, शेष जड़–चेतन सभी पदार्थ और जीव माया के वशीभूत है। अगर जीवों को भी अखंडज्ञान होता तो फिर ईश्वर और जीव में फर्क क्या है? अभिमानी जीव माया के वशीभूत है, पर सत्य, रज और तम–इन तीनों गुणों की खान माया ईश्वर नियंत्रित होती है, ईश्वर के वशीभूत है। जीव परतंत्र है, पर भगवान स्वतंत्र है। जीव अनेक हैं पर भगवान एक हैं। यद्यपि मायाकृत यह भेद असत्य है तथापि वह भगवान की भक्ति के बिना करोड़ो उपाय करने के बाद भी नष्ट नहीं होता।

तुलसी की मुक्तक रचना

मुक्तक रचना सामान्यतः उस रचना को कहते हैं जिसमें कथा का कोई सुगठित ढाँचा नहीं होता यानि जो प्रबंधहीन होता है और अपने आप में प्रायः पूर्ण और लगभग स्वतंत्र होता है। आशय यह है कि मुक्तक काव्य में न तो कोई सुसम्बद्ध कथा-क्रम होता है और न ही उसके रसास्वादन के लिए उसे आगे पीछे के प्रसंगों के साथ जोड़कर ग्रहण करने की अनिवार्यता होती है। छंद विशेष में भाव विशेष अथवा अनुभूति विशेष का सौन्दर्य उसमें निरूपित अथवा चित्रित होता है।

तुलसी की बारह प्रमाणिक रचनाओं में से आठ मुक्तक संग्रह कहे जा सकते हैं जिनमें से तीन अवधी में हैं, बाकी ब्रजभाषा में। ''दोहावली'' ''बरवै रामायण और ''रामाज्ञा प्रश्न'' अवधी में रचित रामकथात्मक काव्य हैं। ''दोहावली'' में रामकथा से अधिक राम के गुणगान और उनकी भक्ति पद्धति के साथ भक्ति के महत्व का प्रतिपादन किया गया है। नीति और उपदेश के दोहे भी इसमें सम्मिलित हैं। ''मानस'' के कथा प्रसंगों के बीच के दोहे भी इसमें शामिल हैं। ''बरवै रामायण'' और ''रामाज्ञा प्रश्न'' में रामकथा से संबंधित कुछ प्रसंगों को मनोहारी रूप में उपस्थित किया गया है।

शेष पांच मुक्तक संग्रह हैं–''गीतावली'', ''विनयपत्रिका'', ''कृष्ण गीतावली'', ''कवितावली'', ''वैराग्यसंदीपनी'' ब्रजभाषा में रचित हैं। इसके अतिरिक्त''हनुमानबाहुक'' को भी तुलसी की इसी कोटि की रचना मानी जाती है जबकि इसके साथ कुछ लोगों के अनुसार ''वैराग्यसंदीपनी'' के भी तुलसीकृत होने में संदेह है। इन मुक्तक संग्रहों में से ''विनयपत्रिका'' और ''कवितावली'' के उत्तरकांड में रामभक्ति संबंधी विभिन्न भावों, भावदशाओं, मनोदशाओं, पद्धतियों

आदि की अभिव्यक्ति की गई है। इसी प्रकार जहाँ ''गीतावली'' में रामकथा से संबंधित अनेक मार्मिक प्रसंगों का गायन किया गया है, वहाँ जैसा कि नाम से ही स्पष्ट है, ''कृष्णगीतावली'' में कृष्ण कथा से संबंधित विभिन्न मनोहर झांकियों का रसमय वर्णन है। ''हनुमान बाहुक'' और ''वैराग्यसंदीपनी'' में हनुमान की प्रार्थना तथा वैराग्यभाव का महत्व निरूपित है।

मुक्तक के भेद-प्रभेद की चर्चा में न उलझकर यहां इतना ही जानना पर्याप्त होगा कि मुक्तक की विभिन्न शैलियों में तुलसी ने रचना की है।

रामचरित मानस की भाषा शैली

श्री रामचरित मानस भारतीय संस्कृति मे एक विशेष स्थान रखता है। उत्तर भारत में रामायण के रूप में कई लोगों द्वारा प्रतिदिन पढ़ा जाता है। श्री राम चरित मानस में श्री राम को भगवान विष्णु के अवतार के रूप में दर्शाया गया है जबकि महर्षि वाल्मीकि कृत रामायण में श्री राग को एक मानव के रूप में दिखाया गया है। तुलसी के प्रभु राम सर्वशक्तिमान होते हुए भी मर्यादा पुरुषोत्तम हैं। शरद नवरात्रि में इसके सुन्दर काण्ड का पाठ पूरे नौ दिन किया जाता है।

रामचरित मानस 15वीं शताब्दी के कवि गोस्वामी तुलसीदास जी के द्वारा लिखा गया महाकाव्य है। जैसाकि तुलसीदास जी ने रामचरित मानस के बालकाण्ड में स्वयं लिखा है कि उन्होंने रामचरित मानस की रचना का आरंभ अयोध्यापुरी में विक्रम संवत 1631 (1574 ईस्वी) के रामनवमी, जो कि मंगलवार था, को किया था। गीताप्रेस गोरखपुर के श्री हनुमान प्रसाद पोद्दार के अनुसार रामचरितमानस को लिखने में गोस्वामी तुलसीदास जी को 2 वर्ष 7 माह 26 दिन का समय लगा था और संवत् 1633 (1576 ईस्वी) के मार्गशीर्ष शुक्लपक्ष में रामविवाह के दिन उसे पूर्ण किया था। इस महाकाव्य की भाषा अवधी है जो कि हिंदी की ही एक शाखा है। रामचरितमानस को सामान्यतः 'तुलसी रामायण' या 'तुलसी कृत रामायण' भी कहा जाता है।

रामचरितमानस में गोस्वामी तुलसीदास ने श्री रामचन्द्र, जिन्हें कि केवल राम भी कहा जाता है, के निर्मल एवं विशद् चरित्र का वर्णन किया है। महर्षि वाल्मीकि रचित संस्कृत रचना रामायण को रामचरितमानस का आधार माना जाता है। यद्यपि रामायण और रामचरितमानस दोनों में ही राम के चरित्र का वर्णन है परंतु दोनों ही महाकाव्यों के रचने वाले कवियों की वर्णन शैली में उल्लेखनीय अंतर है। जहाँ बाल्मीकि ने रामायण में राम को केवल एक सांसारिक व्यक्ति के रूप में दर्शाया है वहीं तुलसीदास ने रामचरितमानस में राम को भगवान विष्णु का अवतार माना है।

रामचरितमानस को तुलसीदास ने सात काण्डों में विभक्त किया है। इन सात काण्डों के नाम हैं–बालकाण्ड, अयोध्याकाण्ड, अरण्यकाण्ड, किष्किन्धाकाण्ड, सुन्दरकाण्ड, लंकाकाण्ड और उत्तरकाण्ड। छन्दों की संख्या के अनुसार अयोध्याकाण्ड और सुन्दरकाण्ड क्रमशः सबसे बड़े और छोटे काण्ड हैं। तुलसीदास जी ने रामचरितमानस में हिंदी के अलंकारों का बहुत सुन्दर प्रयोग किया है विशेषकर अनुप्रास अलंकार का। रामचरितमानस पर प्रत्येक हिंदू की अनन्य आस्था है और इसे हिंदुओं का पवित्र ग्रंथ माना जाता है।

रामचरित मानस में तुलसी दास ने अपने युग की दयनीय दशा का वर्णन निम्न पंक्तियों में किया है–

खेती न किसान को, भिखारी को न भीख, बलि,
बनिक को बनिजन, चाकर को चाकरी।
जीविका बिहीन लोग सीधमान सोच बस,
कहैं एक एकन सों 'कहाँ जाई, का करी?'
बेदहूँ पुरान कही, लोकहूँ बिलोकिअत,
साँकरे सबै पै, राम! रावरैं कृपा करी।
दारिद-दसानन दबाई दुनी, दीनबंधु!
दुरित-दहन देखि तुलसी हहा करी॥

अपने युग की दयनीय दशा का वर्णन कर, रक्षा के लिए भगवान श्रीराम से प्रार्थना करते हुए, गोस्वामी तुलसीदास कह रहे हैं–

हे भगवान राम! आपके द्वारा निर्मित इस संसार की कितनी बड़ी बुरी दशा हो गई है। किसानों के पास अपनी जमीनें नहीं और न खेती-बाड़ी करने का कोई साधन, वर्तमान समय में बेचारे भिखारियों को कहीं भीख तक भी प्राप्त नहीं होती। व्यापारियों के पास करने को व्यापार नहीं रह गए और नौकरी पाने के इच्छुकों को कहीं नौकरी तक नहीं मिल पाती। इस प्रकार जीवन जीने के लिए जीविका के अभाव में आज सभी लोग पीड़ित और चिन्तित हो रहे हैं। जब मिलते हैं तो एक-दूसरे से कहते-पूछते हैं-भई, तुम्हीं बताओं कि मैं कहाँ जाऊँ और क्या करूँ कि जीवन चैन से बीत सके। वेद-पुराण तो यह कहते ही हैं, आज लोक जीवन और लोक व्यवहार में भी यह सब अनुभव किया जा रहा है। संसार के सभी लोगों पर संकट मंडरा रहा है। आपने सदा संकट के समय हमारी रक्षा की है। अतः हे राम! हम पर कृपा कर हमारी रक्षा करो, संकटों से मुक्त करो। हे दीनबंधु राम! दरिद्रता रूपी रावण ने आपके भक्तों को दबा रखा है, यातनाएँ दे रहा है अत्याचार कर रहा है। चारों ओर पाप,

अनाचार और अनीति की ज्वाला धधक रही है। उसे देखकर मेरा हृदय हाहाकार कर रहा है। मेरी इस कातर पुकार को सुनकर अपनी अनुकंपा से संसार को पीड़ामुक्त करो, रक्षा करो।

सीता स्वयंवर पर धनुष के टूटने पर परशुराम का रौद्र रूप देखकर सभी लोग डर जाते हैं। इस का वर्णन कवि निम्न रूप में करता है–

कहेउ लखन मुनि सीलु तुम्हारा। को नहि जान बिदित संसार॥
माता पितहि उरिन भय नीकें। गुर रिनु रहा सोचु बड़ जीकें॥
सो जनु हमरेहि माथे काढ़ा। दिन चलि गए ब्याज बड़ बाढ़ा॥
अब आनिअ व्यवहारिआ बोली। तुरंत देउं मैं थैली खोली॥
सुनि कटु बजन कुठार सुधारा। हाय हाय सब सभा पुकारा॥
भृगुवर परसु देख वहु मोही। बिप्र बिचारि बचउं नृपद्रोही॥
मिले न कबहुँ सुभट रन गाढ़े। द्विज देवता घरहि के बाढ़े॥
अनुचित कहि सब लोग पुकारे। रघुपति सयनहिं लखनु नेवारे॥
दोहा-लखन उतर आहुति सरिस, भृगुबर कोपु कृसानु।
बढ़त देखि जलसम बचन, बोले रघुकुल मानु॥

लक्ष्मण ने कहा-हे मुनि परशुराम! आपके नम्र व शील स्वभाव को कौन नहीं जानता। आपके स्वभाव से तो सारा संसार भली-भाँति परिचित है। आप अपने माता-पिता के ऋण से तो भली-भाँति मुक्त हो गए हैं। (पिता के कहने पर परशुराम ने अपनी माता का सिर काट दिया था) अब तो गुरू का ऋण चुकाना रह गया है। गुरु-ऋण चुकाने की आपको बहुत चिन्ता है। ऐसा लगता है हमारे मत्थे ही यह गुरु ऋण आपने लिया था। बात भी ठीक है, बहुत दिन बीत चुकें हैं और आप पर गुरु का ऋण लगातार बढ़ता जा रहा है जो आप को ब्याज सहित चुकाना है। अब आप किसी व्यवहार करने वाले या हिसाब-किताब जानने वाले साहूकार को बुला लाइए, तो मैं थैली खोलकर सारा हिसाब ब्याज सहित चुकता कर दूँगा। लक्ष्मण के कठोर वचन सुनकर परशुराम ने फिर कुल्हाड़ा सम्भाल लिया जिसे देखकर सारी सभा हाय! हाय! कहकर चिल्लाने लगी। लक्ष्मण ने कहा, हे भृगुवंश मैं श्रेष्ठ परशुराम जी! आप मुझे बार-बार कुल्हाड़ा दिखा रहे हैं। परन्तु हे राजाओं के द्रोही (शत्रु) परशुराम! मैं ब्राह्मण समझकर आपको बचा रहा हूँ। मुझे तो आज तक कोई ऐसा यौद्धा ब्राह्मण नहीं मिला जो युद्ध में स्थिर रहा हो। हे ब्राह्मण देवता! प्रायः आप घर में ही बढ़ चढ़कर बात करते हैं। लक्ष्मण की यह बात सुनकर सभी लोग बोल उठे यह अनुचित है। तब श्री रामचन्द्र जी ने इशारे से लक्ष्मण को बोलने से रोक दिया। लक्ष्मण के

उत्तर आग में आहुति के समान थे। उनसे परशुराम के क्रोध को और प्रज्वलित होते देखकर रघुकुल के सूर्य श्री रामचन्द्र जी ने जल के समान शीतल बचन बोलकर उनहें शांत करने का प्रयत्न किया।

तुलसी की भाषा का मूल्यांकन

तुलसी की सृजनशील काव्य कला की महानता को समझने के लिए सबसे पहले इस तथ्य को विशेष रूप से रेखांकित करने की जरूरत है कि उन्होंने संस्कृत और फारसी की दरबारी काव्य परंपरा और लक्षण ग्रंथों को तिलांजलि देकर आधुनिक भारतीय भाषाओं के अभ्युदयकाल की नवीन जातीयता के उन्नयन को ऐतिहासिक कार्यभार के रूप में स्वीकार किया। दरबारी रचनाकारों और अपने युग के पंडितों की पतनशील सांस्कृतिक धारा का अनुसरण न कर तुलसी अन्य भक्तिकालीन कवियों की तरह भाषा काव्य को समृद्ध करने का निर्णय करते हैं। अपने युग के जनसाधारण की सांस्कृतिक आकांक्षा और सांस्कृतिक आवश्यकता की पूर्ति के दायित्व को एक चुनौती की तरह लेकर वे खुल्लम-खुल्ला नई धारा के सहयात्री बन गए। इस प्रश्न पर निर्णय में उनकी मुक्ति भी गौर करने लायक है–

का भाषा, का संस्कृत, प्रेम चाहिए साँच।
काम जु आवै कामरी, का लै करै कुमाँच॥

सच्चे प्रेम की अभिव्यक्ति का माध्यम नितप्रति व्यवहार की टकसाल में ढली हुई जनभाषा हो सकती है–ठीक वैसे ही जैसे शीतकाल में कंबल ही काम आता है, रेशमी वस्त्र नहीं।

"भाषा बहता नीर" जैसी उक्ति के द्वारा कबीर ने संस्कृत के विरूद्ध जो तर्क दिया था। तुलसी उसी तर्क के आधार पर अपना निर्णय भी बतलाते हैं। भक्तिकालीन अन्य कवियों की तरह गोस्वामी जी को भी पंडितों के द्वारा किये जा रहे उपहास और व्यंग्य की चिंता नहीं थी। मध्यकालीन सामंती समाज के सांस्कृतिक रूढ़िवाद और पतनशील मूल्य व्यवस्था के विरूद्ध संघर्ष का जो व्यापक आंदोलन मराठी, बंगला, उड़िया, असमिया समेत सभी जनभाषाओं में चल रहा था। तुलसीदास उसी आंदोलन के एक अंग थे। डॉ. राम विलास शर्मा मानते हैं कि इस आंदोलन ने सामंती बंधनों की जकड़बंदी के बरबस भक्त कवियों के लिए "व्यक्तिगत की सापेक्ष मुक्त" का द्वार उन्मुक्त कर दियाः

"सामंतवाद ने मनुष्य के व्यक्तित्व को अनेक बंधनों में जकड़कर उसके विकास को रोक दिया था। जाति (कास्ट), धर्म, सम्प्रदाय, सामाजिक आचार-विचार

की शृंखलाओं में बंधकर मनुष्य का यह व्यक्तित्व स्वाधीन विकास के लिए तड़प उठता था। इस व्यक्तित्व को स्वच्छंदता दिए हुए, बिना मुक्त आकाश में उड़ान भरे हुए काव्य में गेयता उत्पन्न नहीं हो सकती । ब्रजभाषा काव्य में जो अभूतपूर्व गेयता उत्पन्न हुई है। उसका सबसे बड़ा कारण इसी व्यक्तित्व की सापेक्ष मुक्ति है। सापेक्ष मुक्ति इसलिए कि सामाजिक बंधनों से यह पूर्ण मुक्त नहीं थी।"

डॉ. रामविलास शर्मा का यह उद्धरण "मध्यकालीन हिंदी कविता में गेयता" शीर्षक जिस निबंध से लिया गया है, उसी में आगे चलकर तुलसी काव्य की गेयता–चाहे वह अवधी में लिखित हो या ब्रजभाषा में–उस का उपयुक्त विवेचन किया गया है। इस दृष्टि से हिंदी भाषी जनता द्वारा रामचरितमानस का गाया जाना, एक प्रबंध काव्य में गेयता के गुण उपलब्ध करना निश्चित रूप से तुलसी की महान उपलब्धि थी।

भाषा में लिखने के निर्णय से तुलसी को लोक-संस्कृति और जनसाधारण की दैनदिन जीवनधारा में कलात्मक साधनों की अक्षय निधि प्राप्त हो गई। भारत के विभिन्न जनपदों में प्रचलित लोक संस्कृति के विभिन्न रूपों, संस्कार गीतों, पर्व-त्यौहार और विभिन्न ऋतुओं के लोक गीतों से गोस्वामी जी को वे छंद प्राप्त हुए जो अपभ्रंश काव्यों में भी व्यवहृत होकर निखर चुके थे। उपमान, रूपक, प्रतीक, बिम्ब, मुहावरे, लोकोक्ति तथा दृष्टांत भी इसी लोक-संस्कृति और ठेठ ग्रामीण जीवन से लिए गए हैं।

शब्द चयन पर भी तुलसी की दृष्टि सांस्कृतिक संकीर्णतावाद से मुक्त थी। इस प्रसंग में प्रोफेसर लल्लन राय ने बताया है–**"भाषा के संबंध में तुलसी की एक अन्य विशेषता है,मुक्त रूप से दूसरी बोलियों और भाषाओं के शब्द ग्रहण। इसमें ब्रज, अवधी, बुंदेलखंडी, भोजपुरी तथा कुछ नितान्त स्थानीय शब्दों के साथ अरबी और फारसी भाषा के शब्द भी आ जाते हैं। तुलसी ने अपनी रचनाओं में इतने अधिक अरबी-फारसी के शब्दों का प्रयोग किया है, जितना शायद हिंदी के किसी भी पुराने या आधुनिक कवि ने नहीं किया।**

भारतीय वाङ्मय और विभिन्न भाषाओं और बोलियों से शब्द चयन की उन्मुक्तता के कारण ही प्रसंगानुकूल भाषा शैली की विविधता विकसित करने में तुलसी अद्वितीय हैं। आचार्य रामचंद्र शुक्ल का ध्यान गोस्वामीजी की विशेषता की ओर गया था। उनकी टिप्पणी है–

"गोस्वामी जी ने इस बात का भी ध्यान रखा है कि किस स्थल पर विद्वानों या शिक्षितों की संस्कृत मिश्रित भाषा रखनी चाहिए और किस स्थल पर ठेठ बोली। घरेलू प्रसंग समझकर कैकयी ओर मंथरा के संवाद में उन्होंने ठेठ बोली और स्त्रियों में विशेष चलते प्रयोगों का व्यवहार किया है।"

जीवगोस्वामी और मीराबाई

जीव गोस्वामी के साथ मीराबाई के साक्षात् की कथा प्रसिद्ध है। प्रियादास ने भक्तमाल की टीका में इसका उल्लेख इस प्रकार किया है–

वृन्दावन आई, जीव गुसाईजी से मिली झिली,
तिया मुख देखिवे पन लै छुटायौ है।

मीराबाई आईं जीव गोस्वामी के दर्शन करने। जीव गोस्वामी के किसी शिष्य ने उनसे कहा-वे स्त्री का मुख नहीं देखते।

मीराबाई ने उत्तर दिया-मैं तो जानती थी कि वृन्दावन में गिरिधर लाला ही एकमात्र पुरुष है, और सब स्त्री हैं। मैं नहीं जानती थी कि यहाँ जीव गोस्वामी भी एक पुरुष है, जो स्त्रियों का मुख नहीं देखते।

जीव गोस्वामी ने जब कुटिया के भीतर से ही यह सुना तो प्रसन्न हो बाहर निकल आये और मीराबाई से मिले।

पूर्व बंगाल के बरिशाल जिले का एक अंश कभी चन्द्रद्वीप नाम से प्रसिद्ध था। चन्द्र द्वीप के एक अंश बाकला में रूप-सनातन के पिता कुमारदेव की अट्टालिका थी। रूप-सनातन और उनके छोटे-भाई वल्लभ जब हुसैनशाह के दरबार में सर्वोच्च पदों पर नियुक्त थे, तब इस अट्टालिका का गौरव किसी राजप्रासाद से कम न था। धन-धान्य, राजैश्वर्य, बन्धु-बान्धवों, दास-दासियों से परिपूर्ण और तरू-लताओं, बाग-बगीचों से परिवेष्टित इस अट्टालिका की शोभा देखते ही बनती थी।

पर जब से तीनों भाई संसार छोड़कर चले गये मानो इसने भी वैराग्य ले लिया इसकी चमक-दमक और चहल-पहल अतीत के गर्भ में विलीन हो गयी। पुर-परिजनों और दास-दासियों का कलगुंजन भी अब इसमें सुनाई नहीं पड़ता। सुनाई पड़ता है नितान्त नीरवता के वातावरण में एक वर्षीय-सी विधवा का मन्द स्वर, जो रात्रि के अन्धकार में दीपशिखा के निकट बैठी पुराण का पाठ करती है और उसके शिशु का कलकंठ, जो उससे सटकर बैठा बड़े ध्यान से पुराण की कहानियाँ सुनता है और बीच-बीच में उचक-उचक कर विस्फारित नेत्रों से उसकी ओर देखते हुए रहस्यमय प्रश्न करता है।

विधवा माँ के नयनमणि यह बालक है वल्लभ का एकमात्र पुत्र जीव। इसकी बुद्धि की तीक्षणता और परमार्थ विषयों में असाधारण रूचि इसके प्रश्नों से साफ झलकती है। इसने अपने परिवार से उत्तराधिकार में पाया ही और क्या है? न तो इसने पाया है अपने पिता और पितृव्यों का राजवैभव, न उनके किसी सिंहासन का उत्तराधिकार। पायी है केवल उनकी विवेक बुद्धि और उनकी भक्ति की अदम्य स्पृहा। इसके बल-बूते पर ही इसे उत्तरकाल में करतलगत हुआ भक्ति का विराट साम्राज्य। इसके बल पर ही यह उदित हुआ वृन्दावन धाम में भक्ति-आन्दोलन के केन्द्र में भक्ति-सिद्धान्त और साधना के आलोक स्तम्भ के रूप में और परिचित हुआ गौड़ीय-वैष्णव समाज के महान शक्तिधर अधि नायक श्रीजीव गोस्वामी के रूप में।

श्रीनरहरि चक्रवर्ती के इस उल्लेख का आशय जान पड़ता है कि जीव बहुत छोटी अवस्था के शिशु थे और अधिकतर माँ के साथ या उनकी गोद में रहते थे जब उन्होंने महाप्रभु के दर्शन किये। महाप्रभु जब 1513 ई. या 1514 ई. में रामकेलि गये तो उनके साथ उनकी माँ और अन्य महिलाओं ने छिपकर कहीं से उनके दर्शन किये। नरहरि चक्रवर्ती ने यह भी लिखा है कि उन्होंने किसी बहुत प्राचीन या वृद्ध व्यक्ति के मुख से ऐसा सुना, जिसने स्वयं उस समय महाप्रभु के दर्शन किये थे। श्रीसतीशचन्द्र मिश्र का कहना है कि उस समय जीव की उम्र यदि दो वर्ष मानी जाय तो मानना होगा कि उनका जन्म सन् 1511 ई. में रामकेलि में हुआ।

तीन वर्ष बाद सन् 1514 में रूप गोस्वामी ने संसार त्यागा। वल्लभ और परिवार के अन्य लोगों को साथ ले वे पहले फतेयाबाद वाले अपने घर गये। कुछ दिनों के लिये वहाँ रह गये। वल्लभ परिवार के अन्य लोगों को लेकर वाकला चले गये। जीव के साथ उन्हें सबको वहाँ छोड़ वे फतेयाबाद में रूप गोस्वामी से फिर जा मिले। जब नीलाचल से महाप्रभु के वृन्दावन गमन का संवाद मिला, तब दोनों भाई वृन्दावन की ओर चल दिये। प्रयाग में उनकी महाप्रभु से भेंट हुई, जब वे वृन्दावन से लौटकर नीलाचल जा रहे थे। एक मास वृन्दावन में रह कर दोनों भाई गौड़ लौटे। गौड़ में गंगातीर पर वल्लभ को अभीष्ट धाम की प्राप्ति हुई। उस समय जीव की उम्र 4 या 5 वर्ष की थी।

उनके दीर्घ नेत्र, उच्च नासिका, उच्च ललाट, प्रशस्त वक्ष और कंचन के समान मुख की दीप्ति उनके महापुरुष होने की सूचना देते थे। भक्तिरत्नाकर में जीव के बाल्य-चरित्र का सुन्दर वर्णन है। वे ऐसा कोई खेल ही न खेलते, जिसका सम्बन्ध श्रीकृष्ण से न हो। कृष्ण-बलराम की दो मूर्तियाँ वे सदा अपने पास रखते। पुष्प-चन्दनादि से उनकी पूजा करते, वस्त्र-भूषणादि से उन्हें सजाते, फिर अनिमिष

नेत्रों से उनकी ओर देखते रहते, कनकपुतली की तरह भूमि पर लोट कर सिक्त नेत्रों से उन्हें प्रणाम करते और भक्तिपूर्वक विविध प्रकार के मिष्ठान का उन्हें भोग लगा, बालकों के साथ प्रसाद ग्रहण करते। अकेले भी निर्जन में उन्हें लेकर तरह-तरह के खेल खेलते। सोते समय उन्हें अपने वक्ष से लगाकर रखते। उस समय भी घर के लोग दोनों मूर्तियों को उनके वक्ष से हटाना चाहते तो न हटा सकते-

कृष्ण-बलराम बिना किछुइ न भाय।
एकाकिओ दोंहे लइया निर्जने खेलाय।।
शयन समये दोहे राखये बक्षेते।
मात कौतुकेओ ना पारे लइते।।

कभी कभी कृष्ण-बलराम उन्हें स्वप्न में दर्शन देते।

विद्यार्थी जीवन और वैराग्य

जीव पाठशाला जाने लगे। अल्पकाल में ही उन्होंने व्याकरण, अलंकार, काव्यादि पर पूरा अधिकार प्राप्त कर लिया–

अल्पकाले श्रीवेर बुद्धि चमत्कार।
व्याकरण आदि शास्त्रे अति अधिकार।।

मेघा और बुद्धि का ऐसा चमत्कार देख अध्यापक और सहपाठीगणों के आश्चर्य की सीमा न रही। सभी कहने लगे-जीव कोई साधारण बालक नहीं है। लगता है इसका जन्म किसी देव-अशं से है–

सबे कहे-देव अंशे जनम इहार। नहिले कि अल्पकाले एत अधिकार।।

जीव पढ़ते लिखते तो बड़े मनोयोग से, पर कृष्ण बलराम की याद कर कभी कभी रो पड़ते। उनका जैसा भाव कृष्ण बलराम के प्रति था, वैसा ही और निताई के प्रति भी। कभी-2 वे एकान्त में भाव विह्वल अवस्था में उनसे न जाने क्या क्या कहते। परिवार के लोग उन पर दृष्टि रखते और अलक्षित रूप से एकान्त में उनकी भाव मुद्रा देख परस्पर कहते-जीव की जो दशा है उसे देख लगता है कि वह थोड़े ही दिनों में गृह त्याग देगा।

केह कहे-अहे भाई! बिचारिनु मने। जीव छाड़िबे घर आति अल्प दिने

एक बार वे रोकर श्रीकृष्ण चैतन्य को पुकारते हुए धैर्य खो बैठे। आन्तरिक वेदना इतनी असह्य हो गयी कि पृथ्वी पर लोट पोट होने लगे। उनका मुख और वक्ष नेत्रों के जल से भीग गया और अन्त में मूर्च्छा आ गयी। भक्तरत्नाकर में वर्णन है कि परिवार के किसी व्यक्ति ने अलक्षित रूप से उनकी यह दशा देखी–

एक दिन देखिल अलक्षित। श्रीकृष्ण चैतन्य बलि हइला मूर्च्छित।
धरनी लोटाय, धैर्य धरन न जाय। मुख, वक्ष भासे दुइ नेत्रेर धाराय ।।

उस दिन रात को उन्हें निद्रा न आयी। थोड़ी देर को आँख लगी तो स्वप्न में कृष्ण-बलराम के दर्शन हुए। दूसरे ही क्षण कृष्ण-बलराम में गौर-निताई के दर्शन हुए। उनके गौर कान्तिमय स्वरूप की अपूर्व छठा को अनिमेष देखते-देखते वे उनके चरणों में लोट गये और नेत्रों के जल से उन्हें अभिषिक्त कर दिया। तब उन्होंने अपने चरणकमल उनके मस्तक पर रखे और प्यार से बार-बार उन्हें आलिंगन कर अमृतमय प्रबोध-वचन कहे–

करुणा समुद्र गौर नित्यानन्द रायं पादपद्म दिलेन जीवरे माथाय।
परम वात्सल्ये पुनः करे आलिंगन। कहिल अमृतमय प्रबोध वचन।।

गौर सुन्दर ने प्रेमाविष्ट हो नित्यानन्द प्रभु के चरणों में उन्हें डाल दिया। नित्यानन्द ने आशीर्वाद देते हुए कहा-मेरे प्रभु गौरसुन्दर में तुम्हारी रति हो और। वे तुम्हारे जीवन सर्वस्व हों।

श्री गौर सुन्दर महाप्रेमाविष्ट हैया। प्रभु नित्यानन्द पदे दिल समर्पिया।
नित्यानन्द श्रीजीवे कहये बार-बार। एइ मोर प्रभु होक सर्वस्व तोमार।।

तब से गौर-निताइ की स्पप्नदृष्ट मूर्तियाँ छाया की तरह उनके आगे-पीछे बनी रहती। संसार के प्रति उदासीनता का भाव उन पर सदा छाया रहता। परिवार के प्राचीन ऐश्वर्य का लोप हो जाने पर भी, उनके पास अपने और परिवार के भरण-पोषण के लिए पर्याप्त धन था। पर उन्होंने अपने धन-सम्पत्ति की ओर कभी मुड़कर नहीं देखा वे अपनी माँ और अन्य लोगों के मुख से सुनते अपने दोनों पितृव्यों के त्याग और वैराग्य की कहानी और उनका हृदय एक अपार्थिव पुलक से बार-बार सिहर उठतां उनका दिव्य आकर्षण उन्हें अपनी और खींचता जान पड़ता। वे उनके दर्शन के लिये उद्विग्न हो उठते। पर दर्शन तो दूर उनके संम्वाद के लिए भी उन्हें निराश होना पड़ता, फिर भी उनकी छाप उनके ऊपर स्पष्ट दिखती। ऐसा जान पड़ता कि जैसे उन्होंने उस अल्पावस्था में ही उनका अनुसरण करने का संकल्प कर दिया हो।

प्रेम-विलास में वर्णन है कि माँ से अपने पितृव्यों के दैन्य और डोर-कौपीन धारण कर वृन्दावन में घर-घर मधुकरी भिक्षा माँग कर जीवन निर्वाह करने की बात सुन, वे उनका पथानुसरण करने के लिए इतना बेचैन हो उठे कि बाक्ला में रहते हुए किशोरावस्था में ही उनके समान वैराग्यपूर्ण जीवन व्यतीत करने लगे। माँ को यह देखकर चिन्ता हुई कि वे भी कहीं संसार त्याग कर वृन्दावन में उनसे न जा

मिले। पर स्वयं धर्मपरायणा और भक्तिभाव सम्पन्न होने के कारण उन्होंने इसमें कोई बाधा न की।

जीव के त्याग-वैराग्य, अखण्ड ब्रह्मचर्य और पवित्र भक्तिमय जीवन ने उनकी सूक्ष्म बुद्धि पर धार रख उस सूक्ष्मतर कर दिया। इसलिए 16-17 वर्ष की अवस्था में ही स्थानीय चतुष्पाठी में काव्य, व्याकरण, स्मृति प्रभृति की शिक्षा समाप्त कर वे वेदान्त आदि दर्शनशास्त्र पढ़ने के लिए व्यग्र हो उठे। साथ ही वृन्दावन जाने की उनकी इच्छा भी प्रबल हो गयी।

नवद्वीप से बहुत से लोग पहले वृन्दावन जा चुके थे। उनके लिए भी कोई सुयोग मिलने पर नवद्वीप से वृन्दावन जाना आसान था। नवद्वीप उस समय विद्या का प्रधान केन्द्र भी था। इसलिए उन्होंने वेदान्त आदि के अध्ययन के छल से नवद्वीप जाने का विचार किया, वे पहले कुछ आत्मीय स्वजनों के साथ नौका द्वारा फतेयाबाद के अन्तर्गत प्रेम भाग वाले अपने घर गये। कुछ दिन वहाँ रूक कर केवल एक नौकर को साथ ले चल पड़े नवद्वीप की पदयात्रा पर। स्वजनों को उन्होंने पहले ही नौका से वाक्ला वापस भेज दिया था। नवद्वीप जाते समय उनका नैष्टिक ब्रह्मचारी का वेष था। उनके हाथ में जप की माला थी और कन्धे पर लटक रहा था भिक्षा का झोला। वे गृह छोड़ कर जा रहे थे, उत्तर जीवन में फिर कभी संसार में लौट कर न आने का दृढ़ संकल्प लिये।

नवद्वीप पहुँचते ही सहसा उनके भाग्य का सूर्य उदय हुआ। खड़दह से नित्यानन्द प्रभु कई दिन पूर्व सदल-बल वहाँ आये थे और श्रीवास पण्डित के घर ठहरे हुए थे। मानो श्रीजीव पर कृपा करने के उद्देश्य से ही उन्होंने नवद्वीप की यात्रा की थी और उनके आगमन की प्रतीक्षा कर रहे थे। जीव को नवद्वीप में पैर रखते ही यह शुभ संवाद मिला। वे भावविभोर अवस्था में उलटे सीधे पैर रखते झट जा पहुँचे श्रीवास पण्डित के घर और लोट गये नित्यानन्द प्रभु के चरणों में।

रूप-सनातन के भ्रातुष्पुत्र को अपने चरणों में पड़ा देख नित्यानन्द का आनन्द समुद्र उमड़ पड़ा। उद्दण्ड नृत्य कीर्तन करते हुए उन्होंने अपना चरण उनके मस्तक पर रखा और आशीर्वाद दिया। उन्हें अपने साथ ले जाकर गौर-लीला के चिह्नित स्थानों का दर्शन कराया। महाप्रभु की स्मृति से परिपूर्ण उनकी एक-एक लीलास्थली के दर्शन कर जीव भाव-समुद्र में खो गये। दूसरे दिन नित्यानन्द प्रभु से हाथ जोड़कर बोले-प्रभु! आपकी कृपा से महाप्रभु की आदि लीला के सभी स्थानों के दर्शन कर लिये। अब आज्ञा दे, नीलाचल जाकर उनकी अन्य-लीला-स्थलियों के दर्शन कर आने की। वहाँ से लौटकर मेरी इच्छा है आपके दास रूप में आपकी चरण छाया में रहकर साधना-भजन करने की। आप मुझे अंगी कार करने की कृपा करें।

पर नित्यानन्द प्रभु को तरुण जीव के मुखारविन्द की दिव्य कान्ति, तीक्ष्ण नासिका, प्रशस्त ललाट की तेजस्विता और नेत्रों की भाव मय उद्दीपना देख भूल न हुई उन्हें भविष्य के वैष्णव समाज के नायक के रूप में पहचानने में। उन्होंने उन्हें प्रेम से आलिंगन करते हुए कहा–

शीघ्र ब्रजे रकह प्रयान तोमार वंशे प्रभु दियाछेन सेई स्थान।

अर्थात् तुम्हारे वंश को प्रभु ने वृन्दावन की सेवा का अधिकार सौपा है। इसलिए तुम वृन्दावन जाओ। वही तुम्हारा प्रकृत कार्यक्षेत्र है। तुम्हारे पितृव्य रूप-सनातन महाप्रभु के आदेश से वहाँ रहकर भक्ति धर्म का प्रचार कर रहे है। तुम जाकर उनकी सहायता करो। उनके पश्चात तुम्हें ही महाप्रभु द्वारा प्रचारित वैष्णव धर्म के प्रचार का गुरुतर भार संभालना है, और तैयार करनी है उसकी दार्शनिक भित्ति। पर इस कार्य के लिए वेद वेदान्त का अध्ययन करना आवश्यक है। इसलिए वृन्दावन जाने से पूर्व कुछ दिन काशी में रहकर मधुसूदन वाचस्पति से वेदान्त की शिक्षा ग्रहण करो।

जीव काशी चले गये। मधुसूदन वाचस्पति से वेदान्त पढ़ने लगे। मधुसूदन वाचस्पति का उस समय काशी में प्रबल प्रताप था। वे सार्वभौम भट्टाचार्य के प्रियतम शिष्य थे। न्याय और वेदान्त के भारत विख्यात पण्डित सार्वभौम भट्टाचार्य का महाप्रभु से साक्षात होने के पश्चात मत-परिवर्तन हो गया था। वे भक्ति-सिद्धान्त के अनुसार वेदान्त का प्रचार करने लगे थे। उन्हीं से वेदान्त की शिक्षा ग्रहण कर मधुसूदन वाचस्पति काशी धाम में श्रेष्ठतम प्राचार्य के रूप में प्रतिष्ठित हुए थे।

जीव की अद्भुत मेधा से वाचस्पति प्रभावित हुए। प्रेम से उन्हें वेदान्त का पाठ पढ़ाया उन्नीस वर्ष की आयु में उनके न्याय-वेदान्त। शास्त्र में अद्वितीय होने की ख्याति काशी में चारों ओर फैल गयी।

काशीते श्री जीवेर प्रशंसा सर्व ठाई।
न्याय वेदान्तादि शास्त्रे ऐछे केह नाइ।

काशी में वेदान्त का पाठ समाप्त करने के पश्चात वे वृन्दावन चले गये। अनुमान किया जाता है कि वेदान्त पढ़ने के लिए वे काशी में कम से कम दो वर्ष रहे होंगे। वृन्दावन में उस समय स्वर्णिम युग था। भक्ति की गंगा अबाधगति से उमड़-घुमड़कर वह रही थी। उनके पितृव्य नव-स्थापित कृष्ण-भक्ति के साम्राज्य पर शासन कर रहे थे। कृष्ण के श्रीविग्रहों की स्थापना,कृष्ण-भक्ति-शास्त्रों के निर्माण और कृष्ण-लीला सम्बन्धी स्थलियों के आविष्कार का कार्य तीव्र गति से चल रहा था। रघुनाथभट्ट गोस्वामी, प्रबोधानन्द सरस्वती, गोपालभट्ट गोस्वामी, रघुनाथदास

गोस्वामी, काशीश्वर और कृष्णदास कविराज आदि प्रधान-प्रधान चैतन्य महाप्रभु के परिकर वृन्दावन पहुँच चुके थे और विभिन्न प्रकार से रूप सनातन के प्रचार-कार्य में उनका हाथ बटा रहे थे।

जीव को भी इस कार्य में सहयोग करने के लिए नित्यानन्द प्रभु ने वृन्दावन भेजा था। उन्हें प्राप्त कर रूप और सनातन अति प्रसन्न हुए। उन्हें ले जाकर सब महात्माओं से उनका परिचय कराया, सबका आशीर्वाद दिलवाया। उनकी अवस्था इस समय केवल 19 वर्ष की थी। वे सबसे छोटे और सनातन के भ्रातुपुत्र होने के कारण तो सबके स्नेहभाजन थे ही, उन्हें अपने रूप, गुण, चरित्र, असाधारण पांडित्य, कृष्ण-भजन और वैष्णव सेवा में अदम्य-उत्साह के कारण सबको विशेष रूप से प्रभावित करने में देर न लगी। शास्त्र-चर्चा हो या उत्सव अनुष्ठान सब में वे सबसे आगे रहने लगे।

सनातन गोस्वामी के आदेश से रूप गोस्वामी से दीक्षा ले, वे उनके पास रह कर उनकी सेवा करने लगे। वे उनके लिए विग्रह-सेवा की सामग्री जुटाते, सेवा-पूजा में उनकी सहायता करते, उनके भोजन कर लेने पर उनका प्रसाद ग्रहण करते, उनके शयन करने पर उनका पाद-संवाहन करते, उनके ग्रन्थ-रचना के समय पोथी पत्र जुटाकर देते, आवश्यकता होने पर विभिन्न ग्रन्थों से आवश्यक श्लोकों को खोजकर देते और जब जिस प्रकार से आवश्यक होता ग्रन्थ रचना में उनकी सहायता करते।

भक्तिरत्नाकर और प्रेमविलास में उल्लेख है कि जब रूप गोस्वामी भक्तिरसामृतसिन्धु की रचना में लगे थे, दिग्विजयी श्रीवल्लभ भट्ट आये उनसे मिलने। उस समय जीव गोस्वामी उनके निकट बैठे पंखा कर रहे थे। रूप गोस्वामी ने उन्हें आदर पूर्वक आसन दिया कुछ वार्तालाप के पश्चात वल्लभ भट्ट भक्तिरसामृतसिन्धु के पन्ने उलट कर देखने लगे। उन्हें निम्नलिखित श्लोक में पिशाची शब्द का प्रयोग खटका–

भुक्ति-मुक्ति-स्पृहा यावत् पिशाची हृदि वर्तते।
तावद्धक्ति सुखस्यात्र कथमम्युदयो भवेत?

जब तक भुक्ति-मुक्ति स्पृहारूपी पिशाची हृदय में वर्तमान रहती है, तब तक भक्ति सुख का उदय होना सम्भव नहीं।

उन्होंने पिशाची शब्द श्लोक से निकाल कर इस प्रकार उसका संशोधन करने की बात कही–

व्याप्नोति हृदयं यावद्भुक्ति-मुक्ति स्पृहाग्रह

रूप गोस्वामी ने उनके प्रति श्रद्धा और अपने दैन्य के कारण संशोधन सहर्ष स्वीकार कर लिया। जीव को उनका संशोधन नहीं जंचा। उन्हें एक नवागत व्यक्ति

का गुरुदेव जैसे महापण्डित और शास्त्रज्ञ की रचना का संशोधन करने का साहस भी पण्डितों के शिष्टाचार के प्रतिकूल लगा। क्रोधाग्नि उनके भीतर सुलगने लगी। पर गुरुदेव उस संशोधन को स्वीकार कर चुके थे, इसलिए वे उनके सामने कुछ न कह सके। उनके परोक्ष में उनसे तर्क द्वारा निपट लेने का निश्चय कर चुपचाप बैठे रहे। वे क्या जानते थे कि जिन्होंने संशोधन सुझाया है वे कोई साधारण व्यक्ति नहीं, एक दिग्विजयी पण्डित हैं।

थोड़ी देर बाद जब वल्लभ भट्ट जमुना नदी स्नान को गये, तो वे भी उनके वस्त्रादि लेकर उनके पीछे पीछे गये। कुछ दूर जाकर क्रुद्ध और कठोर स्वर में बोले-श्रीमान् आपने भक्ति रसामृतसिन्धु में जो संशोधन सुझाया वह ठीक नहीं। गुरुदेव ने केवल दैन्यवश उसे स्वीकार कर लिया है।

पण्डित हक्का-वक्का सा तरुण की ओर देखते रह गये। कुछ अपने आपको संभालते हुए बोले-क्यों भाई मुक्ति को पिशाची कहना तुम्हें अच्छा लगता है? मुक्ति बहुत से साधकों की काम्य-वस्तु और सिद्धों की चिरसंगिनी है, शोक-नाशिनी और आनन्ददायिनी है। उसकी पिशाची से तुलना करना अनुचित नहीं है?

जीव ने विनम्रतापूर्वक कहा—आचार्य! मुक्ति को पिशाची कहना अनुचित हो सकता है। पर उस श्लोक में मुक्ति को पिशाची कहा ही कब गया है? पिशाची कहा गया है मुक्ति की स्पृहा को, जो यथार्थ है। स्पृहा या वासना चाहे जैसी हो, उसका भक्त के हृदय में कोई स्थान नहीं। यदि वह भक्त के हृदय में प्रवेश कर जाती है, तो उसके भक्तिरस का शोषण कर लेती है और उसे उसी प्रकार अशान्त बनाये रहती है, जिस प्रकार पिशाची किसी मनुष्य के भीतर प्रवेश कर उसे अशान्त बनाये रखती है। शान्त तो केवल कृष्ण भक्त है, जो कृष्ण सेवा के अतिरिक्त और कुछ नहीं चाहते। भुक्ति-मुक्ति कामी जितने भी हैं सब पिशाची-ग्रस्त व्यक्ति की तरह ही अशान्त हैं। श्लोक में पिशाची शब्द का प्रयोग किये बिना भी काम तो चल सकता था, पर उसके बगैर श्लोक का भाव प्रभावशाली ढंग से स्पष्ट न होता। इसलिए पिशाची शब्द का उस में रहना ही ठीक है। आप....।

जीव आवेश में यह सब कहे जा रहे थे। पर आचार्यपाद का ध्यान जगा हुआ था उनके पहले वाक्य पर ही। वे उसके परिपेक्ष में श्लोक को फिर से परखते हुए मन ही मन कह रहे थे-नवयुवक ठीक ही तो कह रहा है। श्लोक में पिशाची मुक्ति की स्पृहा को कहा गया है, न कि मुक्ति को। मेरा मन मुक्ति के प्रसंग मात्र में पिशाची शब्द के प्रयोग से इतना उद्विग्न हो गया था कि स्पृहा की ओर ध्यान ही नहीं गया। जीव की बात काटते हुए वे बोले-तुम ठीक कहते हो। श्लोक में श्पिशाची

मुक्ति की वासना को ही कहा गया है। भक्तों के लिए मुक्ति की वासना पिशाची के ही समान है।

प्रतिभाधर तरुण पण्डित की सूक्ष्म दृष्टि की मन ही मन सराहना कहते हुए उन्होंने जमुना स्नान किया। स्नान के पश्चात फिर रूप गोस्वामी कुटी पर गए। उल्लसित हो उनसे पूछा–वह जो अल्पवयस्क पण्डित आपके पास बैठे थे, वे कौन थे? उनका परिचय प्राप्त करने के उद्देश्य से ही आपके पास लौटकर आया हूँ–

अलप-वयस जे छिलेन तोमा-पाशे। ताँर परिचय हेतु आइनू उल्लासे

रूप गोस्वामी ने कहा–वह मेरा शिष्य और भतीजा है। अभी कुछ ही दिन हुए देश से आया है।

बड़ा प्रतिभाशाली और होनहार है। वहाँ उन्होंने श्लोक के संशोधन के कारण उसके रोष का सब वृतान्त कह सुनाया।

अन्त में कहा-उसका दोष बिल्कुल नहीं था भूल मेरी ही थी। मेरा ध्यान पिशाची शब्द में इतना उलझ गया था कि स्पृहा का ध्यान ही न आया। अब मेरा अनुरोध है कि आप श्लोक को उसी प्रकार रहने दें। उसमें कोई परिवर्तन न करें।

बल्लभ भट्ट चले गये। रूप गोस्वामी ने मन में एक अभूतपूर्व आलोड़न छोड़ गये। जैसे ही जीव जमुना-स्नान से लौटकर आये, उन्होंने उनकी कड़ी भर्त्सना करते हुए कहा–

मोरे कृपा करि भट्ट आइला मोर पाशे।
मोर हित लागि ग्रन्थ शुधिव कहिला
ए अति अलप वाक्य सहिते नारिला।
ताहे पूर्व देशे शीघ्र करह गमन।
मन स्थिर हइले आसिबा वृन्दावन

भट्टजी ने बड़ी कृपा की जो मेरे पास आये और मेरे हित के लिए मेरे ग्रन्थ में संशोधन करने को कहा। तुम से उनकी इतनी बात भी सहन न हुई। इसलिए तुम यहाँ रहने योग्य नहीं। शीघ्र चले जाओ यहाँ से। यहाँ आना जब तुम्हारा मन स्थिर हो जाय।

प्रेम विलास में इस विस्फोटक स्थिति का इस प्रकार वर्णन है–

रूप गोस्वामी ने जीव को बुलाकर कहा-अरे मूढ़! तू वैराग्यवेश के योग्य नहीं। तूने अपरिपक्व अवस्था में ही वैराग्य धारण कर लिया। तुझे क्रोध आया। क्रोध के ऊपर क्रोध न आया? जा, यहाँ से वापस चला जा। मैं तेरा मुख भी नहीं देखना चाहता।

जीव नतमस्तक हो चुपचाप सुनते रहे। अपने अपराध के गुरुत्व का बोध उन्हें होने लगा-सचमुच क्रोध का त्याग किये बिना सर्वत्यागी वैरागी होना और श्री कृष्ण के चरणों में पूर्ण आत्मसमर्पण होना सम्भव नहीं।

शोक और अनुताप की अग्नि उनके अन्तर में धूं-धूंकर जलने लगी। गुरु आज्ञा शिरोधार्य कर क्रन्दन करते करते उन्हें प्रणाम कर वे वहाँ से चल दिये।

जीव वृन्दावन से बहुत दूर निर्जन वन प्रान्त में एक पर्णकुटी निर्माण कर उसमें रहने लगे। आरम्भ किया कठोर वैराग्यपूर्ण कृच्छ्र साधना का जप-ध्यानमय जीवन। संकल्प किया कि जब तक गुरुदेव के मनोभाव के अनुकूल अपने जीवन में आमूल परिवर्तन न कर लेंगे, तब तक उस निर्जन कुटी को छोड़ लोकालय में प्रवेश न करेंगे। वे भिक्षा के लिए भी न जाते। दूर ग्राम से आकर यदि कोई कुछ भिक्षा दे जाता तो उसे ले लेते। नहीं तो कई कई दिन तक उपवासी रहते या जमुना जल पीकर ही रह जाते। कभी भिक्षा में प्राप्त गेहूँ का चूर्ण कर उसे पानी में मिलाकर पी जाते-

बहु यत्ने किञ्चित् गोधूमचूर्ण लैया। करये भक्षण ताहा जले मिशाइया।

इस प्रकार जीवन निर्वाह करते बहुत दिन हो गये। शरीर अत्यन्त दुर्बल हो गया। एक दिन अकस्मात् सनातन गोस्वामी उन्हें खोजते हुए उधर आ निकले। उनकी दशा देख उनका हृदय द्रवित हो गया। वृन्दावन जाकर रूप गोस्वामी से उन्हें बुला लेने का अनुरोध करना चाहा पर सहसा इस सम्बन्ध में कुछ न कहकर उनसे पूछा–

तुम्हारे भक्तिरसामृतसिन्धु का काम कहाँ तक हो पाया है?

काम तो बहुत कुछ हो गया है। पर अब तक कभी का समाप्त हो लेता यदि जीव होता। उसे मैंने किसी अपराध के कारण अपने पास से हटा दिया हैं, रूप गोस्वामी ने उत्तर दिया।

सनातन गोस्वामी ने अवसर पाकर तुरन्त कहा–मैं सब जानता हूँ। उसे मैं देख कर आया हूँ। अनाहार, अनिद्रा, उपवास और कठोर तपस्या के कारण उसका शरीर इतना जर्जर हो गया है कि उसकी ओर देखा भी नहीं जाता। बस प्राण किसी प्रकार जाने से रूक रहे हैं। तुमने आजन्म महाप्रभु के जीवे दया नामे रूचि के सिद्धान्त का पालन किया है। क्या अपने ही जीव को अपनी दया से वंचित रखोगे?

रूप गोस्वामी ने गुरुवत् ज्येष्ठ भ्राता का इंगित प्राप्त कर जीव को क्षमा करने का निश्चय किया। उसी समय किसी के हाथ पत्र भेज कर उन्हें अपने पास बुला लिया। जीव का प्रायश्चित्त तो हो ही चुका था। उनके स्वभाव में मनोवांछित परिवर्तन भी हो गया था। गुरुदेव की करुणा प्राप्त कर उन्होंने नया जीवन लाभ किया। वास्तव में, देखा जाय तो यह सारी घटना प्रभु की प्रेरणा से ही हुई थी। इसमें

दोष किसी का नहीं था। इसके द्वारा प्रभु को भक्त-साधकों को हर प्रकार की कामना वासना यहाँ तक कि मुक्ति तक की वासना से सावधान करना था। साथ ही वल्लभभट्ट के संशोधन, जीव गोस्वामी के क्रोध और रूप गोस्वामी के शासन द्वारा भक्तों के कल्याण के लिए आदर्श स्थापित करना था वल्लभ भट्ट से भूल करवा कर और उसे स्वीकार करवा कर उनके औदार्य का, जीव से संशोधन का प्रतिवाद करवाकर गुरु-मर्यादा की रक्षा करने का, रूप गोस्वामी से संशोधन स्वीकार करवा और जीव को दण्ड दिलवाकर उनके दैन्य का।

इस सम्बन्ध में यह विशेष रूप से उल्लेखनीय है कि जीव गोस्वामी ने भक्तिरसामृतसिन्धु की अपनी टीका में उक्त श्लोकी व्याख्या करते समय वल्लभाभट्ट के संशोधित पाठकी भी सराहना की है। उन्होंने लिखा है–

व्याप्नोति हृदयं यावद्भुक्ति-मुक्ति स्पृहाग्रह इति पाठान्तरन्तु सुश्लिष्ट।

सन् 1541 में भक्ति रसामृतसिन्धु की रचना समाप्त हुई। श्रीसतीशचन्द्र मित्र ने लिखा है कि इसके एक वर्ष बाद सन् 1542 में रूप गोस्वामी ने जीव को पृथक् रूप से सेवा करने के लिए राधादामोदर की जुगलमूर्ति प्रदान की। भक्तिरत्नाकर में उद्घृत साधन दीपिका के एक श्लोक में इसका उल्लेख इस प्रकार है–

राधादामोदरो देवः श्रीरूपेण प्रतिष्ठितः।
जीवगोस्वामिने दत्तः श्रीरूपेण कृपान्धिना।।

अर्थात् कृपा के सागर श्रीरूप गोस्वामी ने श्री राधा दामोदर देव को प्रकट कर सेवार्थ जीव गोस्वामी को प्रदान किया। भक्तिरत्नाकर में यह भी उल्लेख है कि राधादामोमर ने स्वप्न में रूप गोस्वामी को उन्हें जीव गोस्वामी को समर्पण करने की आज्ञा दी थी। रूप गोस्वामी ने स्वप्न में देखी मूर्ति के समान ही मूर्ति तैयार करवा कर जीव को दी थी। इससे स्पष्ट है कि राधादामोदर स्वयं ही जीव गोस्वामी की प्रेम-सेवा के लोभ से उनके पास आये थे। तभी वे उनसे तरह-तरह के खाद्य माँगते थे और जीव उन्हें खाते देखते थे-

मध्ये मध्ये भक्ष्य द्रव्य मागे श्रीजीवेरे। श्रीजीव देखये प्रभु भुजे जे प्रकारे

एक बार उन्होंने उन्हें बुला कर हंस-हंस कर बंशी बजाते हुए अपने भुवन मोहन रूप के दर्शन दिये उसे देख जीव मूर्च्छित हो गये। चेतना आने पर उनके हृदय में आनन्द समा नहीं रहा था और दोनों नेत्रों से बहती अश्रुधार उनके वक्ष को सिक्त कर रही थी–

एक दिन बाजाय वांशी हाँसिया हाँसिया।
श्रीजीवे कहये-मोरे देखह आसिया

कैशोर बयस, वेश भुवन मोहन। देखितेइ श्रीजीव हइल अचेतन
चेतन पाइया हिया आनन्दे उथले। भासये दीघल टूटी नयनेर जले

सनातन गोस्वामी को श्रीकृष्ण ने जो गोवर्द्धनशिला प्रदान की थी, वह भी उनके अप्राकटय के पश्चात जीव गोस्वामी राधादामोदर के मन्दिर में ले आये थे। वह शिला आज भी वहाँ वर्तमान है। कुछ दिन बाद राधादामोदर के मूल विग्रह को औरंगजेब के भय से जयपुर ले जाया गया, जहाँ वे अब है। राधादामोदर के मन्दिर में उनकी जगह एक प्रतिभू विग्रह की स्थापना हुई, जिनकी सेवा शृंगारवट के दक्षिण पूर्व रूप गोस्वामी की भजन कुटी के निकट राधादामोदर के वर्तमान मन्दिर में अब होती है।

इस मन्दिर का निर्माण हुआ सन् 1558 के बाद जब रूप गोस्वामी अप्रकट हो चुके थे। यह सूचना वृन्दावन शोध संस्थान में सुरक्षित एक दस्तावेज की नकल से मिलती है, जिसके अनुसार जीव गोस्वामी ने इस मन्दिर के लिए जमीन 1558 में आलिषा चौधरी नाम के एक व्यक्ति से खरीदी थी। मन्दिर के एक प्रकोष्ठ में जीव गोस्वामी ने बड़े कष्ट से संग्रह किये हुए बहुमूल्य प्राचीन ग्रन्थों का एक भण्डार रख छोड़ा था, जिसका दुर्भाग्य से चिह्न भी अब वहाँ नहीं है। इस ग्रन्थ भण्डार का प्रमाण स्वयं जीव गोस्वामी का संकल्प पत्र है, जो शोध संस्थान वृन्दावन में सुरक्षित है। उसमें इसका विशेष रूप से वर्णन है। यह संकल्प पत्र भी उस भण्डार से ही प्राप्त हुआ था।

12-13 वर्ष वाद वृन्दावन के आकाश पर दुर्दैव की कालिमा छा गई। सनातन गोस्वामी नित्यलीला में प्रवेश कर गये। रघुनाथभट्ट और रूप गोस्वामी ने शीघ्र अनुगमन किया। काशी के भारत विख्यात संन्यासी प्रकाशानन्द सरस्वती, जो महाप्रभु की कृपा लाभ करने के पश्चात प्रबोधानन्द सरस्वती के नाम से वृन्दावन में वास कर रहे थे, पहले ही अन्तर्धान हो चुके थे। महाप्रभु के प्रधान परिकरों में जो बच रहे उनमें जीव को छोड़ और सब-लोकनाथ गोस्वामी, गोपालभट्ट गोस्वामी, रघुनाथदास गोस्वामी और चैतन्यचरितामृत के रचयिता कृष्णदास कविराज आदि बहुत वृद्ध हो जाने के कारण लोकान्तर यात्रा की प्रतीक्षा कर रहे थे।

ऐसे में महाप्रभु द्वारा प्रचारित भक्ति-धर्म की जिस विजय पताका को रूप सनातन ने फहराया था, उसे ऊँचा बनाये रखने का भार आ पड़ा जीव गोस्वामी पर। उन्होंने सब प्रकार से इसके योग्य अपने को सिद्ध किया। उनके पाण्डित्य की ख्याति पहले ही चारों ओर फैल चुकी थी। जो दिग्विजयी पण्डित आते वृन्दावन शास्त्रविद् वैष्णवों के साथ तर्क-वितर्क करने उन्हें वैष्णव-समाज के मुखपात्र श्री जीव गोस्वामी

के सम्मुख जाना पड़ता। उन्हें उनके साधन बल और असाधारण पाण्डित्य के कारण निस्प्रभ होना पड़ता।

बहुत से भक्त और जिज्ञासु आते भक्ति-धर्म में दीक्षा ग्रहण करने या भक्ति-शास्त्र की शिक्षा ग्रहण करने। सबकी इच्छा जीव गोस्वामी के चरणों में आत्म समर्पण करना होती थी। सबको वहाँ आश्रय मिलता। बहुत से लेखकों और टीकाकारों की जीव गोस्वामी का मुखापेक्षी होना पड़ता। साधनतत्त्व की मीमांसा हो या किसी शास्त्र की व्याख्या, जीव गोस्वामी के अनुमोदन बिना उसे वैष्णव-समाज में मान्यता प्राप्त करना असम्भव होता। इसलिए रूप सनातन के अन्तर्धान के पश्चात जीव गोस्वामी का व्रज मण्डल के अधिनायक के रूप में उभर आना स्वाभाविक था

उपसंहार

मीरा की अपूर्व ख्याति का सभी अपने-अपने हिसाब से दोहन करते रहे। परिणाम स्वरूप मीरा के सहज-सरल जीवन को उपन्यास जैसा चटपटा किन्तु यथार्थ से परे बनाने में कोई कसर बाकी नहीं रखी। एक ओर वे भगवान कृष्ण की अनन्य प्रेमिका के साथ ब्रज गोपी का अवतार मानी गईं तो दूसरी ओर उन्हें ज्ञान प्राप्ति के लिये काशी के चौक में सन्त रैदास को गुरू बनाते भी दिखाया गया। एक ओर स्वयं हरि गरुडारूढ होकर उन्हें विषनिद्रा से जगाने आते हैं, दूसरी ओर साधारण से परामर्श के लिये उन्हें सैंकडों मील दूर काशी में तुलसीदास के पास पत्रवाहक दौड़ाना पड़ता है। इसी प्रकार मीरा का वल्लभ सम्प्रदाय में दीक्षित होना, बादशाह अकबर का तानसेन के साथ छद्म वेश में चित्तौड आना, मीरा का तुलसीदास से मार्गदर्शन हेतु पत्र व्यवहार, वृंदावन में मीरा और जीव गोस्वामी प्रकरण आदि भी इसी प्रयास की कडियाँ हैं।

मीरा के सत्तर वर्षीय जीवन को लेकर जनश्रुतियों के द्वारा उत्पन्न भ्रान्तियों की भरमार से इस सहज-सरल समर्पिता को भी विवादास्पद बनाने के प्रयास भी अनजाने ही होते रहे हैं। मीरा की प्रसिद्धी को अपनी यशवृद्धि का माध्यम बनाने के प्रयासों में ऐसा बहुत कुछ जोड़ा जाता रहा, जिसकी पुष्टि किसी भी साक्ष्य से नहीं होती। उदाहरणार्थ मीरा के वल्लभ सम्प्रदाय में दीक्षित होने की जनश्रुति को ही लें। कृष्णभक्त होने के कारण मीरा के पुष्टिमार्ग में दीक्षित होने का प्रचार, वस्तुतः मीरा की प्रसिद्धि में सहायक बनाने के लिये किया गया था।

पुष्टिमार्ग के प्रमुख ग्रन्थ चौरासी वैष्णवन की वार्ता में मीरा सम्बन्धी प्रसंग इस जनश्रुति को मिथ्या प्रमाणित करते हैं। वे प्रसंग इस प्रकार हैं–

गोविन्द दुबे सांचोरा ब्राह्मण तिनकी वार्ता और एक समें गोविन्द दुबे मीराबाई के घर हुते तहां मीराबाई सों भगवद्वार्ता करत अतके। तब श्री आचार्य जी ने सुनी जो गोविन्द दुबे मीराबाई के घर उतरे हैं सो अतके हैं, तब श्री गुंसाईजी ने एक श्लोक लिखी पठायो, सो एक ब्रजवासी के हाथ पठायो। तब वह ब्रजवासी चल्यौ सो वहाँ जाय पहुंचौ। ता समय गोविन्द दुबे सन्ध्यावन्दन करते हुते, तब ब्रजवासी ने आय के वह पत्र दीनो, सो पत्र बांचि के गोबिंद दुबे तत्काल उठे, तब मीरांबाई ने बहुत समाधान कियो, परि गोबिन्द दुबे ने फिर पाछें नहीं देखो। प्रसंग 2, चौरासी वैष्णवन की वार्ता, डाकोर सं 1930, पृष्ठ 126-127)

अथ मीरांबाई के पुरोहित रामदास तिनकी वार्ता

सो एक दिन मीरांबाई के श्री ठाकुर जी आगे रामदासजी कीर्तन करत हुते सो रामदासजी श्री आचार्यजी महाप्रभून के पद गावत हुते, तब मीरां बाई बोली जो दूसरो पद श्री ठाकुर कौ गावो। तब रामदास ने कह्यो मीरांबाई सों, तो यह कौन को पद है? जो जा आज से तेरो मुंहडों कबहूँ न देखूंगो, तब तहां ते सब कुटुम्ब को लै के रामदास जी उठि चले, तब मीरां बाई ने बहुतेरो कह्यो परि रामदासजी रहे नाहीं। पछे फिरी वाको मुख न देख्यो। ऐसे अपने प्रभुन सों अनुरक्त हुते। सो वा दिन तें मीरांबाई को मुख न देख्यो, वाकि वृत्ति छोड दीन्ही, फेर वाके गाँव के आगे होय के निकसे नाहीं। मीरांबाई ने बहुत बुलाये परि वे रामदासजी आए नाहीं। तब घर बैठे भेंट पठाई सोई फेर दीन्हीं और कह्यो जो तेरो श्री आचार्यजी महाप्रभून उपर समत्व नाही जो हमको तेरी वृत्ति कहा करनी है।(प्रसंग 1 चौरासी वैष्णवन वार्ता, डाकोर सं 1930, पृष्ठ 131-132)

ऐसा ही एक और प्रसंग है। अथ कृष्णदास अधिकारी तिनकी वार्ता

सो वे कृष्णदास शूद्र एक बेर द्वारका गए हुते सो श्री रणछोरजी के दर्शन करिके तहां से चले सो आपन मीराबाई के गांव आये सो वे कृष्णदास मीराबाई के घर गए तहां हरिवंश व्यास आदि वैष्णव हुते सो काहू को आयै दस दिन भये, काहू को पंद्रह दिन भये हुते तिनकी बिदा न भई हुती और कृष्णदास ने तो आवत ही कही जो हूं तो चलूंगौ। तब मीरांबाई ने कही जो बैठो तब कितनेक मोहर श्रीनाथ को देन लगी सा कृष्णदास ने न लीनी और कह्यो जो तू श्री आचार्यजी महाप्रभून की सेवक नांही होत ताते भेंट हम हाथ ते छुवेंगे नाहीं। ऐसे कहिके कृष्णदास उहां से उठि चले। (प्रसंग 1 चौरासी वैष्णवन वार्ता, डाकोर सं 1960)

उपरोक्त प्रसंग मीरा के वल्लभाचार्य की शिष्या होने और पुष्टिमार्ग में दीक्षित होने सम्बंधी जनश्रुति का खण्डन करते हैं। ब्रज और गुजरात में मीरा को प्राप्त यश

वस्तुतः वल्लभ सम्प्रदाय के प्रसार में बाधक हो रहा था। ये दोनों ही क्षेत्र पुष्टिमार्ग के गढ़ बन रहे थे। इस सम्प्रदाय के अराध्य तो कृष्ण ही थे, जबकि मीरा की कृष्णभक्ति आम जन में सर्वाधिक आदर से देखा जा रहा था। कृष्णभक्ति का परचम उठाए श्रीमद् वल्लभाचार्य स्वयं को नन्दबाबा कह कर कृष्ण द्वारा प्रतिदिन उनका बनाया भोजन स्वयं आकर ग्रहण करने का दावा करते थे, जबकि उनके अनुयायी महाप्रभु जी को कृष्ण का अवतार ही घोषित कर रहे थे। ऐसे में मीरा जैसी कृष्ण समर्पिता का वल्लभाचार्य और उनके पुष्टिमार्ग को स्वीकार न करना पुष्टिमार्ग के प्रसार में बाधक हो रहा था। इस बाधा को दूर करने के लिये मीरा को महाप्रभुजी की शिष्या होना प्रचारित किया जाने लगा।

इसी प्रकार सन्त रैदास को मीरा द्वारा गुरू रूप में स्वीकार किये जाने की जनश्रुति भी रैदास की महत्ता बढ़ाने के लिये गढ़ी हुई प्रतीत होती है। इस जनश्रुति का मूल आधार मीरा के नाम से प्रसिद्ध कुछ स्फुट पद हैं–

1. **मेरो मन लागो हरिजी सूं, अब न रहूंगी अटकी।**
गुरू मिलिया रैदास जी, दीन्हीं ज्ञान की गुटकी।।
(मीरा शब्दावली, वेलडियर प्रेस पृ 25)

2. **गुरू रैदास मिले मोहि पूरे, धुर से कलम भिडी।**
सतगुरू सैन दई जब आकें, जात में जोत जली।।

3. **रैदास सन्त मिले मोंहिं सतगुरू दीन्हा सुरति सहदानी।**

गुजरात में भी मीरा का एक पद प्रसिद्ध है–

झांझ पखावज वेणु बाजिया, झालरनो झनकार।
काशी नगर के चौक मां मने गुरू मिलिया रोहिदास।।

किन्तु काशी के चौक में मीरा को गुरू रूप में रैदास का मिल पाना संभव ही नहीं था। कबीर के समकालीन रैदास का काल सम्वत् 1455 से 1575 के आसपास, लगभग 120 वर्ष माना गया है। रैदास की मृत्यु के समय मीरा की आयु 18 वर्ष से अधिक हो ही नहीं सकती और उस अवस्था में मीरां के पति जीवित थे, और वे मेवाड में ही थीं। इस समय मीरा का काशी जाना या 120 वर्षीय वृद्ध रैदास का मेवाड़ आना दोनों ही असंभव सिद्ध होते हैं। स्थान और काल के विचार से मीरा और रैदास का एक दूसरे के सम्पर्क में आना संभव नहीं था।

इन सब बातों से स्पष्ट है कि मीरा स्वतंत्र और उदार प्रकृति की महिला थीं। सम्प्रदाय के सीमित घेरों में बंधना उन्हें स्वीकार न था, सम्प्रदायों की सीमा से वे बहुत परे थीं। कितना ही प्रयत्न करके श्री वल्लभाचार्य जी के शिष्य उन्हें अपने सम्प्रदाय

में न ला सके। प्रियादास ने भी भक्तमाल की टीका में मीरा को रैदास की शिष्या नहीं लिखा। इसके विपरीत उनकी पितामही सास, राणा सांगा की माता झाली रानी रत्नकुंवरी को रैदास की शिष्या लिखा है। यदि मीरा भी रैदास की शिष्या होती तो प्रियादास इसका उल्लेख करना कभी नहीं भूलते। रघुराज सिंह रचित भक्तमाल में भी मीरा के रैदास की शिष्या होने का उल्लेख नहीं है। केवल उपरोक्त स्फुट पदों में ही मीरा के रैदास की शिष्या होने का वर्णन मिलता है जो संभवतः रैदास के शिष्यों की रचनाएं हैं। यह संभव है कि अपनी विनम्र, उदार भावना के कारण उन्होंने सभी सम्प्रदायों की सत्संगति की होगी और बहुत संभव है कि अपनी पितामही सास झाली रानी के पास आने वाले रैदास के शिष्यों से वे प्रभावित हुई हों। किन्तु किसी सम्प्रदाय विशेष या गुरू विशेष की शिष्या बन कर रहना उनकी प्रकृति के अनुकूल नहीं था।

सन्त तुलसीदास और मीराबाई के बीच पत्र व्यवहार की जनश्रुति का भी यथार्थ से दूर तक सम्बंध नहीं है। इसमें मीरा का अपने भक्तिमार्ग में आने वाले कष्टों का वर्णव करते हुए, उनसे मार्गदर्शन मांगती हैं। उत्तर में तुलसीदास - ताजिये ताहि कोटि बैरी सम, जधपि परम सनेही - पद भेज कर, मीरा को गृह त्याग का परामर्श देते हैं। इस पत्रव्यवहार का उल्लेख न तो प्रियादास की टीका में मिलता है और न ही रघुराजकृत भक्तमाल में।

बाबा वेणीमाधव रचित गुंसाई चरित में ही यह कल्पना साकार होती है कि संवत् 1616 में, मेवाड सुखपाल नामक ब्राह्मण द्वारा मीरा ने पत्रिका भिजवाई थी, जिसका उत्तर तुलसीदास के पद के रूप में प्राप्त हुआ। बाबा वेणीमाधव ने तुलसी को सर्वश्रेष्ठ सिद्ध करने हेतु अनेक कथाएं गढ़ी थीं, जो स्थान, काल और पात्र की दृष्टि से विचार करने पर असंभव प्रतीत होती हैं। इन कथाओं में महाकवि केशव दास द्वारा एक ही रात में रामचंद्रिका जैसे वृहद महाकाव्य की रचना करके अस्सीघाट पर गुंसाई जी के दर्शनों को जाते हैं। रसखान को तीन वर्ष तक रामचरितमानस सुनना पड़ता है। इतना ही नहीं 75 वर्षीय महात्मा सूरदास को अपने अन्धत्व और वृद्धावस्था के बावजूद सूरसागर दिखाने, अपने से बहुत छोटी आयु के तुलसीदास के पास काशी आना पडता है। मीरा पर इतनी कृपा कैसे हो गई कि वे ब्राह्मण के हाथों पत्र भेज कर मुक्त हो गईं। वेणीमाधव ने उन्हें स्वयं काशी यात्रा करते नहीं बताया।

स्थान, काल और पात्र की दृष्टि से विचार करने पर भी यह कल्पना कपोल-कल्पित प्रतीत होती है। मीरा पर अत्याचारों की बात संवत् 1590 के पूर्व की है। संवत् 1591 से पूर्व ही मीरा मेवाड़ छोड कर जा चुकी थी। क्योंकि उस वर्ष

हुए जौहर में मीरा सम्मिलित नहीं थी। इस प्रकार पत्र का अधिकतम संवत् 1591 हो सकता है, लेकिन गुसाई चरित में संवत् 1616 का उल्लेख हुआ है। उस समय तो मीरा मेवाड़ में ही नहीं थी।

विद्वानों के बहुमत ने गोस्वामी जी का जन्म संवत् 1585 में माना, जबकि बाबा वेणीमाधव ने उनका जन्म 1554 बताया है। इस हिसाब से भी सम्वत् 1590-91 में वे पैंतीस-छत्तीस वर्ष के युवक मात्र थे। तब तक उन्होंने ऐसा कोई कार्य नहीं किया था, जिससे मेवाड़ से सुदूर राज्य तक उनकी ख्याति पहुँच पाती। इसके विपरीत मीरा के मार्गदर्शन के लिये महाप्रभु वल्ल्भाचार्य, गोस्वामी विठ्ठलनाथ, महात्मा सूरदास, गुसाई हितहरिवंश, स्वामी हरिदास जैसे महात्मा ब्रजमण्डल में उपलब्ध थे, जिन्होने उस समय तक काफी कीर्ति अर्जित कर ली थी।

कुंवर कृष्ण ने बाबा वेणीमाधव के कथन को सत्य और सुसंगत प्रमाणित करने के लिये अपने निबंध मीराबाइ-जीवन और कविता में यह अनुमान लगाया कि जब ब्रजभूमि में मुगलपठानों के रण वाद्य बजने लगे तो संभवतः सन् 1612-13 के आसपास मीरा पुनः चितौड की ओर रवाना हुई। सम्भवतः इसी समय उन्होंने सुखपाल के हाथों पत्रिका भेजी हो जो तुलसीदास जी को सन् 1616 के बाद मिल सकी थी।

इस अनुमान में भी कुछ सत्य नहीं है, क्योंकि मीरा वृंदावन से सीधे द्वारका चली गईं। उनके मेवाड़ फिर लौटने का कोई प्रमाण नहीं मिलता। मीरा द्वारा पत्र व्यवहार की कल्पना तुलसीदास की महत्ता स्थापित करने के लिये की गई प्रतीत होती है।

इसी प्रकार वृंदावन में भक्त शिरोमणी जीव गोस्वामी के दर्शन हेतु मीरा का जाना और उनके स्त्री मुख दर्शन निषेध सम्बंधी घटना में भी कल्पना का प्राधान्य दिखाई देता है। प्रचलित कथा के अनुसार मीरा वृंदावन में भक्त शिरोमणी जीव गोस्वामी के दर्शन के लिये गईं। गोस्वामी जी सच्चे साधु होने के कारण स्त्रियों को देखना भी अनुचित समझते थे। उन्होंने अन्दर से ही कहला भेजा कि हम स्त्रियों से नहीं मिलते, इस पर मीरा बाई का उत्तर बडा मार्मिक था। उन्होंने कहा कि वृन्दावन में श्रीकृष्ण ही एक पुरुष हैं, यहां आकर जाना कि उनका एक और प्रतिद्वन्द्वी पैदा हो गया है। मीरा का ऐसा मधुर और मार्मिक उत्तर सुन कर जीव गोस्वामी नंगे पैर बाहर निकल आए और बड़े प्रेम से उनसे मिले। इस कथा का उल्लेख सर्वप्रथम प्रियादास के कवित्तों में मिलता है–

वृन्दावन आई जीव गुसाई जू सो मिल झिली, तिया मुख देखबे का पन लै छुटायौ।

मुन्शी देवीप्रसाद मीरा बाई का जीवन चरित्र में लिखते हैं–एक दफे मथुरा होकर वृन्दावन को गई थीं, वहां एक ब्रह्मचारी बोला कि मैं स्त्री मुख नहीं देखता हूं। मीरा बाई ने कहा वाह महाराज अभी तक स्त्री-पुरुष में ही उलझे हैं, अर्थात समदृष्टि नहीं हुए हैं।

सीताराम शरण भगवान प्रसाद रूपकला अपने ग्रन्थ श्री मीरां बाई जी में लिखते हैं कि–मीरांबाई ने प्रसिद्ध महात्मा रूप तथा सनातन गोस्वामी जी के दर्शन किये और जीव गोस्वामी के दर्शनों की अभिलाषा प्रकट की। परन्तु जब सुना कि वे स्त्रियों का मुख देखना तो दूर रहा उन्हें अपने आश्रम में भी घुसने तक नही देते। तब उन्होंने एक पत्रिका लिख भेजी कि - श्री वृन्दावन तो श्री बिहारी जी का रंगमहल रहस्यकुंज है, और वास्तव में तो यहां सब स्त्रियां ही हैं। पुरुष तो एक ब्रजबिहारी श्री कृष्णचन्द्र आनन्दकन्द महाराज मात्र ही हैं। आप विख्यात विवेकी महात्मा होते हुए भी अपने आपको यदि पुरुष मानते हो तो जो श्री अन्तरूपुरी में आपने स्थान अधिकार किया है, इस निडर साहस की इस आश्चर्यमय घृष्टता की सूचना स्वामिनी श्री राधिका महारानी की सेवा में अभी-अभी क्यों नहीं पहुँचाई जावे? सो आप शीघ्रतर बताने की कृपा कीजिये कि सच ही आप अपने तईं पुरुष मानते हैं? इस पत्रिका को पढ़कर गोस्वामी जी की समझ में आ गया कि मीरा कोई सामान्य व्यक्ति नहीं है, वरन् द्वापर की गोपी का अवतार हैं। तत्काल ही जीव गुंसाई नंगे पांव चल कर मीरा बाई जी से आ मिले।

इसके विपरीत शिशिर कुमार घोष लॉर्ड गौरांग ओर सैल्वेशन फॉर गॉड में मीरा बाई की भेंट रूप गोस्वामी से होना बताते हैं। प्रथम भाग की भूमिका में वह लिखते हैं–

"When Mirabai the Rajput princess who left everything for her love for Krishna visited the renowned Rupa Goswami of Vrindaban, one of the chief Bhaktas of Shree Gaurang (Chaitanya)--------"

इसी प्रकार गौडीय वैष्णवों में भी इस कथा का पर्याप्त प्रचार है। किन्तु वहां जीव गोस्वामी के स्थान पर उनके चाचा रूप गोस्वामी का नाम लिया जाता है।

स्थान और काल की दृष्टि से इस विसंगति को दूर करने में डॉ सुशील कुमार डे सहायक बनते हैं। संस्कृत काव्यशास्त्र के इतिहास में उन्होंने जीव गोस्वामी का जन्म शक् 1445, सम्वत् 1580 और मृत्यु शक् 1540, सम्वत् 1675 मानी है। कुछ विद्वान उनका जन्म 1570 में मानते हैं। इस प्रकार वे मीरा से दस अथवा उससे भी कुछ अधिक वर्ष छोटे प्रमाणित होते हैं। वृन्दावन गमन के समय वे चालीस वर्ष

की थीं। अतः तीस वर्ष से भी कम अवस्था वाले संन्यासी के दर्शन के लिये एक प्रौढ वयस्क भक्त का जाना असंगत लगता है। वह भी तब, जब वृन्दावन में जीव गोस्वामी के परम विख्यात विद्वान और भक्त चाचा रूप गोस्वामी भी उपस्थित हों। यह दूसरी बात है कि कालान्तर में जीव गोस्वामी विद्वता, भक्ति और प्रसिद्धि में अपने चाचा से आगे निकल गए। लेकिन तब वे एक नवयुवक संन्यासी मात्र थे ऐसा प्रतीत होता है कि कालान्तर में जीव गोस्वामी की अधिक प्रसिद्धि हो जाने के कारण ही रूप के स्थान पर जीव नाम प्रचलित हो गया होगा।

अपने-अपने संप्रदायों की ख्याति बढाने के लिये मीरा के साथ किये गए सायास अन्याय के ये कुछ उदाहरण मात्र हैं। वस्तुतः मीरा न किसी सम्प्रदाय में दीक्षित हुईं और न ही किसी को गुरु बनाया। स्वयं गिरधारी ही उनके पति, सखा, गुरु, रक्षक आदि सभी कुछ थे। ऐसे अद्वितीय, अनादि ब्रह्म को अपना सर्वस्व सौंप देने के बाद, उस तक पहुंचने के लिये, किसी पंथ की मोह माया में जकडे स्व्यंभू गुरु की आवश्यकता ही कहाँ रह जाती थी? वे तो अपने मन की वारिधि में, प्रियतम श्रीकृष्ण की छवि बसाये, स्वतन्त्र मीन सी विचरण करती हुई, अन्ततः उसीमें विलीन हो जाने वाली महामना, मनस्विनी, महामानवी थीं।

7

मूल्यांकन

मीरा का नाम किसी परिचय का मोहताज नहीं। वह श्री कृष्ण जी की अनन्य भक्त थी। मीरा का जन्म 1498 में हुआ था। इनके पिता मेड़ता के राजा थे। जब मीरा बाई बहुत छोटी थी तो उनकी माता ने श्री कृष्ण जी को यूँ ही उनका दूल्हा बता दिया। इस बात को मीरा जी सच मान गईं। उन पर इस बात का इतना प्रभाव पड़ा कि वह श्री कृष्ण जी को ही अपना सब कुछ मान बैठीं। जवानी की अवस्था में पहुँचने पर भी उनके प्रेम में कमी नहीं आई। और युवतियों की तरह वह भी अपने पति को लेकर विभिन्न कल्पनाएँ करती थीं परन्तु उनकी कल्पनाएँ, उनके सपने श्री कृष्ण जी से आरम्भ होकर उन्ही पर ही समाप्त हो जाते।

समय बीतता गया। मीरा जी का प्यार कृष्ण के प्रति और बढ़ता गया। 1516 ई0 में मीरा का विवाह मेवाड़ के राजकुमार भोजराज से कर दिया गया। वे मीरा के प्रति स्नेह का भाव रखते थे परन्तु मीरा का हृदय माखन चोर ने चुरा लिया था। वह अपने विवाह के बाद भी श्री कृष्ण की आराधना न छोड़ सकी थीं। वह कृष्ण को ही अपना पति समझती और वैरागिनो की तरह उनके भजन गाती। मेवाड़ के राजवंश को यह कैसे स्वीकार हो सकता था कि उनकी रानी वैरागिनी की तरह जीवन व्यतीत करे। उन्हें मारने की साजिशें रची जाने लगी। मीरा की भक्ति, प्रेम निश्छल था इसलिए विष भी अमृत हो गया। उन्होंने अपना पूरा जीवन कृष्ण को ही समर्पित कर दिया। उनका कहना था–

मेरे तो गिरधर गोपाल दूसरों न कोई।
जाके सिर मोर मुकट मेरो पति सोई।
तात मात भ्रात बंधु आपनो न कोई।
छाड़ि दई कुलकि कानि कहा करिहै कोई।

मीरा ने गुरु के विषय में कहा है कि बिना गुरु धारण किए भक्ति नहीं की जा सकती। भक्तिपूर्ण व्यक्ति ही प्रभु प्राप्ति का भेद बता सकता है, वही सच्चा गुरु है। स्वयं मीरा के पद से पता चलता है कि उनके गुरु रविदास थे।

नहिं मैं पीहर सासरे, नहिं पियाजी री साथ।

मीरा ने गोबिन्द मिल्या जी, गुरु मिलिया रैदास।।

उन्होंने धार्मिक मान्यताओं के विरुद्ध शूद्र गुरु रविदास की भक्ति की। साधु-संतो की संगत की।

मीरा की मृत्यु के बारे में अलग-अलग मत हैं।

लूनवा के भूरदान ने मीरा की मौत 1546 में बताई।

रानीमंगा के भाट ने मीरा की मौत 1548 में बताई।

डॉ. शेखावत अपने लेख और खोज के अधार पर मीरा की मौत 1547 में बताते हैं। हरमेन गोएटस ने मीरा के द्वारका से गायब होने की कड़ियों को जोड़ने का प्रयास किया परन्तु वह मौलिक नहीं हैं। उनके अनुसार वह द्वारका के बाद उत्तर भारत में भ्रमण करती रही। उसने भक्ति व प्रेम का संदेश सब जगह पहुँचाया। चित्तौड़ के शासक कर्मकांड व राजसी वैभव में डूबकर उसे भूल चुके थे। किसी ने उसे ढूँढने का प्रयास नहीं किया। अपने पांच वर्ष की अवस्था में मीरा ने गिरधर का वरण किया और उसी दिव्यमूर्ति में विलीन हो गई। धन्य है वह प्रेम की मूर्ति! जिसने दैविक प्रेम का ऐसा उदाहरण दिया कि बड़े-बड़े संत, भक्त की चमक भी धीमी पड़ गई।

साहित्यिक देन

मीरा जी ने विभिन्न पदों व गीतों की रचना की। मीरा के पदों में ऊँचे आध्यात्मिक अनुभव हैं। उनमे समाहित संदेश और अन्य संतो की शिक्षा में समानता नजर आती हैं। उनके प्राप्त पद उनकी अध्यात्मिक उन्नति के अनुभवों का दर्पण हैं। मीरा ने अन्य संतो की तरह कई भाषाओं का प्रयोग किया है जैसे–हिन्दी, गुजराती, ब्रज, अवधी, भोजपुरी, अरबी, फारसी, मारवाड़ी, संस्कृत, मैथली और पंजाबी।

भावावेग, भावनाओं की मार्मिक अभिव्यक्ति, प्रेम की ओजस्वी प्रवाहधारा, प्रीतम वियोग की पीड़ा की मर्मभेदी प्रखरता से अपने पदों को अलंकृत करने वाली प्रेम की साक्षात् मूर्ति मीरा के समान शायद ही कोई कवि हो।

माधुर्य भाव की उपासिका के रूप में मीराबाई

मीरा का जन्म जोधपुर राज्यान्तर्गत कुड़को गांव में सन् 1503 ई. के लगभग हुआ था। मेड़ता राज्य संस्थापक राव दूदाजी की वे पौत्री और रत्नसिंह की दुहिता थीं। सन् 1516 ई. के लगभग मीरा का विवाह चित्तौव के महाराणा सांगा के ज्येष्ठ पुत्र भोजराज के साथ हुआ। इसी वर्ष रत्नसिंह के अग्रज राव बीरमदेव मेड़ता के शासक बन गए और उन्होंने अपनी भतीजी का बारह-तेरह वर्ष की अवस्था में विवाह कर दिया। राणा सांगा का जन्म सन् 1482 में हुआ, अतएव भोजराज का जन्म लगभग 1498 ई. होना चाहिए। मीरा निश्चित ही उनसे कम अवस्था की थीं तथा उस समय बाल-विवाह की प्रथा प्रचलित हो गई थी।

बाल्यावस्था में मीरा की माता का देहांत हो गया था, अतएव उनका पालन-पोषण राव दूदाजी ने किया। राव दूदाजी वैष्णव भक्त थे। उनके साथ रहने से मीरा के संस्कार भी भक्तिमय हो गए।

सन् 1527 ई. में बाबर और सांगा के युद्ध में मीरा के पिता रत्नसिंह मारे गए और लगभग तभी श्वसुर की मृत्यु हुई। सांगा की मृत्यु के पश्चात भोजराज के छोटे भाई रत्नसिंह सिंहासनासीन हुए, अतएव निश्चित है कि अपने श्वसुर के जीवनकाल में ही मीरा विधवा हो गई थीं। सन् 1531 ई. में राणा रत्नसिंह की मृत्यु हुई और उनके सौतेले भाई विक्रमादित्य राणा बने।

लौकिक प्रेम की अल्प समय में ही इतिश्री होने पर मीरा ने पारलौकिक प्रेम को अपनाया और कृष्ण भक्त हो गई। वे सत्संग, साधु-संत-दर्शन और कृष्ण-कीर्तन के आध्यात्मिक प्रवाह में पड़कर संसार को निस्सार समझने लगीं। उन्हें राणा विक्रमादित्य और मंत्री विजयवर्गीय ने अत्यधिक कष्ट दिए। राणा ने अपनी बहन ऊधाबाई को भी मीरा को समझाने के लिए भेजा, पर कोई फल न हुआ। वे कुल मर्यादा को छोड़कर भक्त जीवन अपनाए रहीं। मीरा को स्त्री होने के कारण, चित्तौड़ के राजवंश की कुलवधू होने के कारण तथा अकाल में विधवा हो जाने के कारण अपने समाज तथा वातावरण से जितना विरोध सहना पड़ा उतना कदाचित ही किसी अन्य भक्त को सहना पड़ा हो। उन्होंने अपने काव्य में इस पारिवारिक संघर्ष के आत्मचरित-मूलक उल्लेख कई स्थानों पर किए हैं।

सन् 1533 ई. के आसपास मीरा को राव बीरमदेव ने मेड़ता बुला लिया। मीरा के चित्तौड़ त्याग के पश्चात सन् 1534 ई. में गुजरात के सुल्तान बहादुरशाह ने चित्तौड़ पर अधिकार कर लिया। विक्रमादित्य मारे गए तथा तेरह सहस्र महिलाओं ने जौहर किया। सन् 1538 ई. में जोधपुर के राव मालदेव ने बीरमदेव से मेड़ता छीन लिया।

वे भागकर अजमेर चले गए और मीरा ब्रज की तीर्थ यात्रा पर चल पड़ीं। सन् 1539 ई. में मीरा वृंदावन में रूप गोस्वामी से मिलीं। वे कुछ काल तक वहां रहकर सन् 1546 ई. के पूर्व ही कभी द्वारिका चली गईं। उन्हें निर्गुण पंथी संतों और कनफटे योगियों के सत्संग से ईश्वर भक्ति, संसार की अनित्यता तथा विरक्ति का अनुभव हुआ था। वृंदावन के वातावरण में मीरा की कृष्णोपासना और वियोगानुभूति का विकास हुआ। वे विरह के पदों की रचना करती ही थीं। चैतन्य संप्रदाय की माधुर्योपासक और अष्टछाप के लीला-गान से वे प्रभावित हुईं और भजन-कीर्तन उनका कार्य हो गया। वे गोपी भाव से कृष्ण की भक्ति करने लगीं और ललिता नामक गोपी का अवतार समझी गईं।

सन् 1543 ई. के पश्चात मीरा द्वारिका में रणछोड़ की मूर्ति के सन्मुख नृत्य-कीर्तन करने लगीं। सन् 1546 ई. में चित्तौड़ से कतिपय ब्राह्मण उन्हें बुलाने के लिए द्वारिका भेजे गए। कहते हैं कि मीरा रणछोड़ से आज्ञा लेने गईं और उन्हीं में अंतर्धान हो गईं। जान पड़ता है कि ब्राह्मणों ने अपनी मर्यादा बचाने के लिए यह कथा गढ़ी थी।

सन् 1554 ई. में मीरा के नाम से चित्तौड़ के मंदिर में गिरिधरलाल की मूर्ति स्थापित हुई। यह मीरा का स्मारक और उनके इष्टदेव का मंदिर दोनों था। गुजरात में मीरा की पर्याप्त प्रसिद्धि हुई। हित हरिवंश तथा हरिराम व्यास जैसे वैष्णव भी उनके प्रति श्रद्धा भाव व्यक्त करने लगे। संभवतः 1573 ई. के लगभग सत्तर वर्ष की अवस्था में मीरा का देहान्त हुआ। मीरा के पद गुजरात, राजस्थान, उत्तरप्रदेश और बंगाल में बहुत प्रसिद्ध हुए। वे लोकप्रिय कवियत्री थीं पर काव्य निर्माण उनका उद्देश्य नहीं था। मीरा के व्यक्तित्व का जो सार था उसमें वाणी, गीत और काव्य अविभाज्य हो गए थे। उनका हृदय कविता का आदि-स्वरूप बन गया था और वाणी मात्र थी दरद-दीवानी की कसक।

मीराबाई की वाणी में संगीत

12 वीं सदी से ही भारतीय इतिहास की झलक एक वैभवशाली आध्यात्मवाद व संतमत के रूप में दिखाई देती है। इन सन्तों ने संत-मार्ग पर चल कर समाज को अनोखी आध्यात्मिक प्रेरणा दी जो कि जोत-निरंजन मालिक में समा जाने को प्रोत्साहित करती है। आधुनिक शिक्षा केवल बुद्धि की पुष्टि करती है। वर्तमान समय में धार्मिक और आध्यात्मिक शिक्षा देना आवश्यक नहीं समझा जाता। जिस कारण युवा वर्ग ही नहीं बल्कि समस्त जन-साधारण अनैतिकता और असामाजिक अचार-विचार की ओर अग्रसर हो रहा है।

मीराबाई जी का जन्म व जन्म स्थान- मीरा का जन्म 1498 ई. को कुड़की अथवा बाजोली ग्राम में हुआ था। वह रतनसिंह की पुत्री और मेड़ता नरेश राव दूदा की पौत्री थी। मीरा जब केवल दो वर्ष की थी, उसकी माता की मृत्यु हो गई इसलिए राव दूदा उसे मेड़ता ले आए और अपनी देख-रेख में उसका पालन-पोषण किया। राव दूदा एक योद्धा होने के साथ-साथ भक्त-हृदय व्यक्ति थे और साधु-संतों का आना-जाना इनके यहाँ लगा ही रहता था। इसलिए मीरा बचपन से धार्मिक लोगों के सम्पर्क में आती रही और तीर-तलवार जैसे शस्त्र-चालन, घुड़सवारी, रथ-चालन, के साथ-साथ संगीत तथा आध्यात्मिक शिक्षा भी पाई। मीराबाई के अद्वितीय गुणों को देख कर मेवाड़ नरेश राजा संग्रामसिंह ने मीराबाई के घर अपने बड़े बेटे भोजराज के लिए विवाह का प्रस्ताव भेजा। प्रस्ताव स्वीकारा गया और सगाई हो गई किन्तु मीराबाई के दादा की कुछ ही दिनों में मृत्यु हो गई। विवाह के दस साल बाद इनके पति की मौत हो गई, फिर ससुर की मौत हुई जिसने उनके जीवन में अँधेरा कर दिया। अब उन्हें अध्यात्म के अतिरिक्त कोई रास्ता नहीं दिख रहा था। (वी. के. सेठी, मीरा प्रेम दिवानी, राधास्वामी व्यास, 1980, पृष्ठ 12)

मीराबाई जी के 'गुरु- मीराबाई संत रविदास जी की महान शिष्या तथा संत कवियत्री थी। अधिक्तर विद्वानों ने मीराबाई को गुरु रविदास जी की शिष्या स्वीकार किया है। काशीनाथ उपाध्याय ने भी लिखा है, "इस विषय पर कोई सन्देह नहीं किया जा सकता कि मीराबाई गुरु रविदास जी की शिष्या थीं, क्योंकि मीराबाई जी ने स्वयं अपने पदों में बार-बार गुरु रविदास जी को अपना 'गुरु' बताया है।"जसवीर जस्सी, स्वामी रामानन्द शास्त्री, और चन्द्रिका प्रसाद जिज्ञासु की भी यही उक्ति है।

यथारू-"खोज फिरूं खोज वा घर को, कोई न करत बखानी।
सतगुरु संत मिले रैदासा, दीन्ही सुरत सहदानी।।
वन पर्वत तीरथ देवालय, ढूंढा चहूं दिशि दौर।
मीरा श्री रैदास शरण बिन, भगवान और न ठौर।।
मीरा म्हाने संत है, मैं सन्ता री दास।
चेतन सता सेन ये, दासत गुरु रैदास।।
मीरा सतगुरु देव की, कर बंदना आस।
जिन चेतन आतम कह्या, धन भगवान रैदास।।
गुरु रैदास मिले मोहि पूरे, धुर से कलम भिड़ी।
सतगुरु सैन दई जब आके, ज्योति से ज्योत मिलि।।
मेरे तो गिरीधर गोपाल दूसरा न कोय।
गुरु हमारे रैदास जी सरनन चित सोय।।"

इस प्रकार मीराबाई जी की वाणी से स्पष्ट है कि वह गुरु रविदास जी के समकालीन संत श्रेणी में आती हैं और गुरु रविदास जी को ही इन्होंने गुरु की उपाधि प्रदान की है। अतः मीरा बाई तो गुरु रविदास जी की विधिवत् शिष्या बनी तथा नाम सबद, संगीत व तंबूरा जिसे मीरा बाई बजाती थीं, गुरु रविदास जी से ही पाया था। इसीलिए शायद लगता है कि गुरु-दक्षिणा के रूप में उन्होंने राजस्थान के चित्तौड़गढ़ में रविदास छत्तरी (मंदिर) का निर्माण करवाया था। मीराबाई ने भी अपनी वाणी को रागों में ही उच्चारित किया है, जिसमें अधिकतर शब्दों में भैरवी राग को देखा जा सकता है।

मीराबाई की साधु-संतों से संगत- डॉ. ओम प्रकाश त्रिपाठी अपनी पुस्तक "भक्तिकाल के प्रमुख कवियों का पुनर्मूल्याँकन" में लिखते हैं कि मीराबाई की भक्ति मात्र एकांगिक नहीं थी। अनेक विद्वानों का मत है कि वह एक सामाजिक चुनौती के रूप में प्रकट हुई थीं। मीरा ने अनुभव किया कि राणा अत्याचारी हैं और दुर्भावनाग्रस्त भी हैं। इसकी प्रतिक्रियावश उनके मन में विद्रोह भाव जागा। इसीलिए उन्होंने राज-मर्यादा को त्याग कर सन्तों का सानिध्य ग्रहण किया। मीरा सन्तों के साथ वन-वन भटकने लगी, नाचने-गाने लगी। जिससे राज परिवार में उनकी स्थिति विवादास्पद हो गई। तत्कालीन सामन्ती मर्यादा तथा राजकीय व्यवस्था के अनुसार जितनी वर्जनाएँ की गयीं, मीरा का विद्रोह उतना ही बिगड़ता गया। उन्होंने अनेक पदों में यह घोषणा की है कि वे किसी भी स्थिति में सन्तों का साथ नहीं छोड़ेगी। यथा–

मीरा की प्रीति लगी संतन सूं साधु हमारी आत्मा
संतन पर तन मन वारूं, संतन संगि बैठि-बैठि लोक लाज खोई
साथ संग भटकी, सब संतन के मन भायी
रमरया साधा री साथा, साधु हमारे सिर थड़ी
साधु मायर नाथ, साधु थारे संग सुख पाहयो
साथा करस्यां साथ की, साथा मण्डल साथ की
साथा संग रहूंगी, साधु ही पीहर सासुरो
म्हारे साथा से इक्त्यार, मीरा के हरिजन मिल्या
सन्ता हाथ बिकानी, सन्ता री संगति नहीं छोडूं

मीराबाई पर की गयी सखूती का मूल कारण, साधु सन्तों के साथ उनका उठना-बैठना था और यह लगभग सभी संत शूद्र वर्ण से सम्बन्ध रखने वाले थे। इसी बात की पुष्टि में मीरा आगे कहती है- मैं तो नाहीं रहूं, राणा जी थारा देश में।

डॉ. ओमप्रकाश त्रिपाठी जी लिखते हैं कि "वे तो यहाँ तक कहती हैं कि इस राज्य में अब पानी पीना भी पाप है–"राजा के देश में कोई जल पीबा को दोष।"

साधु सन्तों की संगत के कारण उसे कुल सदस्यों द्वारा जान से मारने तक की कोशिशें की गई–

पग घुंघरू बांध मीरा नाची रे ।। टेक।।
लोक कहयां मीरा बाबरी, सासु कहे कुलनासी रे।
विश रो प्याली राणा भेज्या, पीवां मीरा हासी रे।

मीरा के ऊपर किए अत्याचारों, प्रताड़नाओं के संकेतों से उनका व्यक्तित्व उजागर होता है। वे बहादुर नारी थीं।

संगीत की दृष्टि में मीराबाई जी मध्यकाल में प्रचलित संगीत की राग-रागिनी पद्धति से भली प्रकार से परिचित थीं तथा वाणी का उच्चारण रागों में करना इसका सबसे बड़ा प्रमाण है, जो कि वर्तमान में शोध का विषय बन कर सामने आया है। गुरु प्यारी साध संगत जी, ऐसा सर्वविदित है कि समस्त जगत नाद के अधीन है तथा संगीत नाद का सबसे बड़ा रुप है, जिसे मीराबाई जी ने 45 रागों के रूप में अपनाते हुए अपनी वाणी को रागों में बद्धित किया और ईश्वर की प्राप्ति में दोनों नादों का प्रयोग किया। नाद दो प्रकार के माने गए हैं 1. अनाहत नाद, जिसे संतो ने अनहत सबद बजावणया की संज्ञा दी। यह योगियों द्वारा ध्यान से मन मस्तिष्क में सुनी जाती है, जिसे मध्यकाल के संतों ने खोजा है। 2. आहत नाद यह नाद आघात द्वारा पैदा होती है संगीत इसी का एक रुप है। इसीलिए मीराबाई जी ने नाम शब्दों से ध्यान लगाया तथा अपनी वाणी को संगीत (रागों) के रुप में उच्चारित किया।

मीराबाई जी द्वारा प्रयुक्त सांगितिक पद्धति-"संगीत प्रकृति की आत्मा है, संगीत ईश्वर है, संगीत आनन्द है, आध्यात्म है। संगीत करूणा है, निवेदन है, प्रेम है, वात्सल्य है और माधुर्य है। भारत में संगीत, युग-युग धर्म एवं आध्यात्म से जुड़ा है। भारतीय संगीत का जन्म सृष्टि जन्म के साथ हुआ है। भारतीय संस्कृति में संगीत का विशिष्ट स्थान है। संगीत "वात्सयायन" की चौंसठ कलाओं में श्रेष्ठतम कला है। संगीत की व्युत्पति "सम गै (गाना) कृत" हैं, अर्थात् "गै" धातु में 'सम' उपसर्ग लगाने से यह शब्द बनता है। 'गै' का अर्थ है, गाना और सम (स) एक अव्यव है, जिसका व्यवहार समानता, संगीत उत्कृष्ट आदि सूचित करने के लिए किया जाता है। अतः संगीत का अर्थ-"उत्कृष्ट, पूर्ण तथा औचित्यपूर्ण ढंग से गायन माना जा सकता है। संगीत ऐतिहासिक दृष्टि से देखा जाए तो मोहन जोदड़ो, हड़प्पा संस्कृति तथा देवी-देवताओं के काल से चला आ रहा अध्यात्म और मनोरंजन का आलौकिक साधन है। जिसे अति प्राचीन काल, और प्राचीन काल से लेकर जन-साधारण, विद्वानों द्वारा प्रयुक्त कई विधाओं को जन्म मिला तथा आते आते

मध्यकाल में यह राग-रागिनी पद्धति बनकर सामने आया जोकि तत्काल के प्रत्येक संगीत विद्वान द्वारा अपनाई गई पद्धति थी। इसी प्रकार मध्यकाल के संत-महात्माओं ने भी गायन के लिए इसी पद्धति का प्रयोग कर अपनी वाणी रचनाओं को उद्धृत किया। यह पद्धति मुख्यतः सांगीतिक ग्रन्थों में शिव-मत (सोमेश्वर-मत), भरत, कल्लिनाथ, हनुमत, नारद मुनि, पुण्डरीक विठ्ठल आदि द्वारा अपनाई गई है। अतः संगीत को अपनाना मीराबाई जी की संगीत जगत के लिए सराहनीय योगदान है।

इस काल में कई महान संत जैसे संत रविदास, संत कबीर, संत सदना, संत सैन, संत नामदेव, संत धन्ना, संत बैणी, संत भीखा, संत पीपा, संत त्रिलोचन तथा संत जयदेव आदि हुए जो कि अधिकतर निम्न संप्रदाय से संबंध रखने वाले थे। इन सभी संतों ने सामाजिक कुरीतियों का खण्डन कर भेदभावों का भी विरोध किया जो कि समाज को दीमक के समान खोखला करने पर तुले हुए थे। इन सभी संतों ने अपनी वाणी को रागों में उच्चारा है। आज उच्चारित राग का स्वरूप ही बदला हुआ है, संगीत किसी धर्म जाति विशेष की विरासत न होकर अभ्यास तथा लगन का विषय है। जो कोई इसे सच्चे मन से अपनाता है यह उसी का ही हो जाता है। मीराबाई जी की वाणी लगभग 45 रागों में उपलब्ध होती है। इन 45 रागों की सूचीः-1. राग झिंझोटी 2. राग काहन 3. राग केदार 4. राग कल्याण 5. राग खट 6. राग गुजरी 7. राग गोंड 8. राग छायानट 9. राग ललित 10. राग त्रिबेणी 11. राग सूहा 12. राग सारंग 13. राग तोड़ी 14. राग धनासरी 15. राग आसा 16. राग बसंत 17. राग बिलाबल 18. राग बिहागघे 19. राग भैरों 20. राग मल्हार 21. राग मारु 22. राग रामकली 23. राग पीलु 24. राग सिरी 25. राग कामोद 26. राग सोरठि 27. राग प्रभाती 28. राग भैरवी 29 राग जोगिया 30. राग देष 31. राग कलिंगडाघ 32. राग देव गंधार 33. राग पट मंजरी 34. राग काफी 35. राग मालकौंस 36. राग जौनपुरी 37. राग पीलु 38. राग याम कल्याण 39. राग परज 40. राग असावरी 41. राग बागेश्री 42. राग भीमपलासी 43. राग पूरिया कल्याण 44. राग हमीर 45. राग सोहनी आदि मिलते हैं। अतः इस प्रकार वाणी का अध्ययन करने से यह ज्ञात होता है कि मीराबाई जी ने अपनी वाणी में छन्द, अलंकार, रस और संगीत का पूर्णतया प्रयोग किया और इसे आध्यात्म का मार्ग बनाया जो कि वर्तमान के लिए प्रेरणा है। मीराबाई जी ने भारतीय शास्त्रीय संगीत को (संस्कृति के रूप में) संजोए रखने में एक अनोखी कड़ी जोड़ दी। जिसका प्रमाण तथा पुष्टि हमें विभिन्न ग्रन्थों के अवलोकन करने पर स्पष्ट होती है। अतः इस पद्धति को मीराबाई जी ने अपनाया और अपनी वाणी को संगीत के साथ जोड़कर आध्यात्म के साथ-साथ संगीत

का भी प्रचार-प्रसार किया, साथ ही संगीत को जीवित रखने में भी अपनी सहमति तथा हिस्सेदारी पाई है। अतः अधिकतर मतानुसार 1547 ई. में मीराबाई जी का राजस्थान के चितौड़गढ़ में देहावसान हो गया।

कृष्ण के प्रति अपार भक्ति

भारत अपनी संस्कृति के लिए पूरे विश्व में यूं ही इतना विख्यात नहीं है। भारतभूमि पर ऐसे कई संत और महात्मा हुए हैं जिन्होंने धर्म और भगवान को रोम-रोम में बसा कर दूसरों के सामने एक आदर्श के रुप में पेश किया है। मोक्ष और शांति की राह को भारतीय संतों ने सरल बना दिया है। भजन और स्तुति की रचनाएं कर आमजन को भगवान के और समीप पहुंचा दिया है। ऐसे ही संतों और महात्माओं में मीराबाई का स्थान सबसे ऊपर माना जाता है। मीराबाई के बालमन में कृष्ण की ऐसी छवि बसी थी कि यौवन काल से लेकर मृत्यु तक मीरा बाई ने कृष्ण को ही अपना सब कुछ माना। जोधपुर के राठौड़ रतनसिंह जी की इकलौती पुत्री मीराबाई का जन्म सोलहवीं शताब्दी में हुआ था। बचपन से ही वे कृष्ण-भक्ति में रम गई थीं। मीराबाई का कृष्ण प्रेम बचपन की एक घटना की वजह से अपने चरम पर पहुंचा था। मीराबाई के बचपन में एक दिन उनके पड़ोस में किसी बड़े आदमी के यहां बारात आई थी। सभी स्त्रियां छत से खड़ी होकर बारात देख रही थीं। मीराबाई भी बारात देख रही थीं, बारात को देख मीरा ने अपनी माता से पूछा कि मेरा दूल्हा कौन है? इस पर मीराबाई की माता ने कृष्ण की मूर्ति के तरफ इशारा कर कह दिया कि वही तुम्हारे दुल्हा हैं। यह बात मीरा बाई के बालमन में एक गांठ की तरह बंध गई।

बाद में मीराबाई का विवाह महाराणा सांगा के पुत्र भोजराज से कर दिया गया। इस शादी के लिए पहले तो मीराबाई ने मना कर दिया पर जोर देने पर वह फूट-फूट कर रोने लगीं और विदाई के समय कृष्ण की वही मूर्ति अपने साथ ले गईं जिसे उनकी माता ने उनका दुल्हा बताया था। मीराबाई ने लज्जा और परंपरा को त्याग कर अनूठे प्रेम और भक्ति का परिचय दिया था। विवाह के दस बरस बाद इनके पति का देहांत हो गया था। पति की मृत्यु के बाद ससुराल में मीराबाई पर कई अत्याचार किए गए। इनके देवर राणा विक्रमजीत को इनके यहां साधु संतों का आना-जाना बुरा लगता था। पति के परलोकवास के बाद इनकी भक्ति दिन प्रति दिन बढ़ती गई। ये मंदिरों में जाकर वहां मौजूद कृष्णभक्तों के सामने कृष्णजी की मूर्ति के आगे नाचती रहती थीं।

कहते हैं मीराबाई के कृष्ण प्रेम को देखते हुए और लोक लज्जा के वजह से मीराबाई के ससुराल वालों ने उन्हें मारने के लिए कई चालें चलीं पर सब विफल रहीं। घर वालों के इस प्रकार के व्यवहार से परेशान होकर वह द्वारका और वृंदावन गईं। मीराबाई जहां जाती थीं, वहां उन्हें लोगों का सम्मान मिलता था। मीराबाई कृष्ण की भक्ति में इतना खो जाती थीं कि भजन गाते-गाते वह नाचने लगती थीं।

मीरा की महानता और उनकी लोकप्रियता उनके पदों और रचनाओं की वजह से भी है। ये पद और रचनाएं राजस्थानी, ब्रज और गुजराती भाषाओं में मिलते हैं। हृदय की गहरी पीड़ा, विरहानुभूति और प्रेम की तन्मयता से भरे हुए मीरा के पद हमारे देश की अनमोल संपत्ति हैं। आंसुओं से गीले ये पद गीतिकाव्य के उत्तम नमूने हैं। मीराबाई ने अपने पदों में श्रृंगार और शांत रस का प्रयोग विशेष रुप से किया है। भावों की सुकुमारता और निराडंबरी सहजशैली की सरसता के कारण मीरा की व्यथासिक्त पदावली बरबस सबको आकर्षित कर लेती हैं। मीराबाई ने चार ग्रंथों की रचना की। बरसी का मायरा, गीत गोविंद टीका, राग गोविंद और राग सोरठ के पद मीरबाई द्वारा रचे गए ग्रंथ हैं। इसके अलावा मीराबाई के गीतों का संकलन "मीराबाई की पदावली' नामक ग्रन्थ में किया गया है।

कहा जाता है कि मीराबाई रणछोड़ जी में समा गई थीं। मीराबाई की मृत्यु के विषय में किसी भी तथ्य का स्पष्टीकरण आज तक नहीं हो सका है। मीराबाई ने भक्ति को एक नया आयाम दिया है। एक ऐसा स्थान जहां भगवान ही इंसान का सब कुछ होता है। दुनिया के सभी लोभ उसे मोह से विचलित नहीं कर सकते। एक अच्छा-खासा राजपाट होने के बाद भी मीराबाई वैरागी बनी रहीं। मीराजी की कृष्ण भक्ति एक अनूठी मिसाल रही है।

मेरे तो गिरिधर गोपाल दूसरौ न कोई।
जाके सिर मोर मुकुट मेरो पति सोई।।
छांड़ि दई कुल की कानि कहा करै कोई।
संतन ढिग बैठि बैठि लोक लाज खोई।
अंसुवन जल सींचि सींचि प्रेम बेलि बोई।
दधि मथि घृत काढ़ि लियौ डारि दई छोई।
भगत देखि राजी भइ, जगत देखि रोई।
दासी मीरा लाल गिरिधर तारो अब मोई।